Peter Kafka

Gegen den Untergang

Schöpfungsprinzip und
globale Beschleunigungskrise

Carl Hanser Verlag

3 4 5 6   03 02 01 00 99

ISBN 3-446-17834-1
Alle Rechte vorbehalten
© Carl Hanser Verlag München Wien 1994
Satz: Fotosatz Reinhard Amann, Aichstetten
Druck und Bindung: Friedrich Pustet, Regensburg
Printed in Germany

Inhalt

I Einleitung: Kinderfragen — 7

II Untergangssymptome – oder Panikmache?
Zum Stand der globalen Wertschöpfung — 31

III Das Prinzip der Schöpfung – eine Sache der Weltanschauung?
Zur Wiedervereinigung von Geist und Materie — 40

    1. Keine Wunder mehr?
    Physik und Metaphysik — 40

    2. Die Dämmerung des Ursprungs
    Einfachheit und Einheit des Vorgegebenen — 50

    3. Wirklichkeit und Möglichkeit
    Was gibt es eigentlich? — 58

    4. Die Welt als Gedankenexperiment
    Phasenraum und deterministisches Chaos — 66

    5. Zappeln im Raum der Möglichkeiten
    Die Tautologien von Zufall und Wahrscheinlichkeit — 81

IV Sechs Tage Aufstieg
Anmerkungen für Skeptiker — 93

V Systemtheorie von Gott und Teufel
Das Wesen der globalen Beschleunigungskrise — 110

VI Entscheidung
Zur Selbstorganisation der Freiheit — 124

VII Energie – Treibstoff der Krise
Politische Reduktionsstrategien für zerstörerische
Technik   144

**VIII Die Befreiung der Marktwirtschaft
vom Kapitalismus**
Die Idee des Eigentums an Lebensgrundlagen   156

IX Standort Deutschland
Geld und Freiheit: Wer steht? Wer liegt?   177

X Aufstandsort Deutschland ...?
Wo fängt es an?   191

I
Einleitung: Kinderfragen

Zwei oder gar drei Nullen in der Jahreszahl pflegen allerlei Propheten anzustacheln. Wie es vor tausend Jahren im christlichen Abendland zuging (als die Null dort noch unbekannt war), erzählt man sich noch heute: Es wimmelte nur so von Untergangspredigern. Viele Leute glaubten ihnen, schlossen sich Büßerkolonnen an und geißelten sich oder verpraßten ihr Eigentum, das ja bald nichts mehr nützen würde. Sogar Massenselbstmorde soll es gegeben haben. Inzwischen hat freilich die wissenschaftliche Aufklärung stattgefunden, und einen von Gott verhängten Weltuntergang muß niemand mehr fürchten. Der Mensch ist erwachsen geworden und hat auch diese Aufgabe in eigener Verantwortung übernommen.

Die Denker der Aufklärung mußten wohl erwarten, daß Angst und Ratlosigkeit damit überwunden seien. Woher also das Gefühl des Ausgeliefertseins, das immer mehr Menschen befällt und sie gar wieder in religiösem oder nationalistischem Fundamentalismus Zuflucht suchen läßt? Ist das nur die gern zitierte Dummheit und Unbildung der sogenannten Massen? Zwar wäre nach einigen Jahrhunderten wissenschaftlicher Aufklärung und Belehrung auch dies ein erklärungsbedürftiges Phänomen – aber, siehe da, es sind gar nicht so sehr die Dummen, die Schwierigkeiten mit dem modernen Weltbild haben. Vielmehr fallen schon aufgeweckten Kindern allerlei Fragen zu den modernen Mythen und Schlagworten ein, mit denen sich die Mehrheit noch füttern und stillen läßt. Gott sei Dank – wir werden später sehen, was damit gemeint sein kann – wühlen auch in Erwachsenen solche Kinderfragen weiter. Das Unbewußte läßt sich selbst bei Verstopfung aller rationalen Aufnahmekanäle nicht völlig von der Realität abschneiden. Und ebendiese Wühlarbeit hatte ja in Fragen und Antworten Tausender von Generationen die alten Bilder geschaffen, die dem Menschen seinen Platz und seine Möglichkeiten im Rahmen des Weltganzen zeigten – bis dann alle diese Götterbilder im Lichte der wissenschaftlichen Aufklärung verblassen mußten und ihr ganzer Himmel als Menschenwerk durchsichtig wurde.

Was wurde dahinter sichtbar? Der Abgrund des astronomischen Weltalls und die nebelhafte Ahnung von einem physikalischen Nichts an dessen Anfang, aus dem im Laufe der viele Milliarden Jahre während evolutionären Selbstorganisation doch nichts als Materie in Raum und Zeit hervorgehen konnte. Sogar sich selbst mußte der Mensch als eine Gestalt dieser materiellen Wirklichkeit zu begreifen beginnen. Auch die Aktivitätsmuster seines Großhirns, in denen sich das Ichbewußtsein und alle anderen seelisch-geistigen Fähigkeiten verwirklichen, sind als Strukturen in Raum und Zeit erkennbar – zwar unermeßlich viel reicher, aber nicht von grundsätzlich anderer Natur als alle andere materielle Realität. Nichts ist also im Laufe dieser Aufklärung an die Stelle der alten mythischen Bilder zur Weltdeutung getreten, die dem Menschen eine Ethik für sein Leben und Zuversicht für seinen Tod gegeben hatten.

Nun waren aber diese Vorstellungen im Laufe der evolutionären Selbstorganisation von Geist und Kultur nicht als unnütze Triebe am Baum des Lebens gewachsen, die sich einfach folgenlos abschneiden ließen. Vielmehr entstanden sie ja gemeinsam und in raffiniertem Wechselspiel mit entsprechenden seelischen Bedürfnissen, die großenteils »instinktive«, also genetisch fixierte Wurzeln haben. Im Rahmen des modernen Weltbildes ist natürlich auch die Entwicklung des Menschen, einschließlich der gesamten Kultur- und Geistesgeschichte, nichts anderes als die Fortsetzung dieses koevolutionären Selbstorganisationsprozesses – nur eben auf dem nun erreichten noch höheren Komplexitätsniveau. Schließlich ist auch die wissenschaftliche Aufklärung selbst Teil dieses Prozesses. Wenn sie uns in die Krise geführt hat, kann dies nur bedeuten, daß hier die Selbstorganisation in überlebenswichtigen Punkten noch nicht gelungen ist. Können wir diese Fehlstellen benennen? Viele haben wenigstens eine vage Ahnung davon, wo sie zu suchen sind: Weder paßt unser Weltbild mit unseren fundamentalen seelisch-geistigen Bedürfnissen zusammen, noch haben wir die durch das Prinzip der Schöpfung gesetzten Grenzen unserer eigenen Kreativität richtig erkannt. Kein Wunder, daß wir auf gefährliche Abwege geraten sind, daß nun der Weltuntergang zu einem wissenschaftlich faßbaren Phänomen zu werden beginnt, und daß das Schweigen der Mehrheit jederzeit in Angstgeschrei umzukippen droht, wenn Zeichen am Himmel erscheinen.

Angst gilt als irrational, weil sie ihren Gegenstand nicht klar benennen kann. Sie ist aber von der menschlichen Evolution her gesehen höchst vernünftig: Sie ermöglicht den richtigen Umgang mit dem Unvorhersehbaren. Wo wir mit unserem durch Erfahrung gewonnenen Wissen und Denken die Zukunft nicht abschätzen können, rät uns die Angst, so zu handeln, daß die Wahrscheinlichkeit für das Eintreten von Unvorhersehbarem sich verringert. Millionen Jahre lang mußten nämlich unsere Ahnen erfahren, daß Unvorhergesehenes wahrscheinlich mehr Risiken als Chancen mit sich bringt. Wo Vorsicht nicht genügt, weil Voraussicht unmöglich ist, tritt deshalb Angst an ihre Stelle. Zunächst bewirkt sie ein Verharren, also das Vermeiden möglichst jeder Neuerung. Erst wenn etwa trotz dieser »Innovationsfurcht« etwas gewohntes, bedrohliches Neues hereingebrochen ist, folgt die Panikreaktion, die als uraltes Erbe aus dem Tierreich ebenfalls ihren guten Sinn hat: Angesichts einer unmittelbaren Bedrohung, der mit gewohnten Flucht- oder Angriffsstrategien nicht beizukommen ist, könnten unkontrollierte, wilde Flucht oder wahlloses Umsichschlagen immerhin noch Überlebenschancen bieten. Wie gut, daß wir über all das hinaus sind – nicht wahr? Wir brauchen bekanntlich nur die immer schnellere Innovation, um den unerwarteten Bedrohungen zu entgehen! Oder ist das etwa schon Panik?

Ich will in diesem Buch zunächst daran erinnern, welche Zeichen am Himmel und auf der Erde uns angst machen müssen. Über diese Untergangssymptome gibt es schon viele Bücher, jedoch verstärken die meisten nur den ohnehin rasch wachsenden Fatalismus. Wo etwa doch Optimismus anklingt, ist er meist hohl wie politische Festtagsreden. Die wirklichen Zusammenhänge werden höchstens sehr verschwommen wahrgenommen, schon weil kaum jemand es wagt, sich jenseits seiner administrativ anerkannten »Qualifikation« für zuständig zu halten. Woran es fehlt, ist ein überzeugendes Weltbild, in dem den Anführern wie den Mitläufern des Fortschritts die eigene Begriffsverwirrung und das Ausbleiben eines längst fälligen Aufklärungsschrittes als tiefere Ursache des menschlichen Versagens deutlich werden, ohne daß daraus Resignation oder Verzweiflung erwüchsen. Ich möchte deshalb versuchen klarzumachen, daß alle diese »Zeichen am Himmel« Symptome einer schon im Schöpfungsprinzip angelegten, rational einsehbaren Krise sind, in der weder das Verharren noch wilde Flucht, noch hektisches Umsichschlagen uns irgendwelche Überlebenschancen bieten. Völlig neue Ansätze zur Selbstorganisation der menschlichen Freiheit werden notwendig sein. Vielleicht kann ich klarer machen, wo sie zu suchen und zu finden sein werden.

Es geht nicht um Schuldzuweisungen. Das im Prinzip seit jeher übliche und bisher stets hinreichend erfolgversprechende menschliche Verhalten hat die Menschheit und die ganze irdische Lebenswelt unvermeidlich in diese Krise führen müssen, die ich kurz »die globale Beschleunigungskrise«

zu nennen pflege. Sie ist von den Naturgesetzen, ja schon von den Gesetzen der Logik her, als singuläre Epoche der Geschichte unseres Planeten zu erkennen, und wir können trotz der ungeheuren Komplexität des Gesamtsystems von »Mensch und Natur« aus den logisch einfachsten Systemeigenschaften erschließen, daß der Höhepunkt dieser Krise, also ihre Entscheidung, in unsere und unserer Kinder Lebenszeit fällt.

Wenn es den Menschengenerationen, die die bevorstehende Jahrtausendwende erleben, nicht gelingt, jenen noch ausstehenden Fortschritt der Aufklärung zu leisten und weltweit im Bewußtsein zu verankern, so wird der menschliche Geist nicht nur seine bisherigen Werke vernichten, sondern sogar einen wesentlichen Teil seiner biologischen Wurzeln. Und doch bietet die einfache logische Struktur dieses Geschehens die Chance der Einsicht und der Wende: Das Wesen der Krise liegt darin, daß das Große und das Schnelle im Evolutionsprozeß einen Selektionsvorteil haben und daß deshalb die Innovationsgeschwindigkeit und die globale Vereinheitlichung so lange zunehmen, bis das Neue nicht mehr in genügend vielen unabhängigen Versuchen und nicht mehr hinreichend lange ausprobiert werden kann. Deshalb passen die verschiedenen Teile der Wirklichkeit immer weniger zusammen. Wie ich es schlagwortartig zusammenzufassen pflege: Die logischen Voraussetzungen erfolgreicher evolutionärer Wertschöpfung sind verletzt, seit »Vielfalt und Gemächlichkeit« durch »Einfalt und Raserei« ersetzt wurden. Abbau und schließlich Zusammenbruch der komplexen Ordnung von Biosphäre und Gesellschaft setzten ein.

Wer diesen Zusammenhang verstanden hat, der wird auch einsehen: Der fehlende Schritt in der Selbstorganisation menschlicher Freiheit kann nur darin bestehen, daß wir, sozusagen verfassungsmäßig, alles Schnelle und Große beschränken.

Um Sie als Leser von derart verwegenen Einsichten und den notwendigen Folgerungen überzeugen zu können, muß ich hier manches wieder anklingen lassen, was ich schon zwei Jahrzehnte lang als eine Art Wanderprediger zu verbreiten suche und was auch in meinem vorigen Buch wiederzufinden ist (»Das Grundgesetz vom Aufstieg«, München 1989). Seither sind allein auf deutsch Hunderttausende Bücher erschienen, und so ist kaum zu erwarten, daß meine Gedanken vielen bekannt sind. Ich will aber diesen Keim neuen Denkens nicht unter so vielen anderen Kräutern und Unkräutern verkümmern lassen. Ich lege hier einen Text vor, der im wesentlichen aus frei gesprochenen Vorträgen erwachsen ist. Die Zwiesprache mit dem Hörer habe ich in der schriftlichen Fassung weitgehend beibehalten. Diesem Vortragscharakter entspricht es, daß ich hier vieles, was ich schon früher schrieb und sagte, unter etwas veränderten Gesichtspunkten und in neuer Beleuchtung darstelle. Mir ist bewußt, wie unangemessen diese kleine Form ist. Der Denkansatz ist ja so umfassend, daß ihm ein gewisser »Größenwahn« kaum abzusprechen ist. Doch wenn es mir gelingen soll, etwas zum überlebensnotwendigen Fortschritt des menschlichen Denkens beizutragen, werde ich wohl ohne einiges Sendungsbewußtsein nicht auskommen. Vielleicht kann man mir deshalb auch den stellenweise etwas »traktätchenhaften« und unsystematischen Charakter des Buches verzeihen.

Die eigentlich lächerliche Aufmerksamkeit, die jene drei Nullen in der Jahreszahl erregen werden, sollten wir also für Wesentlicheres benutzen: Es geht in der Tat um eine Revision fundamentaler menschlicher Leitideen der letzten Jahrhunderte und Jahrtausende, die sich zwar lange bewährt hatten, die aber dennoch, ja schließlich ebendeshalb, in die Krise führen mußten. Sich an die Aufregung über die Kalenderwende anzuhängen, die so unendlich viel leeres Geschwätz unserer Anführer und ihrer Medien auslösen wird, mag da als fauler Trick erscheinen. Doch in der Erregung steigt die Wahrnehmungsfähigkeit, und so wird es vielleicht gelingen, ein wenig von der allgemeinen Aufmerksamkeit für die Nullen auf das Wesen der globalen Beschleunigungskrise zu lenken. Wenn wir dann erkannt haben, wie die drohende Naturkatastrophe in der Natur des menschlichen Geistes organisiert wird und welche Rolle dabei dem einzelnen Ich zukommt, wird uns plötzlich der Sinn der Worte *Hoffnung* und *Verantwortung* wieder einleuchten: Wir können und dürfen mithelfen, in der menschlichen Gesellschaft jene Voraussetzungen zu schaffen, unter denen in unserer Krise die Entscheidung gegen den Untergang fällt.

Dies kann, wie gesagt, keine ordentliche wissenschaftliche oder philosophische Abhandlung werden. Und doch steckt insgeheim nicht nur die Hoffnung, sondern sogar der Anspruch dahinter, mit meinen eher aphoristischen und oft recht verschwommenen Ansätzen eine neue Front der »Wiedervereinigung von Geist und Materie« zu eröffnen, an der ein um mehr Vollständigkeit und Schärfe bemühtes Denken künftig weiter und tiefer führen wird. Den Vorwurf der Arroganz akzeptiere ich mit Bescheidenheit. Unseren öffentlich bestallten Denkern in Universitäten oder geistlichen Seminaren muß ja über dem pflichtgemäßen Wiederkäuen der Gedanken von tausend Jahren und über dem anstrengenden Verdauen immer neuer wissenschaftlicher Details jene kindliche Anmaßung verlorengehen, ohne die man nicht zu den Wurzeln vordringen kann. Jeder weiß, wie schwer radikale Kinderfragen zu beantworten sind, aber wir können uns nicht länger um diese herumdrücken, wenn sie an die brüchig gewordenen geistigen Grundlagen unserer Zivilisation rühren. Die abendländische Wissenschaft und Technik, unsere Waffen, unser Geld- und Rechtswesen, unser politisches System haben die Weltherrschaft angetreten. Aber der Kaiser ist nackt! Irgendwo in diesen unseren Leitideen müssen die Fehlstellen stecken, die inneren Widersprüche, die uns trotz besten Willens immer rascher auf den Höhepunkt der globalen Beschleunigungskrise zutreiben lassen.

Fragen wir also wie die Kinder: Was meinen eigentlich die

Wissenschaftler, Wirtschaftsexperten und Politiker, wenn sie von »wissenschaftlicher Wahrheit«, »Wertschöpfung« und »Fortschritt« sprechen? Kann man nicht durch die Auswahl jeweils bequemer oder profitabler Wahrheiten zum Lügner werden? Welche Kriterien haben wir denn, um Wertschöpfung von Wertvernichtung und Fortschritt von Absturz zu unterscheiden? Was bedeutet eigentlich das Wort »Verantwortung«, das uns all die Verantwortlichen als Antwort auf solche Fragen anzubieten pflegen, ohne sagen zu können, was sie damit meinen? Und was haben wir wohl im Sinn, wenn wir angesichts der Untergangssymptome hoffen, die Welt sei doch in Gottes Hand – nachdem wir sie offensichtlich eben erst selbst in die Hand genommen haben? Oder sollen wir etwa ganz aufhören, von Gott zu sprechen? Noch begegnet uns ständig dieses Wort – von den Verfassungspräambeln und den Verpflichtungsformeln unserer politischen Führer bis zu den Schlagzeilen in Boulevardzeitungen –, aber wie paßt denn all dieses Reden über Gott ins aufgeklärte Weltbild, nachdem sich in der physikalischen Wirklichkeit kein Platz für ihn finden ließ (und sogar Nietzsche nun fast hundert Jahre tot ist)? Auch hier steht uns Arbeit an der geistigen Selbstorganisation bevor – ja, hier muß sie offenbar beginnen. Die Entwicklung der Idee Gottes ist nicht am Ende.

Weltweit wächst die Zahl der Menschen, die aus natürlicher Sensibilität, ohne viel theoretische Bildung, Zerfallserscheinungen in ihrer natürlichen und kulturellen Umgebung wahrnehmen. Sie empfinden, daß die hergebrachten, religiös verankerten Maßstäbe für eigenes wie für gesellschaftliches Handeln zerbröckeln und daß vieles, was sie selbst und ihre Gesellschaft mit dem besten Willen tun, sich wenig später als dumm, als böse, ja als katastrophenträchtig erweist. Natürlich wird versucht, solche Fehler wiedergutzumachen und die durch sie entstandenen Probleme möglichst rasch zu lösen – doch auch bei diesen Versuchen fehlt jeder verbindliche Maßstab. So zeigt sich womöglich bald, daß trotz besten Willens für jedes gelöste Problem zwei oder mehrere neue entstanden sind. Und siehe da: die neuen sind meist größer, wirken globaler und bedürfen noch schnellerer Lösung – ganz wie es dem Wesen der globalen Beschleunigungskrise entspricht.

Dem einzelnen bleibt nur der Versuch, sich im eigenen Lebenskreis geschickter anzupassen, um bei den rasenden Veränderungen mitzuhalten. Doch eben die Sensibleren empfinden den hierdurch erzwungenen ständigen »Wertewandel« als schmerzhaften Verlust – selbst wenn bei vielen der Informationsstand nicht ausreichen mag, um die Natur der Untergangssymptome richtig wahrzunehmen und einzuordnen. Wird aus dem Schmerz nun Widerstand erwachsen und sich organisieren können? Ist ein Aufstand der Konservativen gegen den Fortschritt denkbar? Etwa gar ähnlich dem der islamischen Fundamentalisten? Oder sind nicht vielmehr bei uns und in der wissenschaftlich-technischen und politisch-wirtschaftlichen »Führungselite« der Welt gerade die sogenannten Konservativen unverbrüchlich auf die Fortschrittsidee eingeschworen? Wir sehen schon: In dieser Begriffsverwirrung werden wir uns wohl auch wieder auf die Ausgangsfrage meines letzten Buches einlassen müssen: »Fortschritt – was ist das eigentlich?«

Offensichtlich geht es um die Frage der Bewertung unseres eigenen Handelns. Wie können der einzelne und die Gesellschaft zu zuverlässigeren Werturteilen kommen, um zwischen verschiedenen Handlungsmöglichkeiten so zu wählen, daß es sich nicht wahrscheinlich schon morgen als falsch herausstellt? Alle früheren menschlichen Kulturen hatten als Grundlage ein System fester Moralvorstellungen, die auf fast alle vorkommenden Fragen verbindliche Antworten gaben. Diese waren lange Zeit stabil, weil wir von unserem biologischen Erbe her geneigt, ja weitgehend gezwungen sind, die Maßstäbe für »moralisches« Verhalten aus dem in der Kindheit Erlernten zu übernehmen. Was wir unser *Gewissen* nennen, entsteht vor allem in der frühen

Prägung durch die kulturelle Tradition. Nie und nirgends gab es eine »absolute« Grundlage für ein Nachdenken über unser moralisches Verhalten im Ringen zwischen »Gut und Böse«, also für unsere *Ethik*. Das griechische Wort *ethos* bedeutet *Gewohnheit*. Das Gewohnte ist das Richtige, denn es hat sich bewährt. Natürlich: Nur in der Bewährung konnte es zur Gewohnheit werden. Kinderfrage: Wie lange muß man eigentlich warten, bis man sagen kann, etwas habe sich bewährt?

Als ich vor etwa zwanzig Jahren über die Krise des Fortschritts zu reden und zu schreiben begann, da pflegte ich diese noch anschaulich zu machen, indem ich sagte, »heute erkenne ein Mensch in der Mitte seines Lebens die Welt nicht mehr wieder«. Näher dem Ende meines Lebens sind wir nun schon wieder ein ganzes Stück weitergekommen: Die Welt der Kindheit verschwindet, bevor das Ende der Jugend erreicht ist ...

Na und? Begreift nicht ein begabter junger Mensch gerade dies als wunderbare Chance? Außer dem Beharrungsvermögen ist uns ja noch etwas anderes eingeboren: daß wir in der Jugend gegen die Traditionen der Väter aufbegehren und gegen alle Widerstände neue Freiräume für eigene Lebensmöglichkeiten erobern, ja möglichst auch gleich die ganze Welt verbessern wollen. Muß es da nicht als Gipfel der Freiheit empfunden werden, wenn endlich erstmals in der Geschichte, und auch gleich weltweit, die möglichst rasche Abschaffung fast alles Gewohnten zur allgemein akzeptierten Gewohnheit geworden ist? Ist das nicht wie eine Erlösung? Was war denn schließlich so gut an früheren Gewohnheiten? War und ist nicht die ganze Welt voll von Krieg und Elend und lauter unsinnigen hergebrachten Zwängen – für das individuelle Gewissen wie für alle Gesellschaften?

Diesen Gipfel der Freiheit, die tägliche Erlösung von allem Gestrigen, hat zwar bekanntlich der weit überwiegende Teil der Jugend in aller Welt keineswegs erreicht – von den Alten ganz zu schweigen. Viele müssen sogar in uralte, vorgeschichtliche Gewohnheiten zurückfallen und ums nackte Überleben kämpfen. Die Weltverbesserung, die mit der abendländischen Fortschrittsidee über die Welt hereinbrach, ließ ja nicht nur die Zahl der Wohlhabenden und deren sogenannten Lebensstandard wachsen, sondern auch die Zahl der Armen und das Ausmaß von Elend und Verwahrlosung. Aber erscheint es nicht gerade deshalb als immer notwendiger, endlich noch mehr Freiheit zu verwirklichen, endlich wirklich die hergebrachten schlechten Gewohnheiten abzuschütteln? Alles Schöne, Gute und Kluge, was menschliche Kulturen irgendwann und irgendwo anzubieten hatten, kann doch nun über 99 Kanäle, Tausende von Zeitschriften und jährlich Hunderttausende von Büchern jedermann zur freien Auswahl angeboten werden. Darf sich daraus nicht jeder einzelne die für ihn beste Kultur zusammenstellen? Und wenn sie etwa zur schlechten Gewohnheit zu werden droht, morgen eine andere? Arbeite nur jeder an seiner Selbstverwirklichung! Dann bringt doch die berühmte unsichtbare Hand auch die gesamte Wirklichkeit voran – nicht wahr?

Solange dabei die Mehrheit, die nicht weit schaut, von Tag zu Tag oder von Wahl zu Wahl ein bißchen besser leben zu können glaubt, hat es schon seine Logik, daß alle Welt ihre Hoffnung auf diese Idee setzt – vor allem, seit aus sämtlichen Medien die Botschaft dröhnt, daß Gewohnheiten oder gar Sitten »von gestern« seien. Was sind sie denn anderes als Hindernisse für die Freiheit bei der Gestaltung des Heute und Morgen? Sperrmüll ist das! Weg damit, in die Entsorgung! Seien wir doch ehrlich: Alle Kultur ist von gestern! Modernes Ethos kann nichts mehr mit *Wohnen* zu tun haben. *Bauen* sollen wir!

Was wird man denn heute tun, wenn man eine Familie gründet und will, »daß es wenigstens den Kindern einmal bessergeht«? Wo es einem *schlecht* geht, muß man selbstverständlich auf weiteren Fortschritt setzen, also auf noch schnelleren Wandel – eben auf die Überwindung der gewohnten Misere durch Bauen am Wohlstand, also auf »Wirtschaftswachstum«. Und woran muß man bauen, wo es einem *gut* geht? Im Wohlstand also? Nun ja, da ist es nicht anders – das hören wir doch täglich: Wenn es uns nächstes Jahr nicht ein paar Prozent bessergeht, geht es uns schlechter! Unsere Weisen predigen uns nach wie vor: Das Maß des Wohlstands ist das Bruttosozialprodukt, auch Wertschöpfung genannt – und dieses Maß muß wachsen. Gleichbleibender Wohlstand ist als Unglück anzusehen!

Was steckt hinter solcher Begriffsverwirrung? Man möchte fast auf Schwachsinn tippen – aber es ist ja die ganze aufgeklärte, wissenschaftlich gebildete Gesellschaft, die diese Idee zu ihrem heiligsten Dogma erhoben hat! Das muß wohl bedeuten, daß tief eingeborene, im biologischen Erbe fixierte, vorbewußte Verhaltensweisen beteiligt sind. Aus der Kenntnis des Verhaltens anderer Primaten leuchtet zumindest eine davon sofort ein: Auch wir können nur dann einigermaßen friedlich zusammenleben, wenn die Rangordnung geklärt ist – also das, was Psychologen von den Beobachtungen an Hühnern her die »Hackordnung« nennen. Zwar kann sich die Phantasie allerlei komplexe Rangordnungen ausmalen, in denen gewisse Eigenschaften eines Menschen, vielleicht sogar höhere seelische und geistige Fähigkeiten, für sein Ansehen in der Gesellschaft bestimmend wären – und in manchen Kulturen hat bekanntlich derartiges tatsächlich eine Rolle gespielt –, aber in der Moderne hat sich nun einmal die Organisation von Macht und Rang durch die Idee des Eigentums als ein sehr viel einfacheres und durchsetzungsfähigeres Prinzip erwiesen: »Haste was, biste was«, also: »Haste mehr, biste mehr.« Nachdem eine Werteskala schon definitionsgemäß etwas Eindimensionales ist, muß doch der Wert des Menschen letztlich durch eine einzige Zahl meßbar sein! Solange die Macht der Kultusministerien nicht völlig gebrochen ist, spukt in manchen Köpfen noch immer die Idee, hierfür eine schulische Durchschnittsnote heranzuziehen – aber was könnte denn besser geeignet sein als das eigentliche am Menschen: sein Eigentum.

In diesem System muß natürlich Wohlstandswachstum einer Klasse von »Untertanen« sogleich auch wachsenden Wohlstand der »Herrscher« nach sich ziehen. Sonst käme es bekanntlich zur Gleichmacherei! Die gesamte Ordnung geriete durcheinander! Eine Befreiung von »Unterschichten« aus Not und Abhängigkeit (in einer einzelnen Gesellschaft wie auch in internationalen Beziehungen) würde eine Umverteilung von Macht und Rang bedeuten. Das würde ins Chaos führen, weil alle neu um ihren Platz kämpfen müßten. Genau darin liegt doch, wie die Ethologen erkannt haben, der evolutionäre Antrieb zur Ausbildung von Hackordnungen und anderen hierarchischen Strukturen. Der Aufstieg untergeordneter Klassen oder Kasten muß also durch Schaffung neuer Arten des Elends und der Abhängigkeit kompensiert werden, die geeignet sind, auch die Aufgestiegenen an der Mehrung des Wohlstands von Eliten weiterarbeiten zu lassen. So wird erreicht, daß alle ständig aufwärts steigen! Jeder steht morgen auf der Sprosse, auf der gestern seine Chefs und Vorbilder standen, und auch diese sind dann schon wieder ein Stück weiter oben. Längst sind alle viel höher als früher einmal die Könige. Will da jemand stehenbleiben? Das ist schwierig, ja unmöglich, wenn alle vorbeidrängeln. Man wird hinuntergestoßen. Wer sich etwa noch anklammern kann, muß bald mit Schrecken feststellen: Sobald die Masse vorbei ist, werden die unteren Sprossen gekappt! Die Leiter steht gar nicht mehr! Sie hängt in der Luft! Und so reicht sie in den Himmel, wie die Ranken der Wunderbohne im Märchen. (Wem diese Erläuterung eines Hauptarguments für den Wachstumszwang allzu verkürzt erscheint, der möge einmal versuchen, sich die Sache etwa von einem Wirtschaftsminister besser erklären zu lassen ...)

Von einem bevorstehenden Umbruch in dieser Mentalität kann offensichtlich nicht die Rede sein. Was die herrschenden Ideen betrifft, scheint es also lächerlich, eine »Jahrtausendwende« zu bemühen. Als mich erstmals ein Amerikaner von der »global acceleration crisis« sprechen hörte, schlug mir seine Begeisterung entgegen: »Ja, das ist es, das richtige Wort! Mit dieser Einsicht in den Kern unserer Probleme sollten wir es doch nun endlich schaffen, die vielen irrationalen Hindernisse für weitere Beschleunigung und globale Vereinheitlichung aus dem Wege zu räumen – nicht wahr?« Schließlich versteht man doch auch unter einer Finanzkrise nicht, daß man *zu viel*, sondern daß man *zu wenig* an Finanzen hat! Das Wort *Krise*, das eigentlich *Entscheidung* heißt, bedeutet für den modernen Macher geradezu definitionsgemäß, daß ein Mangel oder ein Widerstand aufgetaucht ist, der überwunden werden muß, damit alles weitergehen kann wie bisher. Nur noch ein bißchen eiliger, natürlich. An Engstellen muß der Strom schneller werden.

Es tauchen Wegverzweigungen auf, und dort stehen vereinzelte Propheten, die behaupten, der Wegweiser stehe falsch, obwohl er doch die Straße weist, der alle folgen. Sie erzählen, die herrschende Leitidee führe in Krise und Untergang. Sie wollen zu anderen Wegen bekehren. Doch wie soll das die Mehrheit überzeugen? Bei dieser kommt die Botschaft nicht einmal an, denn alles wird übertönt von den Marschliedern der Medien, die die einheitliche Selbstorganisation der gesellschaftlichen Strömung vermitteln, und die das »Weiter so« nicht nur als Ziel, sondern sogar als einzig mögliches Mittel zur Krisenüberwindung propagieren müssen.

Sagte ich denn nicht eben noch, das Gewohnte sei nun die möglichst rasche Abschaffung alles Gewohnten? Die immer schnellere Innovation im Wettlauf mit allen anderen? Was kann dann »Weiter so« heißen? Nun ja – ebendies: Der Wettlauf muß weitergehen! Nur die permanente Veränderung bietet Siegeschancen; wer beim alten bleibt, hat schon verloren! Und das Tempo muß wachsen – durch raffinierte Innovationen immer weiter beschleunigt! Nur eines soll sich dabei nicht ändern dürfen: die Grundidee des wissenschaftlichen, technischen und wirtschaftlichen Fortschritts, die zur Leitidee der ganzen Welt geworden ist. Sie kann von den meisten gar nicht in Frage gestellt werden, weil sie ihnen als fundamentales Naturgesetz gilt. Der Mensch muß aufwärts, vorwärts – und zwar möglichst schnell – und das heißt: schneller!

Ein wichtiger Schritt auf dem Weg zur Rettung hin wird geschafft sein, wenn wir Formulierungen jener Leitidee finden, die zwar jedermann zunächst als so gut wie selbstverständliche Wahrheit erscheinen müssen, und die wir dann dennoch, noch selbstverständlicher, als falsch erweisen können. Das ist das Ziel dieses Buches. Also, bitte, welcher ernsthafte, realistische Mensch zweifelt zum Beispiel an der folgenden Aussage? *Aller Aufstieg des Menschen ergibt sich daraus, daß die einzelnen und die Völker untereinander um ihre Lebensgrundlagen konkurrieren.*

Kinderfrage: Daß die bisherige Entwicklung so gelaufen ist, ist ja leicht zu sehen – aber woher weißt du eigentlich, daß es auch jetzt so weitergehen kann? (Sei still, und schwimm weiter! Sie kennen die Witzserie, wo das Kind immer wieder fragt, und als Antwort nur das »Sei still« erhält, bis schließlich eine kleine Ergänzung hinzukommt. Hier war die Frage: »Mami, Mami, warum muß ich denn mit nach Amerika?«)

Haben wir nicht gerade jetzt viel schlimmere Sorgen als die Fortschrittskrise der kommenden Generation? Die globale ökologische Katastrophe, die uns beim »Weiter so« droht, der tiefe Abgrund dort vorn, auf den die breite, glatte Straße stracks zuführt, ist zur Zeit kaum Gesprächsstoff, weil wir beim Marschieren gestolpert sind und uns ein wenig den Fuß verstaucht haben. Nun versuchen wir erst einmal mit zusammengebissenen Zähnen, uns die Bandagen anzulegen, mit denen wir wieder richtig Tritt fassen können. Bloß nicht zur Seite gucken! Dort sitzen schon lauter andere bisherige Mitläufer, die es womöglich überhaupt nicht mehr schaffen, auf die Beine zu kommen! Solange es nicht so viele waren, pflegte man zu sagen: Selber schuld! Die sind einfach unqualifiziert und können deshalb nicht einmal mithelfen, »die Pferde wieder zum Saufen zu führen«, dort vorne. – Was sagen wir jetzt dazu, wo dieses Herausfallen aus der Marschkolonne womöglich uns selber droht?

Die »Wirtschaftssachverständigen« versichern uns, daß man künftig weltweit mit einer hohen und noch zunehmenden »Sockelarbeitslosigkeit« zu rechnen habe. Das ist eigentlich ganz logisch: In der immer moderner werdenden Gesellschaft kann es für Menschen nicht viel zu tun geben. Schließlich war es doch das Ziel aller Modernisierung, den Menschen Arbeit abzunehmen und ihnen das mühevolle Leben zu erleichtern. Warum wundert es nun so viele, daß wir diesem Ziel endlich nahe kommen – zumal wir doch immer schneller laufen? Als ich geboren wurde, war noch die Hälfte aller Deutschen in der Landwirtschaft beschäftigt und mußte vom Morgengrauen bis in die Nacht schwere Arbeit verrichten. Heute bemüht sich die europäische Kommission ernsthaft und erfolgreich, den Anteil der in der Landwirtschaft Tätigen endlich auf ein Niveau nahe einem Prozent zu drücken. Um unsere Nahrung zu erzeugen, werden also kaum noch Menschen gebraucht. Damit von diesem Grundbedürfnis überhaupt noch Wachstumsimpulse für unseren eigentlichen Zweck, d. h. für die Wirtschaft, ausgehen können, damit also der Ernährungssektor noch einen gewissen Beitrag zum Arbeitsangebot und zum Bruttosozialprodukt darstellen kann, muß man die Nahrung mindestens einigen raffinierten technischen Verarbeitungsprozessen unterziehen, sie vielfältig chemisch behandeln, bestrahlen, auf immer raffiniertere Weise mehrfach verpacken und möglichst oft und schnell über weite Strecken hin und her transportieren oder doch wenigstens ein paar Jahre tiefgekühlt lagern. So kommen doch immerhin noch einige Prozent unserer sogenannten Wertschöpfung zusammen. Aber auch hier muß die Zahl der Arbeitsplätze weiter sinken! Wie überall, schlummern doch auch in Verarbeitung, Transport und Lagerhaltung beträchtliche Rationalisierungspotentiale, die demnächst durch fortschreitende Automatisierung geweckt werden. Selbst wenn wir noch die paar schmutzigen Tätigkeiten hinzurechnen, die bei der »Entsorgung«, also beim Sortieren, »Rezyklieren«, Deponieren oder Exportieren der so entstandenen Abfälle und Gifte entstehen, können doch offensichtlich nicht viele wahlberechtigte Bürger hierin eine Lebensaufgabe finden – höchstens noch ein paar Fremde ohne Bürgerrecht.

Auch in der Industrieproduktion sieht es aber fast überall ähnlich aus. Die industrielle Revolution, die einst die Mehrheit der Bevölkerung vom Land in die Städte und an die Maschinen zog oder zwang, ist längst beendet. Die einfachen Maschinen, an denen Menschen Tag für Tag, Stunde für Stunde, die gleichen stumpfsinnigen Handgriffe auszuführen hatten, sind durch Automaten ersetzt. Immer weniger Menschen erzeugen alle notwendigen oder absetzbaren Güter. Dabei steigt der Kapitaleinsatz pro Arbeitskraft gewaltig an und ebenso die Anforderungen an Lern- und Konzentrationsfähigkeit der Beschäftigten. Da kann es nicht mehr »Arbeit für jeden Dorftrottel« geben, wie man es der DDR nachsagte. In dem Maße, wie die Automaten programmierbar und immer »intelligenter« werden, drohen sie zunehmend sogar die noch bestehenden Handwerksbetriebe zu verdrängen. Auch die Kontroll- und Reparaturarbeit wird zunehmend auf automatisierte Großbetriebe konzentriert, und ohnehin wird die Reparaturfähigkeit der meisten Gebrauchsgüter immer weiter eingeschränkt. Kurz und gut: Die Wirtschaft bräuchte eigentlich kaum noch Arbeitskräfte, sondern nur etwas mehr Verbraucher, um zu blühen. Wie dumm, daß die Leute einfach nicht genug verdienen, um sich all das zu kaufen, was man fast ganz ohne menschliche Hilfe herstellen kann.

Im Produktionssektor kommt allerdings durch den Aufstieg sogenannter Schwellenländer ein weiteres Problem hinzu, das durch das Zerbersten des Eisernen Vorhangs noch verschärft wurde: Die Länder, in denen gut ausgebildete Menschen bereitstehen, um für einen Bruchteil der bei uns üblichen Löhne unsere Arbeit zu tun, liegen nun nicht mehr nur auf der anderen Seite der Erde, sondern sogar direkt an unseren eigenen Grenzen, die ja obendrein nach allen herrschenden politischen Vorstellungen möglichst offen sein sollen. Was liegt da näher, als daß bei der Investition in neue Produktionsanlagen, bei denen etwa doch noch menschliche Arbeitskraft eine wesentliche Rolle spielt, künftig ein Standort in solchen Ländern bevorzugt wird? In der Produktion sind Deutsche nun einmal teurer als Koreaner, Polen, Tschechen – und Computersysteme. Die Deutschen sind also für ihr eigenes Kapital eigentlich weitgehend überflüssig geworden. Selbst als Verbraucher müssen sie doch angesichts des riesigen Weltmarktes eine immer unwichtigere Rolle spielen. Bald sind wir nur noch ein Prozent der Weltbevölkerung. Wie sollen wir es da nur anstellen, eine der politisch und wirtschaftlich »führenden Mächte« zu bleiben? Und sagen uns denn nicht unsere Führer, daß wir untergehen müssen, wenn wir dies nicht schaffen?

Wer weiß eine Antwort? Alle Fachleute natürlich! Alle einschlägigen Kultbücher aus Politik und Wirtschaft verkündigen uns die Antwort längst als frohe Botschaft: Das Industriezeitalter ist vorbei! Wir werden zu einer »Informations- und Dienstleistungsgesellschaft«. Der größte Teil der Menschen wird im »tertiären Sektor« arbeiten. Dann sind wir bald wieder alle ein paar Sprossen höher auf jener Leiter! Der Reichtum der Höherstehenden, der letztlich aus der Abhängigkeit der Tieferstehenden erwachsen muß, wird dann freilich nicht weiterhin vor allem aus dem Besitz der Produktionsmittel stammen können. Über die Arbeit in der Produktion läßt sich dann nur noch eine kleine Minderheit der Bevölkerung abhängig halten. Die Mehrheit muß ja davon leben, sich gegenseitig nützliche Dienste zu leisten oder höhere Bedürfnisse zu erfüllen. Daß deren Preis nicht im wesentlichen durch Produktionskosten bestimmt sein kann, darf aber nicht etwa bedeuten, daß er als Tauschwert der

Dienstleistungen ermittelt werden könnte. Dann wäre ja die Bedienung des Kapitals nicht mehr sichergestellt! Auch bei der Dienstleistung durch einen Friseur oder sogar einen Beamten muß also selbstverständlich irgendwie dafür gesorgt sein, daß »der Zehnte« (oder ein bißchen mehr) an irgendwelche »Eigner« abgeführt wird. Das wird sich freilich ohne Schwierigkeit organisieren lassen – ja, die heutigen Prinzipien der gesellschaftlichen Selbstorganisation werden es sogar erzwingen, ohne daß jemand viel darüber nachdenken müßte. Schon das Eigentum an Land und Häusern bildet einen ganz brauchbaren Sockel für die Erfüllung jener Bedingung.

Ähnlich wie in der Industriegesellschaft, wo viele nicht zur Fabrikarbeit tauglich waren und recht nutzlos mit durchgefüttert werden mußten, wird auch in der Dienstleistungsgesellschaft eine gewisse Schwierigkeit darin liegen, daß nicht alle zu nützlichen Leistungen befähigt sind. Aber insgesamt wird das Problem der Durchfütterung von Arbeitslosen und Sozialhilfeempfängern wohl nicht wachsen. Die Situation könnte sogar eher günstiger werden, da sich mit geeigneten organisatorischen Maßnahmen sicherlich für körperlich und geistig Schwache in einer Verwaltung leichter Aufgaben finden lassen als in einer Fabrik. So mag mancher hoffen, es könnte in der neuen Gesellschaft sogar gelingen, einer einst bewährten Regel wieder mehr Geltung zu verschaffen: »Wer nicht arbeitet, der soll auch nicht essen und wohnen.« Vielleicht kann man ja nach dem Untergang des Sozialismus mit etwas weniger sozialer Humanitätsduselei auskommen. Warum sollte nicht der rasche Wertewandel ausnahmsweise auch einmal die Rückkehr zu längst verlassenen kulturellen Werten bedeuten?

Einen erfolgversprechenden Einstieg in die Informations- und Dienstleistungsgesellschaft bot bereits das phantastische Wachstum der Bürokratie, das über die vergangenen Jahrzehnte stattfand. Es gelang uns, vor allem auf den höheren politischen Ebenen, eine Flut von Gesetzen und Erlassen zu schaffen, die nicht mit der Wirklichkeit und miteinander zusammenpassen, weil der in ihre Beratung eingehende konzentrierte Sachverstand der beteiligten Experten in der Tat nur auf jeweils einen Punkt konzentriert war und alle sonstigen Zusammenhänge außer acht ließ. Zur Verwaltung der Folgen des hierdurch eingetretenen Chaos mußte die Zahl der Stellen im höheren öffentlichen Dienst vervielfacht werden. Dies allein schon brachte uns ein ganzes Stück auf dem Weg zur Dienstleistungsgesellschaft voran: Mehr Menschen als je sind damit beschäftigt, Formulare auszufüllen und untereinander auszutauschen; und eine ganze Menge von ihnen werden auch dafür bezahlt. Nur darauf kommt es doch letztlich an: Menschen müssen einander Dienstleistungen antun, für die Geld hin- und herfließen kann – sofern, wie gesagt, noch dafür gesorgt ist, daß dabei der dem Kapital zustehende Anteil abgezweigt wird.

Bei näherem Hinsehen verbirgt sich freilich auch in der frohen Botschaft von der Informations- und Dienstleistungsgesellschaft ein Pferdefuß: Ein immer größerer Teil der Organisations- und Verwaltungsarbeit in Industrie, Handel und Bürokratie, wie auch im Gesundheitswesen und in den »freien Berufen«, wird ebenfalls auf Computer übertragen werden. Selbst an anpassungsfähigen Menschen mit gutem Gedächtnis, die heute noch fast überall Chancen haben, dürfte einst weniger Bedarf bestehen. Computerisierte Expertensysteme und die zugehörigen Datenbänke erweisen sich natürlich nicht nur in der automatisierten Produktion, sondern auch bei immer mehr Dienstleistungen als dem Menschen überlegen. Sie leisten viel mehr und lassen sich viel schneller mittels neuer Erfahrungen umprogrammieren und mit neueren Daten füttern. Die Computersysteme werden bald intelligent genug werden, um nicht nur Lagerverwaltungen, Postpersonal und Arzthelferinnen zu verdrängen, sondern endlich selbst höhere Beamte zu ersetzen. Sogar in die Rechtsprechung werden sie bald einziehen, schon um die erforderliche Rechtseinheit wiederherzustellen, die dadurch gefährdet ist, daß selbst die höchsten Richter und Gutachter sich im Chaos der Gesetze nicht mehr einigen können. In der Finanzgerichtsbarkeit ist ja infolge der beschleunigten Gesetzgebung dieser Zustand bereits deutlich erreicht, so daß eigentlich gar nichts übrigbleibt, als die künstliche Intelligenz eines computergestützten Expertensystems zur höchsten und letzten Instanz zu machen.

Kurz und gut – für die Deutschen droht es auch in der Neuen Gesellschaft nichts mehr zu tun zu geben. Die Produktion wird dorthin verlegt, wo Menschen und Natur leichter auszuplündern sind; die Dienstleistungen, die man wirklich braucht, werden von Computern mit Hilfe weniger Programmierer und Operateure erledigt; und die anderen Dienstleistungen, die man nicht unbedingt braucht, an denen man sich aber immerhin noch freuen könnte, kann man natürlich nicht mehr bezahlen, wenn man seinen gutbezahlen Arbeitsplatz einem Computer überlassen mußte. Also werden auch noch die Theater zugemacht.

Eine wichtige Einsicht kommt immerhin allmählich in die Diskussion über mögliche Auswege für den Standort Deutschland: Um in der internationalen Konkurrenz an der Spitze zu bleiben, würde es ja nicht genügen, daß wir – wie früher einmal – die Speerspitze der Forschung und Entwicklung darstellten. Die Anstrengungen in dieser Richtung müßten vergebens bleiben, weil unter den Bedingungen zunehmender Vereinheitlichung der Welt jeder von uns gemachte Fortschritt von allen anderen sofort nachvollzogen würde. Es hilft also in diesem Wettlauf gar nichts, erster zu sein! Man leistet doch dadurch nur Schrittmacherdienste für die zweiten und dritten, die im Windschatten laufen dürfen! Müßte nicht, wenn diese Einsicht sich ausbreitete, etwas Unglaubliches geschehen? Die ganze Läuferkolonne könnte plötzlich langsamer werden und schließlich stehenbleiben! Ja womöglich tritt jeder ein paar Schritte hinter seinen Nachfolger zurück und bietet diesem mit einer freundlichen

Handbewegung den eigenen Platz an. Zum Lachen, nicht wahr? Wir wissen doch genau, warum dies nicht geschehen kann: Es handelt sich doch nicht um einen Wettkampf der Läufer, sondern um den der Sponsoren! Es geht ums Geld. Irgendwie ist es dem Geld gelungen, sich unsere Lebensgrundlagen anzueignen. Die der einzelnen, wie die ganzer Nationen. Wenn wir nicht so laufen, daß sich das Geld unserer Sponsoren vermehrt, kriegen wir nicht einmal mehr zu essen oder ein Dach über dem Kopf.

Wer mitgedacht hat, kann sich jetzt vielleicht auch denken, welche Vorschläge demnächst für den Standort Deutschland auf uns zukommen werden: Es ist ja fast keine Möglichkeit übriggeblieben! Einerseits wird behauptet, wir müßten Wege finden, auf denen wir unseren Vorsprung vor der Mehrzahl der Völker der Erde behalten können; andererseits hatten wir doch schon verstanden, daß alle auf *demselben* Weg sind! Eben auf jener *einen* Leiter, auf der man die »Entwicklungshöhe« z. B. durch das Pro-Kopf-Einkommen mißt. Es gibt kein Entkommen aus der Konkurrenz. Wer zurückfällt, droht endgültig abzustürzen. Wie, zum Teufel, können wir also dafür sorgen, daß wir wirklich dauerhaft besser sind als alle Konkurrenten?

Unser Kapital wird uns, wie wir sahen, nicht dabei helfen, denn das Kapital ist international geworden. Es mag zwar reiche und superreiche Deutsche geben, aber sie werden immer weniger Gründe sehen, ihr Kapital zu Hause zu investieren. Was aber bleibt dann noch? Etwa die militärische Stärke? Die naheliegende Möglichkeit, die anderen zu beschädigen oder gar auszurotten, haben wir vor gut einem halben Jahrhundert erprobt, und tatsächlich hat diese geplante Endlösung uns selbst vielleicht nur etwa ein Viertel so viele Opfer gekostet wie die anderen. Dennoch sind auch wir dabei verstümmelt worden und fast endgültig abgestürzt. Vorerst wenigstens ist deshalb unsere öffentliche Meinung weitgehend davon abgerückt, dies wieder in Betracht zu ziehen.

Die einzig denkbare andere Möglichkeit, vorne zu bleiben, ist dann offensichtlich die Gewinnung einer echten intellektuellen Überlegenheit. Dies deutet sich doch nun immerhin in vielen Verlautbarungen von Politikern und in allerlei Reden und Aufsätzen öffentlich bestallter Wahrsager an: Wir müssen uns einen Informationsvorsprung schaffen und ausbauen, der uns dauerhaft zur Speerspitze der Weltentwicklung macht! Dazu würden allerdings nicht etwa – wie manche sagen – ein besseres Bildungssystem und bessere Forschungseinrichtungen ausreichen. All dies würden ja die anderen ebenso rasch nachahmen, wie sie heute die besten Produktionsverfahren übernehmen und sogar weiterentwickeln. Man mag es drehen und wenden, wie man will – es bleibt nur eine einzige Möglichkeit: Wir müssen wirklich schlauer sein als alle anderen!

Auch mit dieser Idee haben wir schon einige Erfahrung. Wer erinnert sich nicht an die Überlegenheit der germanischen Rasse! Freilich scheiterte diese Vorstellung an der Realität. Es gibt so viele andere gescheite »Rassen« – und obendrein sind wir eines der am meisten »durchrassten« Völker, wie manche unserer Anführer dies ausdrücken würden. Die intellektuelle Überlegenheit müßte also auf andere Weise zustande kommen. Könnten wir nicht durch Gentechnik und eugenische Zuchtwahl die Fähigkeiten der Deutschen höherzüchten? Wie ärgerlich: Auch dies würden natürlich die anderen sogleich nachmachen! Die Konkurrenz würde also nur auf ein weiteres Gebiet ausgedehnt.

Letzter verzweifelter Vorschlag: Wir könnten ein Einwanderungsgesetz schaffen, das dafür sorgt, daß die intelligentesten Leute aus aller Welt als Bürger zu uns kommen! Wenn wir schnell genug handeln, sind sie vielleicht bald alle hier, und dann sind die anderen Völker schon nicht mehr schlau genug, um auf dieselbe Idee zu kommen! Selbstverständlich müßte zugleich ein Abschiebungsgesetz dafür sorgen, daß alle unsere schwächer begabten Bürger, am besten schon während des schulischen oder vorschulischen Selektionsprozesses, Deutschland verlassen müßten. So hart ein solches Schicksal unsere eigenen Kinder oder gar manchen von uns selbst treffen würde, ich sehe keine andere Chance mehr, uns eine Spitzenstellung zu sichern! Bis wir soweit sind, sie zu nutzen, werden wir freilich wegen der fast unerträglichen Langsamkeit des demokratischen Prozesses noch mehr als eine Wahlperiode abwarten müssen. Und so dürfte uns wohl auch diese letzte Chance von den Japanern oder noch innovationsfreudigeren Konkurrenten weggeschnappt werden.

Hören wir auf mit dem einleitenden Geplänkel. Mit sarkastischen Anmerkungen können wir zwar ein wenig von der Bitterkeit ausspeien, die unser tägliches Medienfutter in uns zurückläßt, aber viel Kraft zur Veränderung wird davon nicht ausgehen. Es genügt nicht, die Widersprüche in den Leitideen unserer Gesellschaft wahrzunehmen. Es muß deutlicher werden, wie wir andere Wege finden können. Immerhin wird mancher vielleicht weiterlesen wollen, wenn ich verspreche, daß ich mich im folgenden nicht damit begnüge, die Bodenlosigkeit des gängigen Geschwätzes nachzuweisen, die schließlich oft genug im Kabarett und in vielen bitterbösen Büchern an den Pranger gestellt wird. Wir wollen uns nun vielmehr dazu aufmachen, unsere Ideen vom Menschen und seiner Gesellschaft in unsere gesamte Welterfahrung einzubauen. Dazu müssen wir weit ausholen! Wenden wir also den Blick vorerst wieder vom »Standort Deutschland« ab. Wir richten ihn zunächst kurz auf den drohenden Zusammenbruch der ganzen Biosphäre, bevor wir uns dann der Analyse des auch in uns selbst wirksamen Schöpfungsprinzips zuwenden. Wir müssen zu ergründen versuchen, wie die wahnhafte Entgleisung unserer Kreativität organisiert ist und ob und wie wir sie vielleicht selbst neu organisieren können.

II
Untergangssymptome – oder Panikmache?

Zum Stand der globalen Wertschöpfung

Die nächsten beiden Generationen werden darüber entscheiden, ob auf der Erde lebensfähige Entwicklungen wiedergefunden werden oder ob lang bewährte Naturkreisläufe – und damit schließlich auch die Zivilisation – zusammenbrechen! Hierzulande und in all den anderen sogenannten »entwickelten« Ländern lassen sich die Untergangssymptome heute noch leicht beiseite wischen. Uns persönlich geht es ja meist recht gut. Wen, zum Beispiel, betrifft es schon, wie viele Kinder irgendwo auf der Erde verhungern? Im Durchschnitt der letzten Jahre ist es etwa alle zwei Sekunden ein Kind, das an Hunger stirbt. Und gerade jetzt geht das Sterben noch schneller, weil vor allem in Afrika durch politische Katastrophen und häufigeres Ausbleiben des Regens der Hunger noch zunimmt. Vielleicht gar nicht schlecht, mag mancher denken. Schließlich ist ja, trotz des Kindersterbens, in ebendiesen zwei Sekunden die Menschenzahl auf der Erde schon wieder um zehn angewachsen – gerade so schnell, wie ich bis zehn zählen kann! Und wegen dieser sogenannten Bevölkerungsexplosion taucht nun sogar in wissenschaftlichen Zeitschriften – selbstverständlich mit der Rationalität und Emotionsfreiheit, die rechten Wissenschaftlern angemessen ist – die Frage auf, warum sich eigentlich fortgeschrittene Industrieländer über die Weltgesundheitsorganisation der Vereinten Nationen noch daran beteiligen, mit Medikamenten das Sterben afrikanischer Kinder zu bekämpfen ...

Zugleich stirbt freilich auch ungefähr stündlich eine lebendige Art auf der Erde aus. Manche Biologen sagen, es seien wohl eher schon zehn pro Stunde. Das ist schwer abschätzbar, denn vor allem die Zoologen wissen nur ungenau, wie viele Tierarten es überhaupt gibt. Die meisten verschwinden vielleicht, ohne daß wir sie kennengelernt haben. Aber wir wissen: Jede dieser Arten hat viele Millionen Jahre gebraucht, um sich zu entwickeln! Wir mögen meinen, wenn jede Stunde ein paar davon für immer verschwinden, beträfe uns das nicht sehr, weil wir in unserem alltäglichen Leben nicht auf sie angewiesen seien. Sogar dies könnte aber ein Irrtum sein. Es gibt so viele erstaunlich raffinierte Wechselwirkungen zwischen Arten – und zwischen ihnen und der Umwelt –, und die meisten dieser Zusammenhänge im System des Lebens sind uns unbekannt. Wir entdecken sie meist erst durch überraschende Zusammenbrüche – wie z. B. jetzt gerade beim weltweiten Absterben der großen Korallenriffe. Korallen gehören zu den ältesten Lebewesen unserer Erde. Was mag ihnen fehlen? Oder was mag sie quälen?

Wen schert der Untergang von Altem? Es kommt doch Neues dafür! Zum Beispiel erschaffen wir seit Jahrzehnten ständig neue chemische Verbindungen – übrigens auch gerade etwa stündlich eine! Und oft setzen wir sie auch gleich in mehr oder wenigen großen Mengen frei. Viele davon mag es vorher auf der Erde – ja im ganzen Universum – niemals gegeben haben. Gerade dies erzeugt in uns ein erhebendes Gefühl, den Stolz, mit unserer Schöpferkraft etwas Großartiges zu leisten. Ist nicht die Erschaffung von Dingen, die es nie zuvor gab, etwas Grandioses und grundsätzlich Positives? Wer mag da schon daran denken, daß vielleicht, wenn wir Hunderttausende neuer Substanzen in solcher Eile in die Biosphäre einbringen, dort nicht mehr alles zusammenpassen könnte? Dabei muß es doch so sein – selbstverständlich! Und der Erfolg ist auch bald tagtäglich in den Zeitungen nachzulesen: Sogar das Klima der Erde droht nun durch unsere Innovationen umzukippen, und die Ozonschicht dort oben, am Atmosphärenrand, wird durch unsere Künste abgebaut. In den dreißiger Jahren haben kreative Chemiker die Möglichkeiten der Fluor-Chlor-Kohlenwasserstoffe (FCKW) entdeckt, und alle sind auf diese Kreation hereingefallen: Sind das nicht wunderbare Stoffe? Wie merkwürdig, daß es sie auf der Erde vorher nicht gab! Sie können doch gar keinen Schaden anrichten, weil sie mit nichts anderem reagieren! Geradezu märchenhafte Substanzen, meinte man, die man überall und massenhaft einsetzen könnte – ohne irgendwelche Vergiftung oder Korrosion! Durfte man da nicht stolz sein und bedenkenlos einige Millionen Tonnen davon in die Atmosphäre freisetzen? Sagte damals etwa jemand, das sei gefährlich, denn irgend etwas müsse doch schließlich damit geschehen? So ein Spinner! Der hätte gefälligst erst einmal beweisen sollen, was geschehen könnte!

Wir wissen seit einigen Jahren, daß die FCKW die Ozonschicht schon kräftig angegriffen haben – nun auch in unseren Breiten. Und selbst wenn wir den Umgang mit diesen Stoffen so schnell wie möglich, ja sofort einstellen, wird doch das, was schon in der Luft ist, noch jahrzehntelang weiterwirken. Freilich ist auch die Ozonschicht selbst ein Werk des Lebendigen: Erst das Leben auf unserer Erde hat über Hunderte Millionen Jahre in der Luft den Sauerstoff angereichert, den es in der Uratmosphäre noch nicht gab. Das primitive Leben brauchte ihn nicht, ja er war damals sogar ein Gift. Und dann entwickelten sich Lebensformen, die dieses Gift nicht nur ertrugen, sondern benötigten – und andere, die immer mehr davon freisetzten. Dadurch entstand in der Höhe auch die Ozonschicht, die nun weniger ultraviolettes Licht zur Oberfläche durchließ – und eben dadurch wurde noch höhere Komplexität des Lebendigen möglich. So schuf das Leben *selbst* die Bedingungen für seinen weiteren Aufstieg. Wie beruhigend! Spielt nicht unsere eigene Schöpferkraft heute die gleiche Rolle? Warum sollte sie also solche Probleme nicht in den Griff kriegen? Zumal doch inzwischen zum altmodischen Leben noch die Intelligenz hinzugekommen ist!

Nun ja, einen kleinen Unterschied gibt es schon: Jener Prozeß der gemeinsamen Entwicklung von Leben und Atmosphäre erstreckte sich über Millionen von Generationen der beteiligten Lebewesen; alles in der Biosphäre konnte und mußte sich dabei aneinander anpassen. Wenn wir heute innerhalb einer Menschengeneration die Filtereigenschaften der irdischen Lufthülle drastisch ändern, ist solche koevolutionäre Anpassung unmöglich. Deshalb ist alles Lebendige auf der Erde bedroht! Das Schlimme am Zunehmen der harten Ultraviolettstrahlung ist doch nicht, daß wir vielleicht nicht mehr an Sonnenstränden schmoren dürfen und Sonnenhüte und Sonnenbrillen werden tragen müssen, um Haut und Augen zu schützen. Wir mögen uns vielleicht schützen können, aber das übrige Leben auf der Erde kann dies nicht. Wie werden wohl all die Kleinlebewesen nahe der Meeresoberfläche – das sogenannte Plankton – reagieren, wenn die Sonne plötzlich so viel härtere Strahlung liefert? Und was wird das für alle anderen Meerestiere bedeuten, deren Nahrungskette ja beim Plankton beginnt? Und welche Pflanzen werden vielleicht dieses neue Licht nicht aushalten? Es muß wohl zum Zusammenbruch von noch mehr Lebenszusammenhängen, zum fortschreitenden Abbau der Biosphäre kommen, wenn die Ozonschicht weiter geschädigt wird – und das geschieht vorerst unaufhaltsam.

Die Größenordnung der Gefahr wird von maßgeblichen Politikern und Wirtschaftlern, ja sogar von manchen Wissenschaftlern oder Pseudowissenschaftlern noch immer heruntergespielt. Man streitet lieber erst einmal darüber, ob die Natur denn überhaupt »Verfassungsrang« habe – wie etwa die »Freiheit der Wissenschaft« oder die »freie Entfaltung der Persönlichkeit«. Die sogenannten Konservativen möchten die Natur doch gern rechtlich etwas tiefer ansiedeln. »Konservieren« bedeutet zwar »erhalten«, aber gemeint ist bekanntlich vor allem die Erhaltung von Machtverhältnissen und Privilegien – auch des Privilegs, zur freien wirtschaftlichen Entfaltung nach Belieben über die irdischen Lebensgrundlagen zu verfügen. Deshalb darf bei uns auch niemand gegen deren noch so offensichtliche Zerstörung gerichtlich Klage erheben, wenn er nicht direkte Betroffenheit durch eigenen Gesundheits- oder Vermögensschaden nachweisen kann ...

Ein nicht weniger kritisches Problem, bei dem wir allerdings – verglichen mit dem Ozonabbau – hoffentlich noch ein bißchen mehr Zeit haben, ist die durch Änderung des Strahlungsgleichgewichts der Erde drohende Klimakatastrophe. Die jahrzehntelange Freisetzung sogenannter Treibhausgase beginnt unübersehbar Folgen zu zeigen. Jeder von uns zivilisierten Deutschen setzt im Durchschnitt täglich 35 kg Kohlendioxid in die Atmosphäre frei – also etwa sein halbes Körpergewicht! Jeden Tag! Auch unser natürlicher Stoffwechsel erzeugt bekanntlich CO_2 – aber dieses ist ja auf Umwegen über die Nahrung erst kurz zuvor aus der Luft entnommen worden, also »rezykliert«; und außerdem ist es nur ein Fünfzigstel oder gar Hundertstel von dem, was wir durch unsere Teilnahme an der Industriegesellschaft freisetzen. Das heißt: Jeder von uns beschäftigt sozusagen an die hundert Sklaven – doch wird deren Nahrung nicht rezykliert, sondern aus der Erde gepumpt und anschließend als Gift in die Lebenswelt entlassen. Hundert Millionen Jahre lang sammelte und speicherte das System des Lebendigen diese »Sklavennahrung« in Form von Kohle, Öl und Gas aus Sonnenenergie. Wir verpuffen all das innerhalb weniger Generationen und wundern uns noch, daß dabei schließlich Probleme auftauchen. Da gibt es nichts zu wundern! Viele sogenannte Spinner haben dies seit hundert Jahren kommen sehen. Es war selbstverständlich, daß dies nicht lange gutgehen konnte! Und doch – solange die meisten Menschen die Folgen noch immer nicht persönlich erleben und als Folgen auch des eigenen Verhaltens wahrnehmen, bereitet ihnen höchstens eine baldige Erschöpfung der *Quellen* Sorgen. Vom anderen Ende, dem *Abfluß*, spricht man nicht gerne – schon gar nicht die »Energieversorger«, die sich für »*Ent*sorgung« unzuständig fühlen. So neigte die Mehrheit zu einer Haltung fröhlicher Sorglosigkeit: Machen wir ruhig erst einmal so weiter! Schließlich ging es uns nie zuvor so gut!

Die Diskussion darüber, wie lange ein »Weiter so« überhaupt möglich ist, hat immerhin endlich die politische Ebene erreicht. In den Regierungskreisen der USA hatte noch bis vor kurzem durchweg die Haltung geherrscht: Kommende Generationen werden ihre Probleme schon lösen – laßt uns unsere Probleme lösen! Und was sind unsere wichtigsten Probleme? Oder was halten zumindest Politiker dafür, die alle vier Jahre wiedergewählt werden wollen? Unser Problem ist: Wir wollen noch mehr und noch billiger Auto fahren, mehr billige Energie verbrauchen, es noch bequemer haben. Also laßt uns doch daran arbeiten! Ist es nicht überhaupt größenwahnsinnig, ja blasphemisch, sich für die Zukunft der Welt verantwortlich zu fühlen? Was geht uns eigentlich der Rest der Welt oder gar die Zukunft an? Jeder kennt den Spruch: Warum sollte ich mich um die Nachwelt sorgen? Was hat denn die Nachwelt für mich getan?

Nun, solange in engen räumlichen Grenzen viele verschiedene kulturelle Entwicklungen in der Welt ablaufen konnten und solange diese Entwicklungen sich über viele Generationen erstreckten, war diese Geisteshaltung in der Tat ein Zeichen von Gesundheit. Heute aber stellt das gleiche Verhalten ein Untergangssymptom dar und ist Ausdruck einer Instabilität. Allerdings wird genau diese Instabilität von vielen noch immer Fortschritt genannt. Ständig entdecken wir neue durch diesen Fortschritt entstandene Probleme – schreckliche Erscheinungen, die ja nicht nur die hergebrachten Strukturen der Biosphäre bedrohen, sondern auch schon die menschliche Gesellschaft und Gesundheit. Doch noch immer neigen wir zu der Antwort: Nun ja, das mögen viele neue Probleme sein, aber das kriegen wir in den Griff. Wir brauchen doch nur mehr Experteneinsatz, schnellere Innovation und weltweite Vereinheitlichung – dann werden die Verantwortlichen es schon schaffen. Sollten wir wirklich durch unsere Zivilisation das Erdklima ändern, so müssen wir eben künftig mit der Zusammensetzung der Atmosphäre weiterexperimentieren, bis wir bessere Lösungen gefunden haben und die Erde als Ganzes technisch verbessern können. »Global environmental engineering« oder »geo-engineering« sind die Schlagworte zur Propagierung des totalen, des endgültigen Fortschritts. Warum sollten Wissenschaftler und Ingenieure, die Rennautos, Überschallflugzeuge, Lasergewehre und Computertomographen erfinden und bauen, nicht auch mit den Reaktionsmustern von ein paar Chemikalien in der Erdatmosphäre fertig werden? Es gibt doch sicherlich viel bessere Möglichkeiten von Wetter und Klimageschehen, als sie die Erde bisher anbietet! »Brauchen wir das Klima noch?« hieß die Überschrift eines Artikels in einer angesehenen Wissenschaftszeitschrift. Die Antwort wird sich jeder denken können: Auf so altmodische Einrichtungen sind wir nicht mehr ernstlich angewiesen! Ist es etwa nicht selbstverständlich, daß menschliche Intelligenz dem Rest der Natur weit überlegen ist?

Warum ist es aber dann tatsächlich so, daß die technische »Lösung« eines Problems meist mehrere neue Probleme erzeugt? Die neu erzeugten greifen im allgemeinen räumlich weiter aus – d. h. Mensch und Natur sind zunehmend in weltweitem Maßstab betroffen. Und die neuen Probleme sind meist noch drängender, bedürfen also einer noch schnelleren Lösung. Der Zeitrahmen, innerhalb dessen sie gelöst werden müssen, wird immer enger. So nimmt letztlich die Zahl ungelöster, aber weltweit drängender Probleme immer rascher zu, und so geht es immer schneller »bergab« statt »bergauf«. Dies äußert sich unter anderem genau in den angeführten Beispielen: im rasch fortschreitenden Untergang lebendiger Arten, in der Vergiftung von Gewässern, Luft und Böden, in beschleunigter Bodenerosion und Vernichtung von Wäldern und anderen Ökosystemen, in der »Explosion« der Erdbevölkerung und ihrer Ansprüche an die Umwelt – bei gleichzeitig wachsender Ungerechtigkeit und »Verschuldung«! Besonders krasse Anzeichen der globalen Instabilität sind natürlich die Beseitigung der Ozonschicht und schließlich gar der Ruin des irdischen Klimas innerhalb zweier Generationen – wenn sich nicht die menschlichen Aktivitäten grundlegend ändern.

Da fragt man sich natürlich: Ja, wie kann das denn sein – wenn doch die Leute, die all dies letztlich hervorbringen, meist gerade unsere gescheitesten Leute sind? Die Wissenschaftler, Techniker, Politiker, Wirtschaftler – sind das denn nicht jene, die am meisten von den Details und ihren Zusammenhängen verstanden haben? Und die sich nun Mühe geben, nach allen Kräften die Welt zu *verbessern*? Wie kann es da geschehen, daß es tatsächlich derart bergab geht? Sind nicht etwa all die Bedrohungen doch nur »herbeigeredet«? Bin auch ich nicht einfach nur einer jener berüchtigten »Panikmacher« und »defätistischen Miesmacher«, die mit ihrem »linken Alarmismus« unsere stets verantwortungsbewußten Anführer in ihren Weltverbesserungsversuchen behindern wollen, um eben dadurch Mißerfolge zu provozieren und dann in der Hitze der dabei entstehenden Reibungsverluste ihr politisches Süppchen zu kochen?

Mit derlei Schlagworten und Ablenkungsmanövern konnten bis vor kurzem viele sogenannte »Verantwortliche« auf die erwachende gesellschaftliche Diskussion der Untergangssymptome reagieren, ohne sich in der größeren Öffentlichkeit lächerlich zu machen. Öffentlichkeit kommt ja schwer ohne die »Medien« zustande, und diese Medien hängen auf dem kurzen Umweg übers Geld, das mit dem Verkauf von Innovationen zu verdienen ist, wiederum von ebenjenen Verantwortlichen ab. Mit Hilfe von genügend Geld lassen sich ganzen Völkern, ja der gesamten Menschheit, die verblüffendsten Süchte und Wahnvorstellungen einpflanzen. Und so fand jeder Fortschritt, auch das schnellere Voranschreiten zum Abgrund, immer wieder Mehrheiten zu seiner politischen Durchsetzung. Ließ sich nicht sogar der Entschluß zum Krieg durch das Schüren von Ängsten und durch Versprechungen von Sicherheit oder Beute immer wieder durchsetzen? Erst jetzt scheint sich die Zeit solcher Erfolge ihrem Ende zu nähern. Immer mehr Bürger hier und überall auf der Welt beginnen zu fragen: Woran liegt es, daß unsere Intelligenz und unsere sonstigen Fähigkeiten derart schnell die Welt ruinieren?

III
Das Prinzip der Schöpfung – eine Sache der Weltanschauung?

Zur Wiedervereinigung von Geist und Materie

1
Keine Wunder mehr?
Physik und Metaphysik

Um die heute so zerstörerische Rolle menschlichen Handelns richtig einzuschätzen, müssen wir wohl erst besser verstehen, wo wir eigentlich herkommen und was unser Platz in der Welt ist. Darüber haben Menschen zu allen Zeiten mit den ihnen jeweils gemäßen Begriffen und Bildern nachgedacht. Verstehen wir es im wissenschaftlichen Weltbild besser? – Erst die moderne Wissenschaft hat uns die Macht zur Zerstörung der Erde geliefert; und da die Wissenschaft geradezu definitionsgemäß an nichts anderes als sich selbst glaubt, liegt mir viel daran zu erklären, wie gerade eine konsequent wissenschaftliche Antwort auf solche Fragen uns aus dem wissenschaftlich-technischen Machtrausch befreien wird. Es soll klarwerden, daß die Heilsversprechen der Wissenschaft alles andere als wissenschaftlich haltbar sind. Ich möchte also als Naturwissenschaftler darüber reden: Wie war es denn überhaupt möglich, daß früher ein derartiger Aufstieg in der Welt stattgefunden hat? Wie hat die Welt angefangen? Was ist ihre Geschichte, und was ist unser Platz darin? Wo stammen unsere Fähigkeiten her? Wie sind sie zu vergleichen mit den Kräften und Mitteln, die den bisherigen Aufstieg vom simplen Tohuwabohu des Urknalls bis hin zu unserem Bewußtsein ermöglichten? Manche Geisteswissenschaftler – und sogar Naturwissenschaftler – erzählen uns, der Mensch stehe so hoch über aller anderen Natur, daß uns solche Fragen nicht weiter interessieren müßten. Aber vielleicht schauen wir die Welt vorsichtshalber doch noch einmal genauer an, bevor wir das glauben.

In den letzten Jahrzehnten hat die Wissenschaft ein Bild der Naturgeschichte vom Anfang bis heute gewonnen, in dem trotz mancher Lücken alles erstaunlich gut zusammenpaßt. Wir glauben – und das ist nicht nur eine bequeme Arbeitshypothese, sondern recht gut durch Beobachtungen gesicherte Überzeugung der meisten Naturwissenschaftler –, daß alles das, was wir unsere Welt nennen, ursprünglich ganz dicht zusammen war. Es hat also wirklich Sinn, von einem *Universum* zu sprechen, das einem gemeinsamen Ursprung entstammt, in dem überall dieselben Grundgesetze gelten und dem sich eine gemeinsame kosmische Zeit, und daher so etwas wie eine Weltgeschichte, zuordnen läßt. Letzteres ist ja nach der nun bald hundertjährigen Relativitätstheorie nicht selbstverständlich, weil die Beurteilung zeitlicher Abstände zwischen Ereignissen vom Beobachter abhängt. In unserer Welt aber wird durch die Gleichmäßigkeit, also die vom gemeinsamen Anfang her gegebene »Universalität«, auch wieder die Definition einer »Weltzeit« möglich. Unmittelbar nach dem Anfang, den wir als Urknall bezeichnen, befand sich die Welt in einem äußerst gleichmäßigen, heißen, dichten Zustand. Nach dem jetzigen Stand der Physik hoffen wir in diesem Bild mit der einfachsten Anfangshypothese auszukommen: Damals, vor etwa fünfzehn Milliarden Jahren, gab es noch keinerlei detaillierte Strukturen – außer den gemeinsamen Naturgesetzen und dieser einen Idee der höchstmöglichen Gleichmäßigkeit. Obwohl wir, jedenfalls bisher, keine vollständige physikalische Theorie dieses Frühzustandes besitzen, können wir doch mit guten Gründen sagen: Aus ihm heraus haben sich alle materiellen Strukturen »von selbst« entwickelt.

Auch wir Menschen müssen als materielle Gestalten dort unsere Wurzeln haben. Wenn wir uns also fragen, was wir tun und lassen sollen, und deshalb nach ethischen Grundsätzen suchen, so ist es wohl angebracht, sich bei dieser Suche nach einer Ethik nicht sofort etwaigen »nichtmateriellen« Möglichkeiten des Menschen zuzuwenden, sondern zunächst die Gesetze und Bedingungen zu erforschen, denen wir als materielle Gestalten in Raum und Zeit unterliegen. Mag sein, daß wir schon wegen dieser Fragestellung als Materialisten oder Reduktionisten beschimpft oder bemitleidet werden, aber müssen wir uns wirklich schämen, wenn wir uns und anderen keine Wunder zutrauen, die die Gesetze der Physik und der Logik überwinden? Schauen wir die Welt ruhig einmal nur mit unseren Sinnen und jenen rationalen Methoden der Wissenschaft an, die doch wenigstens im Prinzip sagen, wie sich Menschen auf etwas einigen können. Freilich wird mir auch mancher Naturwissenschaftler eine unziemliche Grenzüberschreitung vorwerfen und für eine solche Einigung viel schärfere Begriffsbildung und Formalisierung verlangen. Dem würde ich entgegenhalten, daß doch der Mensch gerade mittels der Wissenschaft offensichtlich gefährliche Grenzen durchbrochen hat – oft ohne dies auch nur zu bemerken. Fast alle Anwendung von Wissenschaft geschieht ja außerhalb des Gültigkeitsbereichs wissenschaftlicher Begriffe. Jenseits ihres engeren Arbeitsgebietes pflegen aber auch viele Wissenschaftler ihre Rationalität abzulegen und allerlei hergebrachten, verschwommenen Ideologien anzuhängen, die dem menschlichen Geist eine gewisse Übernatürlichkeit zuschreiben. Das ist aus den gewachsenen Strukturen des menschlichen Denkens gut verständlich. Es kann nicht jeder aus seiner eigenen Erfahrung und Denkleistung heraus ein komplettes Weltbild entwickeln. Fast alle tieferen religiösen und philosophischen Einsichten, die von unseren begabtesten Vorfahren gewonnen wurden, stammen selbstverständlich aus der vorwissenschaftlichen Zeit. Trotz aller erfolgreichen Neuerungssucht im »handwerklichen« Bereich und beim Ausarbeiten theoretischer Details werden sich daher bei fundamentalen Fragen die meisten nicht weit vom Glauben der Väter entfernen können.

So hat sich sogar in die Grundlagen der modernen physikalischen Begriffsbildung jene Annahme menschlicher Übernatürlichkeit eingeschlichen: In der vor allem auf Niels Bohr zurückgehenden und bis heute noch weitgehend akzeptierten »Kopenhagener Interpretation« der Quantenmechanik scheint die Wirklichkeit erst durch menschliche Beobachtung zustande zu kommen. Erst jetzt, nachdem die Väter der modernen Physik lange genug tot sind, erwacht schüchtern eine neue Diskussion über das Wesen der Wirklichkeit. Bei der Diskussion der relativ einfachen Experimente, in denen man seit den zwanziger Jahren unseres Jahrhunderts die Merkwürdigkeiten der Quantenmechanik entdeckte und weiter klärte, schien es zwar ganz angemessen, den Beobachter zur Definition von Wirklichkeit heranzuziehen; ein jüngerer Forscher aber, der heute auf seiner Suche nach einer fundamentaleren Theorie von Raum, Zeit und Materie zwangsläufig auf Fragen nach dem Frühzustand unseres Universums stößt, möchte verständlicherweise seinen Begriff von der Existenz einer »wirklichen Welt« nicht so gern an die Anwesenheit von Beobachtern knüpfen. Sonst würde er ja schon fast beim philosophischen »Solipsismus« landen und womöglich glauben müssen, die ganze Welt, einschließlich seiner selbst und aller anderen Menschen, existiere nur in *seinem eigenen Bewußtsein*. Daher neigen die meisten Theoretiker jetzt eher dazu, nach Begriffen zu suchen, die es erlauben, dem Geschehen in der Wirklichkeit wieder eine Art von »Objektivität« zuzuschreiben. Mit den entsprechenden, noch recht vagen theoretischen Ansätzen der letzten Jahre können wir uns hier natürlich nicht beschäftigen. Statt dessen werde ich in den folgenden Abschnitten versuchen, ein wenig vom eigenen Tasten in dieser Richtung auf einer intuitiven Ebene und in bildhafter Sprache zu vermitteln.

Mein Ausgangspunkt war die Frage, wieweit unsere eigene Gestaltungskraft durch allgemeine Prinzipien der Natur begrenzt sein könnte. Viele alte, aber noch sehr lebendige geistige Strömungen gehen davon aus, daß der Mensch nicht einmal den Naturgesetzen unterworfen sei. Nach wie vor dürfte die Mehrheit der Menschen an die Möglichkeit von Wundern glauben – und ebenso an menschliche Wundertäter. Aber auch wer diesen Glauben verloren hat und sich zur »wissenschaftlich aufgeklärten Elite« rechnet, hat meist keine klaren Vorstellungen von anderen Beschränkungen unseres Erfolgsstrebens, als ebenjener durch die Naturgesetze. Stand nicht am Beginn unseres Aufbruchs in die Freiheit – mit der europäischen Renaissance vor einem halben Jahrtausend – jenes »Ein Mensch kann alles, was er will« des Leon Battista Alberti, der sich als »uomo universale« empfand? Die berühmtesten Werke unserer Kunst erwuchsen aus diesem Lebensgefühl – aber es führte auch zu dem berüchtigten »Was man machen kann, das wird auch gemacht« oder gar »das soll auch gemacht werden«. Mit dieser Geisteshaltung hat der Mensch nun offenbar keine langfristige Überlebenschance mehr und droht, wie wir sahen, sogar gleich einen beträchtlichen Teil alles höheren Lebens mit in den Untergang zu ziehen. Ziel neuen Denkens muß es also sein, aus tieferer und dennoch allgemein vermittelbarer Einsicht in die Natur der Welt und des Menschen überzeugende Leitlinien für die Auswahl des »Machbaren« zu finden. Dieses ganz praktisch bedingte Suchen nach Möglichkeiten der Selbstbeschränkung menschlicher Kreativität durch eine »Ethik aus der Wissenschaft« soll uns in diesem Buch vor allem beschäftigen. Dahinter zeichnet sich freilich eine noch weitergehende Hoffnung ab: Könnte uns nicht sogar eine Aufklärung oder gar Aufhebung der Widersprüche zwischen Materialisten, Idealisten, Spiritualisten und allerlei anderen Ideologen gelingen? Sozusagen eine Wiedervereinigung von Geist und Materie?

Auch nach dem Aufkommen der Wissenschaft hat man

noch lange geglaubt, schon das *Lebendige* erfordere irgendwelche grundsätzlich anderen Wechselwirkungen als die von den Physikern gefundenen. Man vermutete eine geheimnisvolle »vis vitalis«, eine Lebenskraft »jenseits der Physik«. Sollen wir nun etwa nicht einmal mehr *Seele und Geist* als »metaphysisch«, d. h. jenseits der Natur denken dürfen? Ist es vorstellbar, daß aus der zunächst strukturlosen Grundsubstanz, die da im Urknall auseinanderfliegt, letztlich gar »aus dem Nichts«, sich all die raffinierten, immer komplexeren, immer schöneren Strukturen entwickelt haben? Bis hin zu uns, die wir hier sitzen und miteinander darüber staunen? Wie stellen sich die Wissenschaftler das vor? Soll das wirklich alles »von allein« – durch »Selbstorganisation«, wie wir heute sagen – aus jenem simplen Urzustand hervorgegangen sein? Genügten dafür die Naturgesetze? Oder mußte nicht auf geheimnisvolle Weise immer wieder eine »metaphysische Kraft«, der »Geist des Schöpfers«, eingreifen und dafür sorgen, daß es »aufwärts« ging? Und wie läuft dann wohl die Welt jetzt und künftig weiter? Ist die Schöpfung abgeschlossen? Folgt nicht vielleicht das, was hier und heute geschieht, seit der Mensch hinzukam, ganz anderen Prinzipien als die frühere Weltgeschichte? Finden wir nicht wenigstens in uns selbst die Spuren eines geheimnisvollen, »metaphysikalischen« Eingreifens? Ja, liegt nicht womöglich das wesentlich Menschliche, unsere Auszeichnung vor allen anderen materiellen Gebilden, gerade darin, daß wir Menschen solches Eingreifen sogar beeinflussen können? Etwa indem wir um Regen beten – oder um Frieden? Gibt es denn nicht sogar unter Wissenschaftlern immer wieder Denkansätze in dieser Richtung – heutzutage etwa die durch den britischen Biologen Rupert Sheldrake populär gewordene Vorstellung von »morphogenetischen Feldern«, die auf geheimnisvolle Weise alle Gestaltentwicklung in der Wirklichkeit beeinflussen sollen?

Leider hat sich trotz allen Suchens bisher kein wissenschaftlich überzeugender Nachweis für solche völlig andersartigen Wechselwirkungen ergeben. Ich fürchte, auch die Ansätze zu einer wissenschaftlichen Parapsychologie haben es nicht geschafft, irgendwelche »okkulten« Erscheinungen ans Licht zu bringen. Auch in den komplexesten Gestalten der zeitlichen Welt finden die Wissenschaftler mit ihren Methoden nach wie vor nichts als jene »physikalische Substanz«, die wir je nach Erscheinungsform Materie, Energie oder Vakuum nennen und die bei allen ihren Wechselwirkungen geradezu definitionsgemäß den Naturgesetzen gehorcht. Auch der unfaßbar große »Informationsgehalt« eines Menschen, mit seiner »Gesundheit«, mit seinem bewußten und unbewußten Fühlen und Denken, mit seinen Beziehungen zu anderen Menschen und zur ganzen Kultur – all dies ist offenbar durch Materie in Raum und Zeit verwirklicht und muß deren Gesetzen folgen. Wo ist da Raum für jenes »ganz Andere«? Natürlich läßt sich logisch nicht ausschließen, daß sogar Physiker sich eines Tages von der Existenz ganz unbegreiflicher, sozusagen »gesetzwidriger« oder »übernatürlicher« Phänomene überzeugen lassen müßten. Das könnte dann einfach bedeuten, daß die Naturwissenschaft den viel reicheren *wirklichen* Naturgesetzen bisher noch kaum nahegekommen ist; so wie die klassische Mechanik mit ihrer Vorstellung vom »Menschen als Maschine« natürlich keine Chance hatte, sich ernsthaft den Phänomenen des Lebendigen und des Bewußtseins zu nähern. Es könnte freilich auch bedeuten, daß schon die *Idee* von universell gültigen Gesetzen – selbst was die Materie in Raum und Zeit betrifft – am Wesentlichen vorbeigeht, das sich dann ganz woanders abspielen würde. Sosehr mancher dies hoffen mag, weil er die wissenschaftlich anschaubare Welt auch beim heutigen Stand der Physik als schrecklich arm zu erkennen glaubt, halte ich es doch eher für unwahrscheinlich. Trotz lebenslangen skeptischen Ausschauens habe ich keinen überzeugenden Hinweis dieser Art finden können.

Wir müssen hier aber keinen dogmatischen Standpunkt einnehmen, denn selbst wenn ein solcher Zusammenbruch des wissenschaftlichen Weltbildes zu erwarten wäre, sollten wir ihn vielleicht angesichts der Eile, mit der sich die Wissenschaftler an die katastrophale Weltverbesserung machen, nicht abwarten. Bei aller Unvollkommenheit ihrer Theorien haben diese ja offensichtlich ganz neue, weite Räume der Praxis eröffnet, und jeden Tag melden sie neue »Durchbrüche zu Schlüsseltechnologien«. Die Propheten, die sich auf alte Offenbarungen einer metaphysischen Kraft berufen, haben dagegen keine Chance. Wenn wir das Voranstürmen der Wissenschaftler beeinflussen wollen, müssen wir es wohl in deren eigener Sprache versuchen – sonst ernten wir nur verständnislose, bestenfalls mitleidsvolle Blicke oder jene bei vielen Wissenschaftlern zur Gewohnheit gewordenen albernen bis zynischen Bemerkungen über »den Alten«, für den ja »da oben« wegen der Aufklärung des Himmels leider kein Raum sei – so wenig wie für die Engel. Selbst in »Ethik-Kommissionen« ist offenbar das Predigen alter Weltbilder und ihrer ethischen Grundregeln nicht recht geeignet, die Entscheidungen in physikalischen, chemischen und gentechnischen Laboratorien und Fertigungsbetrieben zu steuern. Und auch aufs Beten, das vor Sterbebetten wohl noch fast jeden von uns ergreift, sollten wir uns angesichts der biosphärischen Untergangssymptome nicht beschränken, solange wir vielleicht noch durch Tun und Lassen etwas ändern können.

Versuchen wir also lieber zunächst, ob wir der uralten Idee Gottes als des Schöpfergeistes und als unseres eigenen Ziels – also dem einheitlichen Prinzip der Weltschöpfung wie auch der Wertschöpfung durch menschliche Kreativität – nicht auf einem neuen Wege, mit all unserem Wissen, näherkommen können. Nicht aus Anmaßung, sondern eher aus Bescheidenheit versuche ich dies hier also aus der »schulwissenschaftlich rationalen« Erfahrungswelt heraus. Die erwartete »Jahrtausendwende« soll weder als einfache Rückwendung zu alten Bildern verstanden werden noch gar als Wende zu jenem »New Age«, in dem viele ihre Entscheidungen mit

Hilfe allerlei okkulter Mächte glauben treffen zu können. Vielmehr soll die Wissenschaft selbst, aus Einsicht in das Wesen allen raum-zeitlichen Geschehens, ihre Rolle als das moderne »Opium fürs Volk« erkennen und aus eigener Kraft sogar mit dem Aberglauben an ihre eigenen Möglichkeiten aufräumen. Es geht also um ein »Recycling der Aufklärung«, und nicht etwa darum, die Aufklärung auf den Müll der Geschichte zu werfen.

Um so größenwahnsinniger mag es manchem zunächst erscheinen, wenn ich zu sagen wage: *Die naturwissenschaftliche Weltanschauung ist dem Prinzip der Schöpfung auf der Spur!* Aber bitte gut zuhören: Nicht der unendlich komplexen Schöpfung selbst – sondern ihrem *Prinzip*! Wie der erste Akt, der simple Urknall, ist nämlich auch das Prinzip des weiteren Schöpfungsprozesses, also das Verfahren, nach dem sich materielle Gestalten in Raum und Zeit organisieren, ganz einfach – ja, so einfach wie möglich. Da ist eigentlich gar nichts, worüber man streiten könnte. Das Prinzip ist »tautologischer Natur«, das heißt: logisch selbstverständlich. Schöpfung ist unvermeidlich im Wesen der Zeit und der Naturgesetze begründet. Schon in der logischen Struktur der Ideen von Raum, Zeit und Materie ist enthalten, daß etwas »geschehen« muß. – Und was geschieht wohl? – Nun ja, *die Verwirklichung von Möglichem*, natürlich. – Und was ist möglich? – Und wie wird aus den unermeßlich vielen Möglichkeiten das Wirkliche ausgewählt? – Wie schrecklich für unsere Bescheidenheit: *Das läßt sich im Prinzip verstehen!* Und doch werden wir bald sehen, daß dabei die alten metaphysischen Ideen nicht endgültig zu Grabe getragen, sondern wiederbelebt werden!

Allerdings ist hier sogleich eine Warnung vor Mißverständnissen am Platze. Es geht nicht darum, die Religion oder die Theologie in ähnlicher Manier zu einem Teil der Physik zu machen, wie dies der amerikanische Physiker Frank J. Tipler mit seinem Buch »Die Physik der Unsterblichkeit« verspricht. Schon wegen des Titels dürfte dies ja ein

Bestseller werden, obwohl vermutlich von 1000 Käufern nicht einmal 999 auch nur im Ansatz werden verstehen können, wovon überhaupt die Rede ist. Es ist deshalb wohl angebracht, rechtzeitig Widerspruch einzulegen. Tipler trägt seine Gedanken so vor, als seien fundamentale begriffliche Schwierigkeiten der Physik schon weitgehend überwunden. Im Rahmen der zur Zeit gängigen, recht vagen Ansätze der Quantenkosmologie formuliert er mit seiner »Omegapunkt-Hypothese« eine globale Randbedingung für die Welt, die bewirken soll, daß unser Universum als praktisch einzigartig ausgezeichnet ist und daß in ihm der »Informationsgehalt« bis ins räumliche Zusammenfließen am »Ende der Welt« unbegrenzt zunimmt. Dort soll dann durch eine geeignete Zeitinterpretation erreicht werden, daß »ewiges Leben« als wirklich erscheint. Damit will Tipler die Ideen Gottes und der Unsterblichkeit auf allzu naive Weise als Teile der physikalischen Wirklichkeit etablieren. Bei aller Faszination, die von mathematisch-physikalischen Spekulationen dieser Art ausgehen mag, ist doch die Unbescheidenheit seines Ansatzes geradezu lächerlich.

Wenn im folgenden auch bei mir eine gewisse Annäherung an »theologische« Formulierungen stattfindet, mag sich darin für Leser ohne physikalische Kenntnisse womöglich auf den ersten Blick eine Verwandtschaft zu Tiplers Programm andeuten – aber mein Ansatz ist im Grunde doch fast entgegengesetzter Natur. Frank Tiplers »Gott« offenbart sich ihm sozusagen als globale und ewige mathematische Formel. Für mich dagegen offenbart er sich hier und jetzt in unseren »Motiven« und in unserem »Gewissen« – wie bei allen früheren Propheten – und aufgrund des gleichen Prinzips, mit dem schon immer, seit Beginn der Welt, »der Geist in die Materie kam«. Tipler will mathematische Vorschriften für das Universum ersinnen, um die Ewigkeit völlig abstrakt in die Zeit hineinzuzwingen. Ich dagegen werde fragen, wie uns die Selbstorganisation so gelingen kann, daß ein weiterer »Aufstieg« auf der Erde wahrscheinlich wird. Tipler fällt es gar nicht ein, zu untersuchen, ob es hierfür etwa logische Voraussetzungen gibt, für deren Einhaltung oder Wiederherstellung wir selbst »verantwortlich« sein könnten. Die Idee der »Verantwortung« des Menschen (oder noch höherer materieller Gestalten, durch die ihn dereinst solche Promoter der Künstlichen Intelligenz etwa ersetzen mögen) taucht bei ihm folglich kaum auf. Mir erscheint daher Tiplers Art von »Theologie« nur allzu verwandt mit anderen klassischen Versuchen, mittels angeblicher »Gottkunde« die Frage zu erörtern, wie viele Engel auf einer Nadelspitze Platz finden mögen. Solche Spielchen dienen oft dazu, sich und andere von der eigenen Verantwortung abzulenken, die man dann getrost den vermeintlich Wissenden anvertraut.

2
Die Dämmerung des Ursprungs
Einfachheit und Einheit des Vorgegebenen

»Weltanschauung« beginnt für mich schon von Berufs wegen damit, daß ich ein paar Details über die »Welt im großen« erzähle, also über die Organisation der Materie in großen räumlich-zeitlichen Maßstäben. Ohne ein Grundverständnis der Grundprinzipien dieses Universums können wir uns auch selbst nicht richtig einordnen. Wenn wir mit heutigen Fernrohren in den Weltraum hinaussehen, finden wir erst einmal die über hundert Milliarden Sterne unserer Milchstraße – verteilt in einer flachen, spiralförmigen Scheibe von etwa hunderttausend Lichtjahren Durchmesser. Wahrscheinlich kreisen um Milliarden dieser Sterne auch Planeten. Wie viele davon eine biologische Entwicklung beginnen konnten, wissen wir nicht. Selbst für unseren Nachbarn Mars, der heute »tot« ist, steht noch nicht fest, ob er nicht anfangs auf einem ähnlichen Wege war wie die Erde. Noch weniger wissen wir, ob irgendwo in unserem Milchstraßensystem die Entwicklung ähnlich weit führen konnte wie bei uns. Es läßt sich nicht einmal ausschließen, daß unsere Erde die einzige Stelle im ganzen Weltall ist, wo Bewußtsein entstanden ist.

Die Entwicklung der Sterne haben die Astrophysiker in den vergangenen Jahrzehnten einigermaßen verstanden. Es zeigte sich, daß die ältesten etwa 15 Milliarden Jahre alt sind – das ist nur etwa dreimal älter als Sonne und Erde. Unser Milchstraßensystem ist aber nicht allein; das nächste ähnliche können wir gerade noch mit bloßem Auge als Nebelfleck im Sternbild Andromeda sehen – im Abstand von etwa zwei Millionen Lichtjahren. Und mit den stärksten Fernrohren sehen wir bis in die Nähe unseres kosmischen Horizonts Milliarden solcher Galaxien. Eine andere überraschende Entdeckung der zwanziger Jahre war nun: Diese ungeheure Menge ähnlicher materieller Strukturen bildet zwar wiederum Klumpen (»Galaxienhaufen«), doch sind diese im großen ziemlich gleichmäßig verteilt und fliegen gleichmäßig auseinander! Die Ausdehnungsgeschwindigkeit bei dieser »Expansion des Universums« läßt sich aus den Beobachtungen abschätzen, und daraus ergibt sich, wann alles Sichtbare dicht beisammen gewesen sein muß, falls der Prozeß nicht durch völlig ungeahnte Kräfte beeinflußt wurde. Und siehe da: Wir finden, wie für dieses Alter der ältesten Sterne, auch für das aus der Expansion abgeschätzte »Alter der Welt« wieder ungefähr 15 Milliarden Jahre! Im Abstand von 15 Milliarden Lichtjahren muß uns also, wegen der endlichen Ausbreitungsgeschwindigkeit des Lichts, in allen Himmelsrichtungen der Ursprung unseres Universums erscheinen. Das ist unser »Horizont«. Er wandert natürlich jährlich um ein Lichtjahr weiter in den Raum hinaus, aber weiter können wir heute prinzipiell nicht schauen, denn es gab ja gar nicht mehr Zeit, in der das Licht hätte zu uns laufen können. Auch die Zeit selbst nahm dort offenbar ihren Anfang. Es wäre also sinnlos, von einem »Vorher« sprechen zu wollen, von dem Signale zu uns kommen könnten.

Seit der Entdeckung der kosmischen »Dreigradstrahlung« (vor 25 Jahren) »sehen« wir bis ganz nahe an diesen heißen, dichten Anfangszustand der Welt. Daß uns sein Anblick nicht verbrennt, liegt an der dort gegen unendlich strebenden »Rotverschiebung« infolge der kosmischen Expansion: Der Horizont scheint von uns mit Lichtgeschwindigkeit zu entweichen, und die von ihm ausgehende Strahlung käme deshalb gerade nicht mehr (nämlich mit verschwindender Energie) bei uns an. Tatsächlich sehen wir allerdings in Raum und Zeit nicht beliebig nah an den Anfang, sondern nur so weit, wie das Licht laufen konnte, ohne in der früher so viel dichter gepackten und heißeren Materie steckenzubleiben. Das bedeutet, daß wir mittels Licht oder anderer elektromagnetischer Strahlung nicht näher an den Urknall schauen können als bis zum Ursprung des berühmten »Mikrowellen-Hintergrundes« – entsprechend einer Zeit von etwa hunderttausend Jahren nach dem Urknall. Damals war der Weltinhalt auf einige tausend Grad abgekühlt und begann lichtdurchlässig zu werden; nun erscheint uns das Licht aus jener Epoche an unserem kosmischen Horizont mit einer Temperatur von nur noch knapp drei Grad über dem absoluten Nullpunkt als fast gleichmäßige Radiostrahlung aus allen Richtungen. Gerade in den geringen Ungleichmäßigkeiten, die erst seit wenigen Jahren beobachtbar sind, steckt freilich besonders interessante Information über die Frühzeit der Welt – wenn auch die bis auf die Titelseite weltberühmter Zeitungen gelangte Behauptung, wir schauten hier »ins Angesicht Gottes«, von trauriger Selbstunterschätzung der Physiker zeugt. Ein Blick in den Spiegel oder ein wenig Forschen in den eigenen Motiven würde ihnen zweifellos unendlich viel mehr von diesem Antlitz zeigen ...

Viele der führenden theoretischen Physiker sind heute damit beschäftigt, den Zustand der Welt nahe dem Urknall zu erforschen. Man versucht tiefer zu begründen, warum die ganze beobachtbare Welt anfangs so gleichmäßig war und warum überhaupt einheitliche Naturgesetze gegeben sind.

Das kann hier nicht unser Thema sein. Aber die Frage, was eigentlich universell gegeben ist, hat durchaus Bedeutung bei der Suche nach unseren eigenen Möglichkeiten, wenn wir annehmen, daß auch alles Menschenmögliche aus dem Urknall hervorging und den dort »gegebenen« (oder »ausgewählten«?) Gesetzen genügt. Was also war im Anfang vorgegeben? Die Antwort zeichnet sich den Physikern bei ihrem Ringen um eine fundamentale Theorie immer deutlicher ab: eigentlich fast gar nichts!

Die Wirklichkeit des Anfangs war verblüffend arm – vielleicht »so arm wie möglich«. Es gab keinerlei strukturellen Reichtum – noch nicht einmal die Elementarteilchen, und selbst der Raum kam wohl erst mit der Zeit. Nichts als die Gesetze gab es also, und diese eine Idee, daß alles so dicht wie möglich zusammen ist und so schnell und gleichmäßig wie möglich auseinanderfliegt. Und selbst was die Gesetze betrifft – die wir noch nicht in der notwendigen begrifflichen und mathematischen Tiefe erkennen –, deutet sich eine Reduktion auf ein einheitliches und letztlich einfaches mathematisches Muster an, dem die Eigenschaften des Vakuums und der Materie wie auch von Raum und Zeit entspringen. Die Welt scheint aus »so gut wie nichts« hervorgegangen zu sein.

Entspricht nicht dieses Bild recht gut dem, was auch die Theologen – mindestens im Abendland – sich über den Anfang der Welt gedacht haben? Liegt nicht die Idee von Gott als Schöpfer darin, daß man sagt: »Am Anfang gab es nichts außer Ihm«? Gott als Ursprung der Schöpfung *hat keine Eigenschaften* – aber unendlich viele *Möglichkeiten*! Wenn wir diese sein »Antlitz« nennen wollen, so erscheint offenbar ein Stückchen davon ganz allmählich in der Realität. Der Schöpfungsprozeß besteht eben darin, aus jenem unendlich einfachen Anfangszustand heraus im Laufe der Zeit all das zu schaffen, all das zu »verwirklichen«, was wir heute sehen und erfahren können. Warum gerade dies? Und was vielleicht sonst noch? Kann die naturwissenschaftliche Weltsicht dazu etwas sagen?

Bei der Erforschung physikalischer Grundgesetze sind wir, wie gesagt, noch nicht an ein Ende gekommen, und sogar die heute vorherrschende Form der Materie ist uns noch unbekannt. Der größte Teil der materiell-energetischen »Substanz« macht sich nämlich für uns bisher nur durch seine Schwerewirkung bemerkbar. Nicht einmal ein Zehntel des heute vorherrschenden Weltmaterials scheint in Form der zuverlässig bekannten Teilchensorten zu existieren. Das mag Science-fiction-Autoren Anlaß zu phantastischen Spekulationen über fremdartige Welten und Wesen geben, die mitten unter den sichtbaren Sternen und Galaxien verborgen liegen könnten – doch vermutlich ist die sogenannte »dunkle Materie« von relativ simpler, urtümlicher Natur. Ohne den von ihr gelieferten Untergrund hätten sich zwar vielleicht die Galaxien nicht bilden können, und dann hätte es womöglich überhaupt keinen weiteren Aufstieg zu höheren Gestalten mehr gegeben. Doch abgesehen von einem solchen Beitrag zum Beginn der astrophysikalischen »Morphogenese« spielt dieser Untergrund wahrscheinlich keine wesentliche Rolle für den späteren Reichtum der Welt, etwa in der Chemie, im Lebendigen oder in unseren Gehirnen. Im Gegensatz zu den Gedanken, die der große mathematische Physiker Roger Penrose in seinem schönen Buch »The Emperor's New Mind« entwickelt, spricht für mich vieles dafür, daß schon die einigermaßen bekannten physikalisch-chemischen Eigenschaften der Materie im Prinzip ausreichten, um nach der Entstehung unserer Sonne und der Erde auch den Menschen und sein Denken und Handeln hervorzubringen.

Zwar ist es (trivialerweise) richtig, daß die heutige Theorie nicht »den Menschen erklären« kann; wir wissen ja, daß wir keinerlei konsistente Theorie von Raum, Zeit und Materie besitzen, weil nicht einmal unsere bewährten Theorien der Schwerkraft und der Quantenfelder widerspruchsfrei zusammenpassen. Aber schon die heutigen Ansätze zu fundamentaleren Gesetzen lassen mich vermuten, daß unser Verständnis der materiellen Prozesse im Gehirn, die mit unseren höheren Gefühls- und Bewußtseinsleistungen verknüpft sind, sich auch durch den Durchbruch zu einer einheitlichen fundamentalen Theorie nicht drastisch wird ändern müssen. Dieses Fundament wird wirklich »sehr weit unten« liegen! Das Wesentliche an der so viel höheren materiellen Gestalt des Menschen liegt dagegen offensichtlich in den komplexen Verknüpfungsmöglichkeiten seines Gehirns, und nicht darin, daß auch dieses aus »Elementarteilchen« besteht und daß also selbstverständlich auch alle Prozesse in und zwischen Nervenzellen letztlich den physikalischen Grundgesetzen gehorchen. Das heißt auch, daß wir von der Physik kaum weitere entscheidende Beiträge zur Lösung von »Welträtseln« zu erwarten haben dürften, die für unsere Selbsterkenntnis wesentlich wären. Auf dem Niveau des wesentlich Menschlichen, also dessen, was uns eigentlich bewegt, wird daher wohl die physikalische Grundlagenforschung künftig einmal nichts mehr mitzureden haben. – Und doch sollen uns nun gerade die sich abzeichnenden Umrisse des modernen physikalischen Weltbildes den Anstoß geben, Einsicht in die systemtheoretischen Prinzipien der Schöpfung zu gewinnen. Das wird uns helfen, die Voraussetzungen zur »Bewahrung der Schöpfung« zu verstehen und die eigene Kreativität auf die Erschaffung lebensfähiger Gestalten zu lenken.

Schauen wir also die evolutionäre Selbstorganisation der Welt an! Beginnen wir früh genug, um noch das Wesentliche mit einer einheitlichen Beschreibung zu erfassen, doch schon in einem Zustand, auf den die physikalischen Begriffe und Formalismen anwendbar sind, die im Laufe unseres Jahrhunderts entwickelt wurden. Zwar kann man, wie ich schon andeutete, durchaus darüber nachdenken, spekulieren und vielleicht sogar Einsichten gewinnen, ob nicht auch das System der im Universum gefundenen »allgemeingültigen« Naturgesetze nur eine Möglichkeit von vielen darstellt und sich etwa selbst erst im Laufe der Zeit in einem Auswahlprozeß durch Versuch und Irrtum entwickelte. Allerdings kämen für eine solche Entwicklung nur die winzigen Sekundenbruchteile nahe dem Anfang in Frage, für die wir noch keine zuverlässigen Begriffe und Theorien haben. Auf die Denkansätze in dieser Richtung, wie sie jetzt z. B. unter dem Schlagwort »inflationäres Universum« laufen, kann ich hier nicht eingehen; und erst recht nicht auf Versuche, die Geburt der Zeit selbst durch das Ausschlüpfen der Wirklichkeit aus einem zeitlosen »Ei des Universums« zu beschreiben. Aber eines wird in der neueren Theorieentwicklung deutlich: Was wir als »anfänglich gegeben« annehmen müssen wird immer weniger.

Viele hoffen, wie gesagt, daß in einigen Jahrzehnten die naturgesetzlichen Wurzeln alles Geschehens – bis beliebig nahe an den Ursprung unseres Universums heran – in einer »Theorie von allem« formuliert werden können. Darauf können wir nicht warten. Beginnen wir also kurz nach dem Anfang – als die universellen Gesetze schon »gegeben« sind und jene dichte, heiße, gleichmäßig expandierende Ursubstanz schon »da ist«. Aber noch sind da keine örtlich verschiedenen Strukturen außer den spontanen Schwankungen, die nach den Grundgesetzen unvermeidlich sind. In einem abgeschlossenen, gleichbleibenden Raum würde sich an diesem Zustand auch nichts ändern. Es könnte nichts Neues »geschehen«. Alles wäre und bliebe im »thermodynamischen Gleichgewicht«, das jede Tendenz zu möglicher Strukturbildung behindern würde. Im frühen Universum freilich ändert sich der Zustand schon durch die ungeheuer schnelle Expansion, und unter diesen Bedingungen ist die Strukturentstehung aufgrund der naturgesetzlichen Möglichkeiten – wie man nachrechnen kann – wahrscheinlich, ja praktisch erzwungen. Die jeweils momentane Erscheinungsform der Substanz ist wegen der hohen Temperatur heftigen zufälligen Schwankungen unterworfen und muß dabei bald auch die Möglichkeiten der heute mehr oder weniger langlebigen Elementarteilchen ausprobieren. Die *Möglichkeit* ihrer Existenz ist ja in der mathematischen Struktur der Gesetze »jenseits der Zeit« vorgezeichnet. In der *Wirklichkeit* des Anfangs sind sie zwar zunächst nicht lebensfähig, doch schon Sekundenbruchteile nach dem Urknall sorgen die Ausdehnung des Raums und die damit verbundene Abkühlung dafür, daß sich etwas ändert. Die Prinzipien der Quantentheorie besagen, daß jeder wirkliche Zustand unvermeidlichen zufälligen Schwankungen unterworfen ist. Das damit verbundene »Herumzappeln« bereits verwirklichter Strukturen stellt ein »Ausprobieren von Möglichem« dar. Das Sinken der Temperatur führt dabei zu einer Abnahme der Energie, die ein etwa »im Probieren« entstehendes Teilchen beim ständigen Zusammenstoß mit dem Strahlungsuntergrund austauschen würde. So kommen mit der Zeit in diesen »Versuchen« immer schwächere physikalische Wechselwirkungen ins Spiel und können die Entstehung und das mehr oder weniger lange Überleben immer komplexerer materieller Strukturen ermöglichen, die zuvor unmöglich zu sein schienen.

Was soll das heißen? Wird hier nicht das Geheimnis der Gestaltbildung nur hinter Worten versteckt? Und ist es nicht eine sehr ungeschickte Ausdrucksweise, zu sagen, daß sich trotz gleichbleibender Naturgesetze die Möglichkeiten ändern? Es ist doch die *Wirklichkeit*, die sich mit der Zeit ändert; es sind nicht die *Möglichkeiten*! Bringe ich nicht die Begriffe von Möglichkeit und Wirklichkeit durcheinander? Sollten wir nicht erst die Begriffe zu klären versuchen? Ja, genau darum muß es nun gehen. Deshalb lebt ja auch die Diskussion über die Interpretation der Quantenmechanik wieder auf. Auch die moderne Physik ringt weiterhin um eine Klärung ihrer Begriffe – und doch, behaupte ich, können wir schon beim jetzigen, recht dürftigen Stand der physikalischen Theorie Wesentliches erkennen. Das ist ja das Faszinierende an der Entwicklung der Physik: daß auch Theorien, die begrifflich inkonsistent, ja nachweislich mathematisch falsch sind, offenbar richtige Einsichten in wirkliche Zusammenhänge und zuweilen sogar exakte Vorhersagen experimenteller Ergebnisse erlauben können. Eine Ahnung, warum das so ist, rührte einst Werner Heisenberg und seine Kollegen an, als ihnen nach dem Essen in ihrer Berghütte auffiel, daß sie beim Abspülen mit trübem Wasser und Abtrocknen mit schmutzigen Tüchern dennoch klare, blanke Gläser erhielten ... Lassen wir uns dadurch Mut machen, mit dem unvollkommenen heutigen Wissen nach dem Prinzip allen Geschehens zu fragen!

3
Wirklichkeit und Möglichkeit

Was gibt es eigentlich?

Der Schöpfungsprozeß ist das Verwirklichen von Möglichkeiten im Laufe der Zeit, also offenbar ein Auswahlprozeß. Die Fragen, die wir uns stellen müssen, sind zunächst: Was ist möglich, und wie wird das Wirkliche unter allem Möglichen ausgewählt? Die Antwort wird lauten: Vom Urknall und den Elementarteilchen bis zur Hirnaktivität und ihren Folgen – wie z.B. auch diesem Buch – bleibt die Auswahlmethode »im Prinzip« dieselbe.

Was in unserem Universum »im Prinzip möglich« ist, bestimmen die Logik und die universellen Naturgesetze – »was immer das sein mag« ... Alle in diesem Sinne möglichen materiellen Gestalten in Raum und Zeit sind also sozusagen *vor* oder *jenseits* von Zeit und Raum gegeben. Mit einem hergebrachten Wort könnten wir sagen: Es gibt sie in einer »transzendenten Welt der Ideen«. Fast alle diese Möglichkeiten existieren nicht in Wirklichkeit, weder früher noch jetzt, noch jemals; und doch sagen wir: Es gibt die Möglichkeit. Schon hier zeigt sich das Schillern unserer alltäglichsten Begriffe. Was meinen wir eigentlich, wenn wir sagen »es gibt« oder »es existiert«? Bevor wir uns gar über der Frage, ob es Gott gibt, die Köpfe zerbrechen oder einschlagen, sollten wir also zu klären versuchen, was wir damit meinen könnten.

Selbst wenn wir alles das unter einem Begriff vereinigen, was im Prinzip aus Materie gemacht oder auch nur aus Materie gedacht werden könnte, ist dies ja offenbar noch immer nicht alles, was es für uns gibt. Wo sind denn die unendlich vielen anderen Gestalten angesiedelt, die unser Denken beschäftigen und die doch prinzipiell überhaupt nicht oder höchstens näherungsweise durch Materie in Raum und Zeit verwirklicht werden könnten? Man denke etwa an alle möglichen mathematischen Systeme! Zwar sind diese nach ihrer »Entdeckung« durch einen Menschen teilweise sehr wohl durch materielle Realisierung angenähert – eben als Aktivitätsmuster in den Gehirnen von Mathematikern oder, bald darauf, in Gestalt schwarz auf weiß gedruckter Formeln und Texte –, aber ihre vollständige Gestalt, ihr eigentliches Wesen liegt ja wohl nicht im Prozeß des Feuerns der Neuronen im Kopf eines Professors oder Studenten, oder im Verteilungsmuster der Druckerschwärze auf dem Papier eines Lehrbuches! Wo existiert denn zum Beispiel, was man die *Menge der natürlichen Zahlen* nennt – also 1, 2, 3 ... ohne Ende? Oder zum Beispiel jene Menge komplexer Zahlen, die man nach ihrem Entdecker die *Mandelbrotmenge* nennt – jenes »Apfelmännchen« mit seinem in unendlich raffinierte Gestalten zerfallenden Rand, von dem wohl fast jeder schon faszinierende bunte Bilder auf den Umschlägen von Büchern über Ordnung und Chaos gesehen hat? Wo »gibt es« solche mathematischen Gestalten? Und all die anderen, noch viel abstrakteren? Als materielle Wirklichkeit wird die Mandelbrotmenge erst seit einigen Jahren in Hirn- und Computeraktivität und auf buntem Papier angenähert. Gab es sie vorher nicht? Warum sollte es sie dann jetzt geben, wenn doch auch alle heute oder jemals in Zukunft verwirklichten Darstellungen von immer stärker vergrößerten Ausschnitten dieser unbegrenzt kleiner werdenden Muster nur einen infinitesimal kleinen Teil des Ganzen erfassen können? Und doch: Kommt nicht der Mandelbrotmenge etwa viel dauerhaftere Existenz zu als aller materiellen Wirklichkeit? Ja sogar eine zeitlose? Worin aber läge dann diese Existenz? In ihrer unendlich vielfältigen, immateriellen und doch irgendwie »real« erscheinenden Gestalt? Oder eher in ihrer simplen Konstruktionsvorschrift – also in der mathematischen Formulierung des zu ihrer Erzeugung im Computer benutzten Iterationsverfahrens, die sich mit wenigen symbolischen Zeichen niederschreiben läßt?

Doch wie uninteressant wird uns diese alte Frage nach dem Wesen mathematischer Strukturen, wenn wir nun gar an alle möglichen Gedanken und Träume denken, die Menschen je hatten oder haben werden – oder haben könnten! Wenn wir das alles durch einen erweiterten, verallgemeinerten Existenzbegriff in einem Reich der Möglichkeiten wiedervereinigen wollen – wie sollen wir dieses Reich nennen? Vor jedem Versuch einer Antwort stoßen wir auch hier schon im Fragen auf ähnliche Alternativen, wie wir sie bei den mathematischen Gebilden am Beispiel der Mandelbrotmenge fanden: Wo sollen wir das »Wesentliche« all dieser Gestalten suchen? Liegt das Wesen unserer Gedanken und Träume in ihrer materiellen Darstellung durch die Aktivitätsmuster des Großhirns? Oder in der aus ihnen erwachsenden zukünftigen irdischen Realität? Oder in der fundamentalen Erzeugungsvorschrift, aus der sie im Lauf der Weltgeschichte hervorgingen? Sicherlich: Dieser Prozeß dauerte fast zwanzig Milliarden Jahre, und die erreichte Komplexität ist unermeßlich viel höher als die der Mandelbrotschen Filigrane – aber war nicht womöglich das Erzeugungsprinzip ähnlich simpel? Genau dies wollen doch die Physiker beweisen, indem sie nach fundamentalen Naturgesetzen suchen, denen alles Geschehen vom Ursprung des Universums bis zu uns und weiter bis ans Ende der Welt gehorchen muß!

Solches Fragen nach der Natur materieller, mathematischer und seelisch-geistiger Gestalten und Prozesse ist eine der uralten Grunderfahrungen des Denkens. Es hat die meisten Philosophen dazu geführt, die Welt in verschiedene Bereiche einzuteilen. Eben dagegen sträubt sich freilich nicht nur die Intuition der Mystiker, sondern auch das wissenschaftliche Denken: Wenn wir uns in nur einem solchen Seinsbereich der Welt befänden und mit anderen keinerlei Wechselwirkung hätten, so bräuchten wir doch von diesen anderen nicht erst zu sprechen; wenn wir aber Wechselwirkungen mit einem anderen Bereich erführen, dann sollten wir wohl besser versuchen, diesen »unserer« Welt hinzuzurechnen und nach übergeordneten Prinzipien zu suchen, denen auch derartige Wechselwirkungen folgen. Deshalb scheint auch mir eine von der wirklichen Welt abgetrennte, »transzendente« Welt ein ungeeigneter, ja inkonsistenter Begriff nicht nur für die Gestalten der Mathematik, sondern erst recht für jene unseres Denkens und Träumens zu sein. All diese »unwirklichen Dinge« sind ja mitbestimmend für das Werden der Wirklichkeit, wirken also auf die Auswahl von Möglichkeiten ein, die die Materie in Raum und Zeit hat. Ebenjene mathematischen Gestalten, denen theoretische Physiker auf der Spur sind, also die Naturgesetze, bestimmen doch, was in der raum-zeitlichen Wirklichkeit erlaubt und verboten ist! Alle materiellen Gebilde folgen diesen mathematischen Leitideen! Und was das menschliche Denken und Träumen betrifft: ist dies neuerdings nicht höchst wirklich dabei, die ganze Erde umzugestalten? Wagen wir es also einmal, uns »die Menge aller Möglichkeiten« so vorzustellen, daß auch alles dieses mit dazugehört. (Die berechtigte Sorge um die berüchtigten Paradoxien der mathematischen Mengenlehre, die auftauchen können, wenn man beim Definieren von *Mengen* zu unvorsichtig vorgeht, will ich hier einmal vergessen.)

Mit dieser maßlosen Vorstellung scheint zunächst nichts gewonnen, außer daß wir wieder einmal neue, und noch dazu recht unbeholfene, Bezeichnungen für »das Ganze«, für die Gesamtheit der materiellen und immateriellen Welten erfinden mögen. Aber nun wollen wir versuchen, was fast alle Philosophen trotz ihrer Ansätze zum Trennen und Klassifizieren versuchen mußten: dem Wesen der inneren Strukturen dieses Ganzen auf die Spur zu kommen! Bietet es sich nicht sogleich an, in der nun ins Auge gefaßten Menge alles Wirklichen, Möglichen und Denkbaren eine Art »Raumstruktur« zu denken, die es erlauben würde, von »benachbarten Möglichkeiten« zu sprechen? Versuchen wir es einmal. Schließlich haben wir doch offenbar nicht ohne Grund bei vielen wirklichen und möglichen Gestalten den Eindruck, daß sie nahe beieinanderliegen. »Die Natur macht keine Sprünge«, bemerkten schon römische Denker. Und wie merkwürdig: Dieser Eindruck der Nähe, ja der Berührung, ergibt sich auch für Dinge, die in den meisten philosophischen Systemen zu ganz verschiedenen Bereichen zu gehören schienen! Sollten wir also nicht versuchen, diese anscheinend so nahe beieinander liegenden Bereiche als echte Nachbarn in einem »Raum der Möglichkeiten« unterzubringen? Ist nicht z. B. ein reales Wasserstoffatom ganz nahe an der *Idee* des Wasserstoffatoms, wie sie die mathematischen Formeln der Quantenmechanik beschreiben? Nur exakte Übereinstimmung kann es nicht geben, denn jedes wirkliche Atom ist durch einen großen Teil der übrigen Wirklichkeit ein winziges bißchen gestört. Und ist nicht vielleicht die ungeheure Menge von Atomen unseres eigenen Körpers, mit all ihren biochemisch und neurologisch organisierten Systemen und Wechselwirkungen, irgendwie ganz nahe an der Idee unseres »Ich«, unseres »Selbst«, ja sogar unseres eigentlichen Wesens, das man in unserem Kulturkreis die »unsterbliche Seele« zu nennen pflegte? Ja, läßt uns nicht ebendiese Empfindung nächster Nachbarschaft fragen: Gibt es das, mein Ich? – Gibt es sie, meine Seele? – Wirklich?

Wir müssen wohl mit einfacheren Fragen beginnen! Oder warum nicht gleich mit den Antworten der großen Religionslehrer und Philosophen aller Zeiten? Leider wußten aber Moses und Buddha, Platon und Kant nichts über die mathematischen Grundstrukturen von Raum, Zeit und Materie, über den Urknall oder die endliche Lebensdauer sogar des Protons – und ebensowenig darüber, wie unser Denken und Fühlen als materieller Prozeß im Gehirn organisiert sein könnte. So bleibt mir, obwohl ich solchen Riesen der Vergangenheit an Tiefe und Disziplin des Denkens weit unterlegen bin, nichts übrig, als die Philosophiegeschichte abzuschütteln und alle Fragen neu zu stellen.

Wir wollten besser verstehen, was wir meinen, wenn wir sagen »es gibt«. Beginnen wir nochmals mit der nächstliegenden, zunächst selbstverständlich erscheinenden Antwort: Alles, was aus Materie in Raum und Zeit besteht! Doch da stolpern wir schon: Meinen wir nur das gegenwärtig Bestehende? Dann macht uns bekanntlich die Relativitätstheorie Schwierigkeiten, weil die Gleichzeitigkeit ein vom Beobachter abhängiger Begriff ist. Wessen Gegenwart also ist gemeint? Nun ja, wir Erdenbürger können uns da schnell einigen, weil die Erde so klein ist. Der kurze Moment des Wartens auf die antwortende Stimme beim interkontinentalen Telefonieren stört noch nicht. Auch mit Bewohnern benachbarter Sterne, auf deren Antworten wir jahrzehnte- oder jahrtausendelang warten müßten, könnten wir Verabredungen über die Definition von Gleichzeitigkeit treffen. Und wegen der Gleichmäßigkeit der Welt im großen ist, wie gesagt, sogar eine *kosmische* Zeit definierbar. Nur wäre eben das ferne »Gleichzeitige« nicht wahrnehmbar, weil jede Information darüber höchstens mit Lichtgeschwindigkeit zu uns gelangen könnte. Wenn wir also etwa sagen wollen, es gebe den Andromedanebel und seine hundert Milliarden Sterne so, wie wir sie sehen, dann haben wir unseren Gegenwartsbegriff schon ziemlich strapaziert: Wir sehen diesen Nachbarn unserer Milchstraße »vor zwei Millionen Jahren« – und das Licht der fernsten sichtbaren Quasare wurde zu einer kosmischen Zeit ausgesandt, als es noch nicht einmal unsere Sonne und Erde gab.

Wollen wir also unseren Begriff von momentaner »Existenz« lieber revidieren und auch all das unters Existierende einschließen, worüber wenigstens im Prinzip bisher Information zu uns gelangt sein könnte? Dann »gibt es« alles, was in Raum und Zeit in und auf unserem »Vergangenheitslichtkegel« liegt – wie die Physiker jenen Bereich nennen. Und wo wollen wir dann jene »Tatsachen« einordnen, über die morgen oder in hundert Jahren oder bis zum Tod unserer Sonne in fünf Milliarden Jahren Information zur Erde gelangen könnte? Das ist einerseits die irdische Zukunft, andererseits die Gegenwart und Vergangenheit anderer Teile unseres Universums. Müssen wir etwa sogar darauf verzichten, die Existenz materieller Phänomene unabhängig vom Beobachter zu definieren? Eine besonders krasse »Relativität der Existenz« ist ja den Physikern schon bei der Diskussion des klassischen »Schwarzen Loches« begegnet: Wenn ein Stern zu einem Schwarzen Loch kollabiert, so beurteilt man diesen Vorgang von außen her – z. B. von einem um ihn kreisenden Planeten aus – als unendlich lange dauernd; der zusammenbrechende Stern kann offenbar nie einen gewissen kritischen Radius unterschreiten, der für unsere Sonne drei Kilometer wäre; für einen mitfallenden Beobachter hingegen spielt sich die ganze Geschichte in endlicher Zeit ab, und der Zusammensturz geht ungehindert weiter; die Existenz, und sogar die Zeit selbst, endet in einem ungeheuer dichten Zustand, der dem des Urknalls ähneln muß – und dies geschieht ungeheuer schnell – nämlich in der Zeit des freien Falles in den Mittelpunkt.

Nun gut, möchte man sagen, machen wir es uns nicht zu kompliziert – einigen wir uns doch auf einen Existenzbegriff, der alle jemals in unserem Universum materiell verwirklichten Strukturen umfaßt. Wenn wir sagen wollen, ob es etwas »gibt«, oder gab oder geben wird, müssen wir eben dazu sagen, für welchen Beobachter und zu welchem Zeitpunkt in dessen »Eigenzeit« dies gemeint ist. Schreiben wir nun also all jenem Existenz zu, was mit der Anwesenheit physikalischer Strukturen an irgendeinem Ort des Universums in irgendeinem Moment der universellen Zeit zu tun hat. Wenn wir diese durch die Einheit des Kosmos definierte universelle Zeit wählen, können wir diese Uhr über die letzten 4½ Milliarden Jahre sogar recht gut an der »geologischen Uhr« unserer Erde eichen (und diese dann auch noch für eine etwa ebenso lange irdische Zukunft benutzen). Im Ablauf dieser Zeit stellen wir uns nun die Geschichte des ganzen Weltalls als eine Folge von lauter momentanen »Zuständen« vor. Im Weltbild der klassischen Mechanik hätte man sich einen solchen Zustand als vollständig beschrieben vorgestellt, wenn im betreffenden Zeitpunkt für jedes Teilchen des Weltalls sein Ort und seine Geschwindigkeit (z. B. bezüglich der Erde) angegeben würden. Wenn man dabei auch alle Kraftfelder mit einbeziehen könnte, die von all diesen Teilchen ausgehen und auf andere wirken, dann wäre der Zustand der ganzen Welt »im nächsten Moment« aus dem jetzt gegebenen vollständig bestimmt, also im Prinzip exakt vorausberechenbar. Und das gälte dann natürlich ebenso für alle folgenden Zeitpunkte. Zum Zustand der Welt gehört natürlich auch die Bewegung der Bleistiftspitze auf meinem Schreibtisch. Auch die Wirklichkeit der Buchstaben und Worte, die ich eben hier niederschreibe, wäre im Ursprungsmoment des Universums schon festgelegt gewesen.

Eine seltsame Vorstellung, dieser sogenannte »Determinismus« – die Idee, daß ein Moment der Wirklichkeit alle frühere und spätere Wirklichkeit bestimmen müsse. Generationen von Wissenschaftlern haben dieser Vorstellung allen Ernstes angehangen, weil sie glaubten, mit der Physik ihrer Zeit die fundamentalen Naturgesetze so weit verstanden zu haben, daß ihnen nichts anderes übrigbliebe. Ähnliche Wahnvorstellungen waren freilich schon aus älteren Erwägungen über die notwendige »Allmacht Gottes« erwachsen, die keinen Raum für »Freiheit« lassen könnte. Im deterministischen Weltbild war also durch die Anfangsbedingungen exakt vorherbestimmt, ob und wann eine bestimmte Möglichkeit verwirklicht würde. Die Auswahl der wirklichen

Weltgeschichte aus der Menge des naturgesetzlich Möglichen mußte im ursprünglichen, einmaligen Schöpfungsakt getroffen werden. Mit dem Setzen dieser Anfangsbedingungen war die Welt ein für allemal geschaffen – wenn man nicht glauben wollte, daß »der Schöpfer« auch später jederzeit unter Verletzung der von ihm selbst vorgegebenen Naturgesetze eingreifen könnte. Der tief empfundene Widerspruch zwischen diesem Bild der Weltordnung und der Erfahrung der eigenen Freiheit ließ selbst viele Wissenschaftler dazu neigen, den Menschen ähnlich Gott wenigstens ein Stückchen außerhalb, ja »über« der Natur zu sehen. Wer an deterministische Naturgesetze glaubte, der mußte eigentlich auch an Wunder glauben. Der Glaube, daß dann auch wir selbst solche bewirken oder doch wenigstens durch das Wunder des Betens beeinflussen könnten, lag dann nahe.

4
Die Welt als Gedankenexperiment
Phasenraum und deterministisches Chaos

Als gar nicht wunderbar erschien es gemeinhin dem »klassischen Physiker«, daß er in Experimenten selber die Anfangsbedingungen herstellen durfte und konnte. Er baute oder erdachte sich ein sehr gut von allen Einflüssen der Außenwelt abgeschirmtes materielles System, setzte im praktischen Versuch oder im Gedankenexperiment einen Anfangszustand fest und erprobte oder errechnete dann, wie sich dieser mit der Zeit weiterentwickeln würde. Für die Beschreibung vieler solcher Entwicklungen mit verschiedenen Anfangsbedingungen erfand man die sehr praktische mathematische Darstellung im sogenannten »Phasenraum« des Systems. Um mehr Anschauung von unserem »Raum der Möglichkeiten« zu gewinnen, lohnt es sich, etwas näher auf dieses klassische

Bild einzugehen. Wir werden deshalb hier einen Exkurs von einigen Seiten unternehmen, um zum Begriff des »Attraktors« zu gelangen.

Wie gesagt, sollte der Zustand eines Systems vollständig durch die Angabe der Lage und Geschwindigkeit jedes einzelnen seiner Teilchen charakterisiert sein. Bei einem Gas z. B. stünde jedem Teilchen für seine örtliche Lage der ganze Raum innerhalb der Systemgrenzen zur Verfügung. Jede Teilchenposition wäre bestimmt durch die Angabe von drei »Ortskoordinaten«, also z. B. die Abstände von der linken Wand, von der Vorderwand und vom Boden eines Gefäßes. Für die Ortsbestimmung jedes Teilchens müßten also 3 Zahlenwerte angegeben werden. Die Geschwindigkeit eines Gasteilchens könnte im Prinzip nahe bei Null liegen oder auch sehr hohe Werte annehmen. Tatsächlich fände sie sich wahrscheinlich innerhalb eines gewissen durch die Temperatur gegebenen Bereiches. Um nicht nur die Größe, sondern auch die Richtung der Geschwindigkeit anzugeben, sind wiederum insgesamt 3 Zahlenwerte nötig – nämlich z. B. die Komponenten der Geschwindigkeit in den drei für die Ortsbestimmung benutzten Koordinatenrichtungen. (»Komponente in einer Koordinatenrichtung« heißt hier die scheinbare Geschwindigkeit, die man wahrnähme, wenn die Beobachtungsrichtung parallel zu den anderen räumlichen Koordinatenrichtungen läge.) Wenn ein fest eingeschlossenes Gasvolumen aus n nahezu punktförmigen Teilchen besteht, so ist also offenbar sein Zustand durch die Angabe von insgesamt $6n$ Zahlenwerten bestimmt. Die Anzahl der Moleküle in einem Liter Gas ist aber schon eine Zahl mit 22 Ziffern! (Wenn die Teilchen noch in sich schwingen und rotieren können, so tritt an die Stelle der 6 eine größere Zahl.)

Mit so vielen Daten kann sich natürlich auch der größte und schnellste Computer nie im einzelnen beschäftigen. Man interessiert sich dann nur für Aussagen über das Verhalten bestimmter örtlicher und zeitlicher Mittelwerte, wie z. B. Temperatur, Druck und Strömungsgeschwindigkeiten.

Aber das Beispiel des Wetters zeigt, daß auch dann die Komplexität der wirklichen Gashülle der Erde unbeherrschbar wird. Wenn es sich nicht um ein Gas handelt, sondern etwa um eine Maschine wie einen Automotor, so interessiert einen natürlich die innere Bewegung der Atome in den Bestandteilen noch viel weniger. Um die Funktion einer Maschine zu beschreiben, genügt es, die Bewegungen ihrer wesentlichen Teile darzustellen – also etwa die örtliche Lage und momentane Geschwindigkeit von Kolben und Ventilen, die Drehwinkel und Umdrehungszahlen von Schwungrädern und dergleichen. Dann geht es nur um Ort und Geschwindigkeit relativ weniger Bestandteile, und obendrein können diese schon durch die Konstruktion erheblich eingeschränkt sein. Man spricht dann von einer Einschränkung der »Freiheitsgrade«. Ein Kolben z.B. besitzt nur *einen* Freiheitsgrad, und nicht die drei des einfachsten Gasteilchens, denn er kann sich nur in *einer* Richtung hin und her bewegen. Für ihn erfordert also die Orts- und die Geschwindigkeitsangabe nur je *eine* Zahl. Ebenso ist es etwa bei einem Rad mit fester Achse, bei dem es z.B. genügt, die Drehzahl pro Sekunde und den momentanen Winkel zwischen einer bestimmten Speiche und der Senkrechten anzugeben. Wenn man die Zahl der wesentlichen Systembestandteile mit der Anzahl von deren Freiheitsgraden multipliziert und dies alles zusammenzählt, so ergibt sich wieder, wie viele Zahlenangaben insgesamt zur Zustandsbeschreibung des Systems notwendig wären. Diese Zahl nennt man die »Dimension des Phasenraumes«. Man stellt sich also einen »Raum« vor, dessen »Punkte« durch derart viele Koordinaten geordnet werden müssen. Jeder solche Punkt beschreibt die augenblicklichen Orte im gewöhnlichen Raum für sämtliche einzelnen Systembestandteile, wie auch alle zugehörigen momentanen Geschwindigkeiten. Also repräsentiert jeder Punkt des Phasenraums einen mindestens im Prinzip möglichen Systemzustand.

Wer nicht etwas Mathematik betrieben hat, dem ist vielleicht schon die Verallgemeinerung des Raumbegriffs auf mehr als drei Dimensionen unheimlich. Aber im Grunde steckt nicht viel dahinter. Jeder kann verstehen, warum man eine Linie *eindimensional* nennt: Um auf ihr die Lage eines Punktes festzulegen, muß man eine einzige Zahl nennen, nämlich dessen längs der Linie gemessenen Abstand von einem beliebig gewählten »Nullpunkt«. Eine Tischplatte hat offensichtlich die Dimension 2, denn jeder ihrer Punkte ist festgelegt, wenn man seine Abstände von zwei Tischkanten angibt. Auch die Oberfläche der Erdkugel hat die Dimension 2, denn jeder Ort ist z. B. durch Angabe der geographischen Länge und Breite eindeutig bestimmt. Der »gewöhnliche Raum« ist dreidimensional, denn um einen Punkt in einem Zimmer zu kennzeichnen, genügt z. B. die Angabe seiner Abstände von zwei aneinander anstoßenden Wänden und dem Boden. Offensichtlich können wir uns eine Linie als eine Reihe von benachbarten Punkten vorstellen, eine Fläche als eine Menge lauter nebeneinanderliegender Linien und einen gewöhnlichen Raum als eine Schichtung aus lauter aneinanderliegenden Flächen. Für das entsprechende Zusammenfügen einer Menge dreidimensionaler Räume zu einem vierdimensionalen Raum ist nun zwar in unserer gewöhnlichen Anschauung kein Platz mehr, aber wir sehen wohl, daß nichts Rätselhaftes dahintersteckt, sondern nur ein bißchen gedankliche Ordnung. Wenn wir z. B. das Symbol *(l, b, h)* sehen, also drei Zeichen in einer Klammer, und uns jedes der drei Buchstabenzeichen durch irgendeine Zahl ersetzt denken, dann können wir uns darunter sogleich die »Länge, Breite und Höhe« eines Punktes vorstellen und diesen z. B. in einem Zimmer oder über der Erdoberfläche orten, wenn zuvor das entsprechende Koordinatensystem verabredet wurde. Nicht anders ist das aber, wenn wir vier Zeichen *(l, b, h, t)* hinschreiben und für *t* den Stand einer Uhr einsetzen, die sich im räumlichen Punkt *(l, b, h)* befindet. Denken wir uns das Ticken der Uhr, und schon legen wir in Gedanken »schichtartig« lauter dreidimensionale Räume

»übereinander« zur vierdimensionalen »Raumzeit« der Relativitätstheorie. Und wenn wir zu Länge, Breite und Höhe statt der Zeit die Komponenten der örtlichen Windgeschwindigkeit (nach Osten, nach Norden und nach oben) hinzufügen, haben wir schon eine Art sechsdimensionalen Raumes gedacht, in dem sich ein Teil des Wettergeschehens beschreiben ließe. Der eigentliche Phasenraum der Atmosphäre hätte freilich, wie wir sahen, schon fast unendliche Dimension, weil ja für jedes Molekül mindestens sechs Koordinaten erforderlich wären.

Betrachten wir nun also als Beispiel lieber die Möglichkeiten eines besonders einfachen Systems: Wir hängen ein Metallgewicht mit einer langen Schnur an die Decke und erlauben ihm kleine Schwingungen. Wie viele Freiheitsgrade müssen wir betrachten, um das zu beschreiben, was uns an diesem »Pendel« genannten System interessiert? Offensichtlich können wir die Lage des Gewichts durch seine Abstände von zwei aneinanderstoßenden Wänden bezeichnen, denn die Höhe überm Boden ist dann trotz ihrer Veränderlichkeit schon durch die Länge der Schnur festgelegt. Das System hat also nur zwei Freiheitsgrade. Zu jeder der zwei »Lagekoordinaten« gehört aber auch eine Geschwindigkeitskomponente, und so ist der Phasenraum bereits vierdimensional! Um den Vorteil der Phasenraumbeschreibung mit der »gewöhnlichen Anschauung« zu vermitteln, müssen wir also die Freiheit des Systems sogar noch weiter einschränken. Nehmen wir statt der Schnur eine steife dünne Stange und befestigen wir sie an der Decke nicht mit einem Kugelgelenk, sondern mit einer Achse, so daß sie nur noch in *einer* Richtung schwingen kann. Nun haben wir nur noch einen Freiheitsgrad: Messen wir z. B. die momentane Lage des Gewichts durch seinen Abstand von der »Ruhelage« (in der es senkrecht herunterhängt) und zählen etwa diesen Abstand nach rechts positiv und nach links negativ. Der momentane Zustand des Pendels ist dann vollständig beschrieben, wenn außer diesem Abstand noch die augenblickliche Geschwindigkeit angegeben wird; und das geht nun ebenfalls mit einer einzigen Zahl für die Größe der Geschwindigkeit, mit positivem Vorzeichen für Bewegung nach rechts und negativem nach links.

Was haben wir nun von dieser umständlichen Beschreibung einer so simplen Anordnung? Nehmen wir uns ein Blatt Papier! Das ist der Boden des Zimmers. In der Mitte machen wir einen Punkt. Das ist die Ruhelage des Pendels. Nun zeichnen wir eine horizontale Linie durch diesen Punkt (die »Ortsachse«) und messen nach rechts ab, wie weit wir das Pendel aus der Ruhelage auslenken wollen – sagen wir eine Handbreit. Dort machen wir einen Punkt. Ist das nun schon ein Punkt im Phasenraum, der ja nun dank der Reduktion auf zwei Dimensionen nur noch eine »Phasen*ebene*« ist? Nicht, solange wir nicht auch die Geschwindigkeit im Bild unterbringen! Wie groß ist diese denn, wenn wir das Pendel vorsichtig mit den Fingern bis dorthin auslenken, es stillhalten, und es dann ohne jeden Stoß loslassen? Dann ist die Geschwindigkeit im Moment des Loslassens natürlich Null! Der Punkt auf der Ortsachse ist also doch schon der richtige Punkt der Phasenebene. Die Geschwindigkeit zu späteren Zeitpunkten muß nun aber in der zweiten Dimension des Phasenraumes eingezeichnet werden, das heißt zum Beispiel auf dem Papier nach oben positiv und nach unten negativ. Wir brauchen nur noch eine Maßeinheit für die Geschwindigkeit. Wenn das Pendel nach dem Loslassen zum erstenmal durch seine Ruhelage geht, hat es eine bestimmte Geschwindigkeit nach links. Der Schönheit halber wählen wir die Maßeinheit so, daß diese Geschwindigkeit im Bild als eine Handbreit erscheint. Wo liegt dann also der Punkt der Phasenebene, der dem Moment des ersten Durchgangs durch die Ruhelage entspricht? Natürlich eine Handbreit senkrecht unter dem Mittelpunkt! Vom Loslassen bis zu diesem Moment des ersten Durchgangs durch den örtlichen Nullpunkt ist also die Bahn im Phasenraum offenbar eine Linie von jenem rechten zu diesem unteren »Einheitspunkt«

der Koordinatenebene. An jedem ihrer Punkte ließe sich ablesen, welche Geschwindigkeit das Pendel an jeder Stelle gerade hat. Wie also sieht die Linie wohl aus?

Um dies klarer zu sehen, suchen wir zunächst einige weitere Punkte des Phasenraums, also Zustände, die das Pendel bei seiner weiteren Bewegung erreichen muß. Nach dem Durchgang durch die Ruhelage wird es wieder langsamer, steht schließlich eine Handbreit links vom Nullpunkt für einen Moment still, kehrt wieder um und hat dann beim neuerlichen Durchgang durch die Ruhelage dieselbe Geschwindigkeit wie beim ersten Durchgang, nur mit entgegengesetzter Richtung – das heißt nun im Bilde mit positivem Vorzeichen. Schließlich kommt das Pendel wieder rechts zur momentanen Ruhe, wo wir es eingangs losgelassen hatten. Dem entspricht natürlich auch wieder unser Ausgangspunkt im Phasenraum. Von nun an wiederholt sich der Vorgang immer wieder, solange wir von der Reibung absehen können, die allmählich die Auslenkung verkleinern würde. Wir haben nun also die Entfernung aus der Ruhelage und die Geschwindigkeit als »Koordinaten der Phasenebene« gewählt und vier momentane Zustände der Pendelschwingung eingezeichnet. Es sind gerade die vier »Einheitspunkte« unseres Achsenkreuzes. Die Menge *aller* Zustände, die während der Schwingung durchlaufen werden, ist offenbar eine Linie, die diese Punkte miteinander verbindet. Die Bewegung ist »periodisch«, d. h. sie wiederholt sich nach einer bestimmten Zeit immer wieder, und die »Bahn im Phasenraum« ist daher eine geschlossene Kurve. Wir fragten schon, wie sie wohl aussieht. Man mag es ahnen – aber zum Beweis braucht man immerhin die Anfangsgründe der mathematischen Physik, die man im Gymnasium erwirbt. Offensichtlich muß ja mit Hilfe der Naturgesetze ausgedrückt werden, wie das System von Zustand zu Zustand, also von Punkt zu Punkt seiner Bahn im Phasenraum fortschreitet. Dazu muß man die Kräfte in Abhängigkeit von Ort und Geschwindigkeit kennen. Die sich so ergebende mathematische Formulierung nennt man die »Dynamik« des Systems. Sie drückt sich in den »Bewegungsgleichungen« aus, in denen Orte, Geschwindigkeiten und Kräfte miteinander verknüpft sind. Deren Lösung bestimmt die Bahn durch jeden erreichbaren Punkt des Phasenraums. Um die Bahn des Pendels zu bestimmen, muß man also dessen Bewegungsgleichung lösen. Wenn wir uns bei unserem idealisierten Pendel, an dem nur die Schwerkraft angreifen soll, auf die Näherung beschränken, daß die Auslenkungen sehr klein gegen die Pendellänge bleiben, dann zeigt sich: Alle Zustände, die ein solches reibungsloses Pendel im Laufe der Schwingung durchläuft, liegen auf dem *Kreis* durch diese vier Punkte, dessen Mittelpunkt natürlich der Nullpunkt ist.

Hier sehen wir das Wesen eines deterministischen Naturgesetzes: Ich kann zwar das Pendel um einen beliebigen Winkel auslenken, und ich kann ihm dort auch durch einen Stoß eine beliebige Geschwindigkeit erteilen – aber was es dann weiter tut, steht damit schon völlig fest! Die Bahn im Phasenraum, also die gesamte künftige Geschichte des Systemverhaltens, ist durch die Anfangsbedingung vollständig bestimmt. Sofern wir mit der »Beliebigkeit« im Rahmen der eben erwähnten Näherung bleiben, ist diese Bahn einfach ein Kreis mit dem Mittelpunkt im Nullpunkt der Phasenebene, und zwar der eindeutig bestimmte Kreis durch den Punkt, der die Anfangswerte von Ort und Geschwindigkeit als Koordinaten hat.

Ausgehend vom Beispiel des »linearen Pendels« (»harmonischer Oszillator« genannt), kann man sich nun vielleicht wenigstens vage vorstellen, was gemeint ist, wenn man die Geschichte eines Systems als eine Bahn in dessen Phasenraum beschreibt. Entlang jeder solchen Bahn kann man sich die Zeit angegeben denken – je nach System etwa durch ein Strichlein bei jedem Ticken der Uhr oder bei jeder Jahrtausendwende. Ein großer Vorteil dieser Darstellung liegt darin, daß durch jeden Punkt des Phasenraums eines gegebenen Systems *genau eine* mögliche Bahn läuft, die durch die systembedingten Kräfte vollständig bestimmt ist. Das macht Systemeigenschaften sichtbar, die einem leicht entgehen, wenn man versucht, die wirklichen Bewegungen im gewöhnlichen Raum darzustellen. Es wird einleuchten, daß bei Systemen mit vielen Freiheitsgraden und komplizierten Verknüpfungen durch vielerlei Kräfte auch die Bahnen im Phasenraum recht unübersichtlich werden können. Und doch ist gerade dann diese Darstellung ein wichtiger Zugang zu wenigstens teilweisem Einblick in komplexe Zusammenhänge, vor allem seit man mit Hilfe der Computer auch für verwikkeltere Bewegungsgleichungen schnell ganze Scharen von Bahnen im Phasenraum berechnen und graphisch darstellen kann, wo man früher oft nur mühevoll einige wenige ein Stück weit verfolgen konnte.

Früher waren nämlich fast nur »lineare« Gleichungen einer systematischen Behandlung zugänglich. Deshalb beschränkten sich die meisten physikalischen Untersuchungen auf Systeme, bei denen wenigstens eine »lineare Näherung« die wirkliche Entwicklung eine Zeitlang hinreichend genau wiedergeben konnte. In unserem Beispiel liegt die näherungsweise Linearität darin, daß die rücktreibende Kraft einfach der Auslenkung proportional ist. (Es ist eine Schwerkraftkomponente, die durch das leichte Anheben des Gewichts mit der Auslenkung wächst.) Zwei Größen heißen einander proportional, wenn eine Vervielfachung der einen die gleiche Vervielfachung der anderen bedeutet. Diesen Zusammenhang nennt man *linear*, jede kompliziertere Abhängigkeit *nichtlinear*. Im Falle nichtlinearer Bewegungsgleichungen geht häufig eine besonders angenehme Eigenschaft der Phasenraumbahnen verloren, an die sich Generationen von Physikern beim Umgang mit linearen Gleichungen gewöhnt hatten, und die nicht nur prinzipiell, sondern auch praktisch die »Vorhersagbarkeit« garantierte. Für die konzentrischen Kreise unseres Beispiels ist ja offensichtlich: Wenn man die Anfangsbedingungen nur wenig verändert, so liegen auch die künftigen Geschichten nahe beieinander.

Ähnliches gilt auch für alle anderen linearen Systeme. Bei nichtlinearen Systemen dagegen ist dies oft ganz anders: Bahnen, die in einer Gegend des Phasenraumes sehr nahe beieinander liegen, können sich plötzlich sehr schnell weit voneinander entfernen – z. B. mit »exponentiellem Wachstum«, so daß der Abstand sich mit jedem Ticken der Uhr etwa verdoppelt oder verzehnfacht. Wenn man für ein solches System eine bestimmte Zuverlässigkeit von »Prognosen« verlangen wollte, müßten die Anfangsbedingungen mit einer derart hohen Genauigkeit vorgegeben werden, daß dies in der Wirklichkeit des Experiments oder eines Computers nicht realisierbar wäre. Solches Systemverhalten nennt man »chaotisch«. Man spricht in diesem Zusammenhang auch von »deterministischem Chaos«, weil ja die Gleichungen exakte Beziehungen zwischen allen Größen beschreiben, und daher die zeitliche Entwicklung jedes Zustandes »eigentlich« exakt determiniert ist. Schon im simplen deterministischen Weltbild der klassischen Mechanik ist also die prinzipiell exakte Bestimmtheit nicht gleichbedeutend mit praktischer Vorhersagbarkeit.

Ich glaube, jeder Schüler ist inzwischen mit solchen Beispielen des »Chaos« vertraut, die man mittels einfacher Iterationsprozesse auf dem Computerbildschirm sichtbar machen kann: Im allgemeinen führen schon winzigste Unterschiede in den Anfangswerten nach einiger Zeit zu völlig verschiedenen Entwicklungen. Beginnt man mit Zahlenwerten, die sich erst in der zehnten Stelle hinterm Komma um eine Ziffer unterscheiden, so werden zwar die beiden zugehörigen Entwicklungswege eine Zeitlang nahe beieinander liegen, können dann aber doch plötzlich kraß auseinanderlaufen. Würden wir es mit einer Abänderung erst der hundertsten Stelle hinterm Komma versuchen, würde es zwar ein wenig länger dauern, aber gar nicht sehr viel länger – und schon käme wiederum alles ganz anders! Aus der Erfahrung mit der eigenen Wirklichkeit ist dieses Phänomen natürlich jedem vertraut: Wenn wir einen alten Freund in New York auf der Straße treffen, können wir ja die Geschichte zurückverfolgen und klären, warum wir beide dort sind. Jedes zurückliegende Ereignis, das zu der Begegnung führte, hat viele gute »Gründe«. Zwar werden diese »Ursachen« in die Vergangenheit hinein immer mehr und immer »kleiner«, und wir kämen wohl bald an eine Stelle, wo scheinbar ein winziger »Zufall« den Lauf der Dinge entscheidend beeinflußte, aber im alten physikalischen Weltbild wäre eben auch er schon »zwangsläufige« Folge von Vorausgegangenem.

Erst die neue Wirklichkeit der Computerexperimente mit nichtlinearen Gleichungen brachte für viele Wissenschaftler (die ja sozusagen definitionsgemäß so lange wie möglich ihr Weltbild lieber an einfachen theoretischen Vorstellungen als an der komplexen Realität aufhängen) die überraschende Erkenntnis, daß oft schon ganz einfache Systeme diese merkwürdige Nichtvorhersagbarkeit zeigen. Es genügt beispielsweise schon, zwei unserer simplen Pendel mit einer nicht streng linearen Kraft schwach aneinanderzukoppeln – und schon scheint das System »verrückt zu spielen«. Aber könnte durch die Einsicht, daß solches »chaotisches« Verhalten eher die Regel als die Ausnahme ist, nicht die »klassische« Physik neuen Auftrieb erhalten? Man müßte doch nun nicht mehr an Wunder glauben, um das Gefühl der eigenen Freiheit im Weltbild unterzubringen: Die Freiheit wäre ganz einfach eine aus deterministischem Chaos entspringende Illusion.

Bei der Untersuchung der Phasenraumbahnen etwas komplexerer Systeme stieß man auf faszinierende Gestalten, die sich oft auch in Bildern oder Filmen anschaulich machen lassen. Man läßt die mehrdimensionalen Gebilde im Computer berechnen und dann in verschiedene Ebenen oder dreidimensionale Unterräume projizieren, so daß man sie »von allen Seiten betrachten« kann – wobei sich zur Unterscheidung verschiedener Schichten oder Parameterwerte in einem Bild auch noch die Farbe einsetzen läßt. Dann sieht man direkt vor Augen, wie sich der Phasenraum schon recht einfacher Systeme mit raffinierten Gestalten füllt. Wenn alle Systemeigenschaften, an denen man noch »drehen« kann, fest eingestellt sind, läuft zwar, wie gesagt, durch jeden Punkt genau eine Bahn, aber wegen der merkwürdigen Eigenschaften des unendlich Kleinen bedeutet dies ja nicht etwa, daß die Bahnen überall gleich dicht liegen müßten. Um ein Bild vor Augen zu haben, stelle man sich die »Kraftlinien« zwischen den Polen eines Magneten vor: Ihre Dichte ist ein Maß für die Feldstärke, obwohl auch hier durch jeden Punkt genau eine Feldlinie läuft. Man kann aber nur wenige davon zeichnen, und gerade dadurch wird die Gestalt des Feldes anschaulich.

Auch die verschiedenen Gegenden eines Phasenraumes sind normalerweise keineswegs gleich dicht mit Bahnen besiedelt. Bei vielen Systemen tritt das Phänomen auf, daß die Bahnen aus großen Bereichen des Phasenraumes sich in Bündeln sammeln, aus denen sie höchstens nach extrem langen Zeiten wieder herausfinden könnten. Das bedeutet offensichtlich, daß für große Bereiche verschiedener Anfangsbedingungen später sehr ähnliche Systemgeschichten zustande kommen. Oft können diese auch nahezu periodisch sein, so daß sich also immer wieder sehr ähnliche Vorgänge wiederholen. Dann laufen die Bahnen aus vielen Gegenden des Phasenraumes in schleifenartig geschlossene Bündel ein. Sie können merkwürdige Formen besitzen, die wir oft auch als schön empfinden. Solche Gestalten gebündelter Bahnen im Phasenraum bezeichnet man als »Attraktoren«. Sie zeigen uns, welche Art von Vorgängen wir am wahrscheinlichsten im System beobachten werden, selbst wenn wir keine Anfangsbedingungen und nicht einmal eine grobe Vorgeschichte kennen.

Um den Begriff des Attraktors noch etwas anschaulicher zu machen, betrachten wir kurz zwei Variationen unseres simplen Pendelbeispiels: Wenn wir die Reibung des Pendels in der Luft und am Aufhängepunkt berücksichtigen, ist das System gleich wesentlich komplizierter. Man müßte ja nun im Prinzip die winzigen Wechselwirkungen mit den ungeheuer vielen Molekülen der Außenwelt betrachten und erhielte einen Phasenraum von praktisch unendlicher Dimension. Doch ebenso wie wir vorher trotz der »Wärmebewegung« der Atome im Pendel und seiner Aufhängung das Ganze als einen einzigen bewegten Punkt betrachteten, können wir nun in sehr guter Näherung auch die in der Wirklichkeit auftretende Reibung einfach durch einen kleinen zusätzlichen Term in den Bewegungsgleichungen beschreiben. Freilich wissen wir schon vorher, wie für das Pendel mit Reibung die Bahnen in der Phasenebene aussehen müssen: Nach jedem Umlauf ist der Maximalausschlag ein winziges bißchen kleiner geworden; also muß aus dem Kreis eine Spirale werden, die immer enger den Mittelpunkt umrundet, diesem aber immer langsamer näher kommt. Im Prinzip würde dieses Pendel nach jedem beliebigen Anstoß nach unendlich langer Zeit im Mittelpunkt zur absoluten Ruhe kommen. Wir sehen: Für dieses System liegt dort ein *punktförmiger Attraktor* des gesamten Phasenraumes! Alle solchen Pendel müssen schließlich zur Ruhe kommen. – Eine weitere beliebte Variation ist das Pendel der Standuhr: dieses kommt trotz Reibung nicht zur Ruhe, weil ihm über einen geschickten Mechanismus bei jeder Schwingung ein winziger Stoß in der richtigen Richtung versetzt wird. So stellt sich eine trotz der Reibung gleichbleibende Schwingung ein. Vergrößert oder verkleinert man den Ausschlag ein wenig durch Eingreifen mit der Hand, so nähert sich die Bewegung doch wieder allmählich dem Normalzustand an. In der Phasenebene stellt sich dieser Attraktor als Kreis mit einem bestimmten Radius dar. Alle Bahnen außerhalb dieses Kreises, wie auch alle, die genügend nahe innerhalb beginnen, laufen spiralig in ihn hinein.

Schon im dreidimensionalen gewöhnlichen Raum kann man sich viel raffiniertere Kurvenscharen ohne Überschneidungen vorstellen als in der Ebene – aber in noch höherdimensionalen Räumen werden diese Möglichkeiten rasch unerschöpflich. Dabei sind natürlich etwa existierende Attraktoren eines Systems besonders interessant, weil sie zeigen, welche Vorgänge sich wahrscheinlich nach längerer Zeit ungefähr abspielen werden, wenn man das System »irgendwo« (in einem gewissen Bereich von Anfangsbedingungen) loslaufen läßt. Sie ermöglichen also doch wieder eine gewisse Prognose – wenn nun auch nicht eine exakte Bahn angegeben werden kann, sondern nur ein »Verhaltenstyp«. Es bleibt wahr, daß eine winzige Veränderung der Anfangsbedingungen nach kurzer Zeit zu völlig verschiedenen Systemzuständen führen kann, doch liegen diese nicht willkürlich im Phasenraum verteilt. Die Existenz von Attraktoren bedeutet gerade, daß die erreichten Zustände raffinierte Muster in der Menge aller Möglichkeiten bilden. Was in der Chaostheorie am meisten fasziniert, ist vor allem dieser Reichtum an komplexen Gestalten im Grenzbereich zwischen den »tödlichen« Extremen von simpler Ordnung und totalem Chaos.

Bei komplexeren Systemen sind solche »seltsamen Attraktoren« meist erst erkennbar, wenn man bei der mathematischen oder graphischen Darstellung geeignete Bestimmungsgrößen gewählt hat. Bei Systemen mit vielen Freiheitsgraden kann dies sehr schwierig werden. (Aber das Interesse daran ist oft sehr groß: Stellen wir uns vor, wie lohnend es für jemanden wäre, der als erster einen Attraktor im scheinbar total chaotischen Börsengeschehen entdeckte ...) Selbst bei einfachen nichtlinearen Systemen sind die Attraktoren meist schon so komplex, daß sie nur experimentell entdeckbar und konstruierbar sind. Auch die Annäherung auf dem Computer ist natürlich ein Experiment, doch bei höherer Komplexität muß oft offenbleiben, ob eine Computersimulation das Wesentliche erfaßt. Suchte man früher bei allen praktisch interessanten Systemen nach einfachen Regelmäßigkeiten, die mit linearen Gleichungen beschreibbar wären, weil man ja sonst gar keine Aussagen machen konnte, so sucht und findet man heute fast überall den entscheidenden Einfluß

»nichtlinearer« Effekte, und infolgedessen hochkomplexe Prozeßgestalten an der Grenze zwischen Chaos und Ordnung – eben jene seltsamen Attraktoren. Können wir in diesem Sinne nicht z. B. das Erdklima als einen solchen Attraktor des Wetters auffassen – trotz aller »Schmetterlingseffekte«? Und die »Gesundheit« offensichtlich als einen Attraktor der unermeßlich komplexen Regelvorgänge im Menschen? Schon das Schlagen eines Herzens muß bekanntlich einem seltsamen Attraktor folgen: Nicht nur zu geringe, sondern auch zu große Regelmäßigkeit bedeutet Tod. Das hat offenbar etwas damit zu tun, daß in der Nachbarschaft von Bahnen seltsamer Attraktoren in allen Richtungen des Phasenraumes Bahnen desselben Attraktors zu finden sind. So gibt es bei kleinen Variationen der Anfangsbedingungen doch immer eine gute Chance, ihn wiederzufinden. Eine *bestimmte* Bahn könnte nicht wiedergefunden werden. Totale Ordnung und totales Chaos wären beide instabil. An ihrer komplexen Grenze aber gibt es »lebensfähige Gestalten«. – Nun bin ich wohl ins Schwärmen geraten, nicht wahr? Vom Finden kann doch offensichtlich nur gesprochen werden, wo es die Freiheit des Suchens gibt! Noch sind wir aber im Bild des deterministischen Chaos. Da gibt es kein Suchen!

Was wir als ein »System« behandeln, kann nie wirklich aus Materie in Raum und Zeit sein. Es ist immer nur eine mathematische Gestalt! Wir erwarten, daß ein Bereich der Wirklichkeit sich an diese annähert, weil wir die Verknüpfungen mit aller anderen Wirklichkeit als vernachlässigbar klein betrachten wollen. Die Dimensionen des Phasenraums eines Systems werden ja gerade durch eine solche gedankliche oder praktisch angenäherte Isolierung ausgewählt. Die vielfältigen Gestalten, mit denen ihn die Bahnen erfüllen, können wir nur finden, weil wir uns »die Freiheit genommen« haben, viele verschiedene Anfangsbedingungen an materiellen Modellen oder im Rechner auszuprobieren. Wenn wir glauben müßten, daß auch unsere Entscheidungen letztlich durch die in uns eingegangene Geschichte streng bestimmt seien, dann kämen wir dazu, uns das ganze Universum als ein einziges System vorzustellen, in dem *alle* Wechselwirkungen – also auch die an unseren Gedanken und Willensakten beteiligten – mitberücksichtigt wären. Allerdings würde, wie wir sahen, gerade dadurch die Idee eines Phasenraums als des »Raumes der Möglichkeiten« der ganzen Welt jeden Sinn verlieren: Jeder momentane Zustand des gesamten Universums entspräche einem Punkt in diesem praktisch unendlichdimensionalen Phasenraum. Aber es gäbe ja keine verschiedenen Anfangsbedingungen und daher auch keine verschiedenen Bahnen. Die Weltgeschichte, d. h. die Verbindungslinie aller je verwirklichten momentanen Zustände der Welt, wäre eindeutig festgelegt bis ins winzigste Detail von Anfang bis ans Ende oder bis in Ewigkeit. Der ganze Raum der Möglichkeiten schrumpfte auf diese eine Linie. Der Begriff der »Auswahl aus den Möglichkeiten« wäre sinnleer. Wie ich vorhin sagte: Im deterministischen Weltbild müßten wir wohl schließlich versucht sein, uns selbst für Wundertäter zu halten. Um endlich der Idee der Freiheit näherzukommen, ist es wohl an der Zeit, nicht nur die Computermathematik, sondern auch die Physik unseres Jahrhunderts ins Spiel zu bringen!

5
Zappeln im Raum der Möglichkeiten

Die Tautologien von Zufall und Wahrscheinlichkeit

Genaueres Anschauen der Welt hat gezeigt, daß auch unsere Freiheit »natürlich« begründet ist! Das Auswahlverfahren unseres »freien Willens« ist nicht von grundsätzlich anderer Natur als jenes bei der Entstehung der Materie, der chemischen Zusammensetzung der Erde, der lebendigen Vielfalt oder der Kulturgeschichte. Die Auswahl geschieht letztlich durch »spontane Zufälle« im Rahmen der Wahrscheinlichkeitsverteilung, die durch die bereits vorhandene Wirklichkeit und die benachbarten Möglichkeiten gegeben ist! Diese Einsicht der Physik unseres Jahrhunderts erlöst uns aus den ausweglosen Verstrickungen des deterministischen Denkens. Sie gibt uns unsere Freiheit zurück und dehnt diese auf die gesamte Schöpfung aus. Und doch zeigt sie uns zugleich unsere Grenzen im Rahmen des Schöpfungsprozesses. Wenn wir dies verstanden haben, werden wir die Krise überwinden können, die die heutige Menschheitsentwicklung in diesem Prozeß darstellt.

Weil wir noch keine fundamentale Theorie besitzen, in der die Beschreibung von Raum, Zeit und Gravitation widerspruchsfrei mit den Ideen der Quantenmechanik zusammenpaßt, und weil noch nicht einmal überzeugend formuliert wurde, was Begriffe wie »Wirklichkeit« und »Geschehen« in der Quantenmechanik bedeuten könnten (geschweige denn auf dem Niveau einer tieferen Theorie), gab es gelegentlich Versuche, die Prinzipien der Quantenmechanik oder ihre Allgemeingültigkeit wieder in Frage zu stellen und womöglich gar zu »klassischen« Vorstellungen zurückzukehren. Aber die quantenmechanischen Erkenntnisse haben sich immer zuverlässiger bestätigt, und es gibt mit Sicherheit kein »Zurück«. Es bleibt dabei: Das Ergebnis einer Beobachtung ist durch die zuvor existierende Wirklichkeit nicht exakt bestimmt. Bei allem was geschieht, ist stets nur eine *Wahrscheinlichkeitsverteilung* für die Auswahl aus einer gewissen Menge von Möglichkeiten gegeben! Die Idee eines »Raumes der Möglichkeiten des ganzen Universums« erfüllt sich wieder mit Leben!

Wem der Begriff der »Wahrscheinlichkeitsverteilung« ungewohnt ist, der möge sich vorstellen, er würfele mit einem einwandfreien Würfel. Dann ist die Wahrscheinlichkeit für jede der sechs Möglichkeiten gleich groß, also ein Sechstel. Dies ist die einfachste Wahrscheinlichkeitsverteilung, nämlich die »Gleichverteilung«. Würfelt man mit zwei Würfeln zugleich und fragt, wie wahrscheinlich sich eine der möglichen Summen zwischen zwei und zwölf ergibt, so ist die Wahrscheinlichkeitsverteilung schon komplizierter, aber noch leicht zu finden. Die Gesetze der Quantenmechanik leisten im Prinzip etwas Ähnliches für die gesamte Wirklichkeit: Die Entwicklung eines Systems wird als die seiner »Wellenfunktion« beschrieben, und diese gibt für jeden möglichen Zustand an, wie wahrscheinlich er bei einer Beobachtung gefunden würde. So ergibt sich die Wahrscheinlichkeitsverteilung für alle möglichen Meßergebnisse.

Freilich ist die Physik noch nicht fähig, diesen Begriff für die Entwicklung des Universums so sauber zu formulieren wie den des klassischen Phasenraums für ein abgeschlossenes System. Schon der »Träger« oder »Definitionsbereich« der Wellenfunktion wird hier problematisch, weil man ja in einer tieferen Theorie Raum und Zeit selbst zu Teilen der »Systemdynamik« wird machen müssen, und nicht mehr als festen Rahmen voraussetzen darf. Eine weitere Schwierigkeit liegt darin, daß im noch weitgehend üblichen Verständnis der Quantenmechanik (in der schon erwähnten »Kopenhagener Interpretation«) neue Wirklichkeit erst durch die »Messung« eines Beobachters zustande kommt. Diese unbefriedigende Interpretation wird hoffentlich bald durch weiteren Fortschritt der Begriffsbildung überwunden werden. An ihre Stelle wird wohl ein Bild treten, in dem man – ohne Bindung an die Wahrnehmung im menschlichen Bewußtsein – in wohldefiniertem Sinn von »quantenmechanischen Ereignissen« und deren geschichtlicher Aufeinanderfolge sprechen kann. Dann dürfte es gelingen, das Konzept eines »Raumes der Möglichkeiten« oder einer »Wellenfunktion des Universums« wie auch einer »Geschichte unserer Wirklichkeit« mathematisch sauber zu formulieren – wenn auch zweifellos mit nicht weniger befremdlichen Widersprüchen zu unserem »anschaulichen« Weltbild, als wir sie schon jetzt ertragen müssen. Doch sogar mit den »schmutzigen Handtüchern«

unserer heutigen Theorien haben wir bereits erstaunliche Klarheit gewonnen. Es ist unumstößlich klargeworden: Welche der verschiedenen naturgesetzlich zulässigen Möglichkeiten in einem quantenmechanischen Ereignis verwirklicht wird, bestimmt der *Zufall*!

Das Reden vom Zufall mag angesichts der raffinierten Ordnung in der Welt, wie auch angesichts unserer Freiheitserfahrung, ebenso unglaubhaft klingen, wie die Behauptung, alles sei vorherbestimmt. Aber das wäre ein Mißverständnis. Zufall bedeutet keineswegs »Chaos«. Die Auswahl durch Zufälle findet ja, wie gesagt, stets im Rahmen einer *Wahrscheinlichkeitsverteilung* statt. Das heißt: Der Zufall entscheidet zwar zwischen verschiedenen Möglichkeiten, doch sind diese im allgemeinen nicht gleich wahrscheinlich! Die Wahrscheinlichkeiten sind vielmehr durch die Wirkungen der gesamten bisher *verwirklichten* Welt wie auch durch die unverwirklichten Strukturen aller erreichbaren *Möglichkeiten* bestimmt. Was geschehen wird, hängt also mehr oder weniger von allem bisher Geschehenen und von allem jemals Möglichen ab! Normalerweise sind fast alle diese Abhängigkeiten so unendlich gering, daß man sie bis auf ganz wenige, weit überwiegende »Einflüsse« vernünftigerweise außer acht läßt. Aber im Prinzip gilt doch: *Alles hängt mit allem zusammen!* – Wird einem schwindelig? Wie kann das denn gutgehen? Keine Angst! Gerade der Schöpfungszusammenhang sorgt dafür, daß die »Willkür« des Zufalls wahrscheinlich nicht zum Absturz führt. Die »Freiheit« einer Zufallsentscheidung in einem bestimmten räumlich-zeitlichen Bereich wird durch die dort lokalisierten Teilsysteme und ihre nächste Umgebung im Raum der Möglichkeiten eingeengt – oft so sehr, daß man sogar weitgehend exakt ausrechnen kann, was geschehen wird. Auf höherem Komplexitätsniveau freilich werden die Zusammenhänge in der Wahrscheinlichkeitsverteilung unübersehbar. Stellen wir uns nur die Entfaltung der Biosphäre, das Wachsen und Vergehen der lebendigen Arten in der Menge aller möglichen vor! Oder denken wir gar an unseren eigenen Willen: Die Freiheit unserer Willensentscheidungen erscheint uns als praktisch *unendlich* raffiniert organisiert! Können wir das Prinzip vielleicht ein wenig besser verstehen, wenn wir die Geschichte der Freiheit zu einfacheren Strukturen hin zurückverfolgen?

In der Alltagssprache drückt das Wort *Zufall* meist nur aus, daß wir die Ursachen eines Ereignisses nicht rekonstruieren können. Die Physik hat uns aber gelehrt, daß es für viele elementare Entscheidungen gar keine Ursachen geben kann, sondern daß sie »wirklich zufällig« zustande kommen! Ein fundamentales Beispiel ist der »spontane« Zerfall instabiler Elementarteilchen oder radioaktiver Atomkerne. Wir kennen die Wahrscheinlichkeitsverteilung für die Ergebnisse, und auch die Zeit ist bekannt, nach der wahrscheinlich die Hälfte einer großen Menge der Kerne in einer bestimmten Weise zerfallen ist – aber wann ein bestimmter Kern zerfällt, bleibt im Rahmen dieser Gesetzmäßigkeiten dem Zufall überlassen. Diese Art von Zufall ist ununterbrochen überall am Werk! So muß alles ein bißchen schwanken, zappeln. Dies ist letztlich auch die Aussage von Heisenbergs »Unschärferelation«. Alles Wirkliche ist *aus sich heraus*, ohne jede äußere Einwirkung, sogenannten »spontanen Schwankungen« unterworfen. »Ursache« des Neuen in der Geschichte ist also nicht nur das Alte, das vorher Verwirklichte, sondern in jedem Augenblick auch eine Art von »Freiheit«, ein zufälliges Herumhüpfen zwischen Möglichkeiten. Unsere Sprache hat ein Gefühl dafür: Das Wort »geschehen« kommt von einer indoeuropäischen Wurzel, die »springen« bedeutet. Die jeweils *gegenwärtige* Wirklichkeit trifft in solchem Herumhüpfen zwischen verschiedenen Möglichkeiten die »geschichtlichen« Zufallsentscheidungen.

Viele Physiker, z. B. auch Carl Friedrich von Weizsäcker, haben die vage Hoffnung, daß sich in einer fundamentalen Theorie herausstellen könnte, daß letztlich alle Zufälle auf die einfachste Ja-nein-Entscheidung mit gleichen Wahrscheinlichkeiten zurückführbar sind – also sozusagen auf lauter Entscheidungen durch Hochwerfen einer Münze. Kompliziertere Wahrscheinlichkeitsverteilungen sollten nur durch die vielfältige Überlagerung solcher »einfacher Alternativen« in der Komplexität der bereits vorhandenen Wirklichkeit zustande kommen. Dies scheint auch mir eine vernünftige Leitidee bei der weiteren Suche nach theoretischer Erkenntnis zu sein, doch müssen wir das Ergebnis nicht abwarten.

Die quantenmechanisch unvermeidlichen spontanen Schwankungen betreffen unmittelbar nur die »mikroskopische Welt« der Elementarteilchen. Auffällige spontane Sprünge in größeren Systemen sind extrem unwahrscheinlich und daher praktisch unmöglich. Dennoch ist auch die Geschichte großer Systeme letztlich von quantenmechanischen Zufällen beeinflußt. Wenn wir, wie vorhin, von einer »zufälligen Begegnung« sprechen, handelt es sich zwar nicht um eine spontane Schwankung im eigentlichen Sinne, doch verstehen wir nun, warum auch hier das Wort Zufall seinen Sinn hat. Wenn sich zwei Moleküle oder zwei Sterne oder zwei Menschen begegnen, steckt natürlich bei jeweils beiden von ihnen eine lange Geschichte dahinter – freilich nicht eine »Ursachenkette«, wie man (wohl unter dem Einfluß simplen Juristendenkens) fälschlich zu sagen pflegte, sondern ein sich in die Vergangenheit rasch unermeßlich verzweigendes Netzwerk. Da ist es wie bei dem schon erwähnten, beliebten Beispiel aus der »Chaostheorie«: Ein Schmetterling, der vor einem Jahr in Australien flatterte, kann entscheidend das schöne Wetter mit beeinflußt haben, das heute hier bei uns herrscht. Ohne ihn könnte es jetzt regnen! Auch das hat, wie wir sahen, noch nichts mit den unvorhersagbaren spontanen Schwankungen der Quantenmechanik zu tun. Nichtlineare Gleichungen, wie sie das Wettergeschehen selbst in simplen Modellen beschreiben, liefern deterministisches Chaos, und so ließe sich für jeden noch so winzigen Einfluß eine hinreichend lange Zeitspanne finden, nach der ebendieser Einfluß entscheidende Wirkungen auf das spätere Wetter haben könnte. Dies gälte selbstverständlich auch für die Energiefreisetzung aus einem einzigen quantenmechanischen Zufall, wie z. B. dem Zerfall eines radioaktiven Atomkerns im Leib des Schmetterlings. Diese Zeitspanne vom Kernzerfall zum veränderten Flattern und weiter bis in die Organisation eines grönländischen Tiefdruckwirbels dürfte sogar viel kürzer als ein Jahr sein!

Das Phantasiebild des Phasenraums der deterministischen klassischen Physik haben wir hier nicht nur aus historischen Gründen eingeführt. Es ist sehr wohl geeignet, sich auch ein Bild vom wirklichen Schöpfungsprozeß zu machen. Was zum klassischen Bild hinzukommt, ist einfach ein »Gezappel« der Zustände. Die damit zusammenhängende Unschärfe des zu jedem Zustand gehörigen Punktes läßt sich als »Übergangswahrscheinlichkeit« für das Springen auf andere klassische Bahnen deuten. Dadurch treten verschiedene mögliche Bahnen in eine Konkurrenz, die eben nicht vom »blinden Zufall« entschieden wird, sondern vom Zufall im Rahmen raffinierter Wahrscheinlichkeitsverteilungen, die wiederum durch die Eigenschaften der Bahnen selbst organisiert sind. Da verschiedene seltsame Attraktoren sehr nahe an den Einzugsbereich anderer solcher Attraktoren reichen können, ermöglicht die Unschärfe der Bahnen auch das gelegentliche Verlassen lang eingefahrener Geleise und den Übergang zu Neuem. Dies ist letztlich der simple physikalische Hintergrund aller evolutionären Selbstorganisation. Die Wirklichkeit folgt in unermeßlich vielen »Unterräumen« des Raums der Möglichkeiten bewährten Attraktoren, und hat doch immer wieder eine Chance, auf neue zu geraten.

Erscheint es noch immer unplausibel, daß die Wirklichkeit derart raffinierte, lebensfähige Attraktoren, wie sie etwa die Gestalten unserer Biosphäre darstellen, im Raum der Möglichkeiten überhaupt finden kann? Bedeutet dieser Erfolg nicht vielleicht doch, daß die Attraktivität der im Schöpfungsprozeß gefundenen Gestalten *so hoch*, also deren Einzugsbereich *so groß* ist, daß die Welt gar nicht anders *kann*, als genau diese zu finden? Also doch wieder ein deterministisches Bild? Aber nein! Fühlen Sie nicht, wie leicht schon in Ihrem eigenen Leben alles hätte ganz anders kommen können? Vielleicht gäbe es Sie nicht einmal hier »im Diesseits«, wenn Ihre Mutter einen bestimmten Zug verpaßt oder in einem bestimmten Moment den Blick gesenkt hätte. Und schon viel früher in der Geschichte wurde natürlich stets aus vielen entwicklungsfähigen Möglichkeiten ausgewählt! Zweifellos gibt es auch die Möglichkeit ganz anderer funktionierender »genetischer Codes« – nur schloß eben auf der Erde die Entwicklung des *einen* die spätere Entwicklung *anderer* aus, weil *ein* Lebenssystem ein *zweites* eher verdauen als wachsen lassen würde. Obwohl die Menge lebens*un*fähiger Gestalten im Raum der Möglichkeiten unermeßlich viel größer sein muß als die der lebensfähigen, gibt es doch auch von letzteren sicherlich unfaßbar viele. Deshalb führt die Freiheit des Zufalls nicht ins Chaos, sondern zu immer »höheren« Gestalten. Wir werden sehen, daß im Spiel der Zufälle höchstwahrscheinlich, praktisch zwangsläufig, logisch selbstverständlich, solche höheren ausgelesen werden müssen – aber eben nicht *alle möglichen*, sondern die der *einen ausgewählten* Wirklichkeit. Stellen wir uns – wie im klassischen Bild, nur mit der erwähnten Unschärfe und den »schmutzigen« Theorien – jeden momentan verwirklichten Weltzustand als einen Punkt im praktisch unendlichdimensionalen Raum der Möglichkeiten vor, so ist die Weltgeschichte vom Urknall bis zum jetzigen Augenblick wieder eine *einzige Linie* unter unendlich vielen anderen – aber gewiß nicht »die beste aller möglichen«. In jedem Augenblick hätte sie ganz anders weiterlaufen können, wenn auch nur eine der unermeßlich vielen beteiligten Zufallsentscheidungen anders ausgefallen wäre und in den Einzugsbereich eines abweichenden Attraktors geführt hätte. Die »Bewährung« eines Attraktors bedeutet zwar, daß dies im normalen Gezappel unwahrscheinlich ist, aber die »Notwendigkeit« ist eben doch durch den Zufall aufgeweicht. Für den Lauf der gesamten Geschichte bedeutet dies: Obwohl doch durch die spontanen und die historisch bedingten Schwankungen im Rahmen der Wahrscheinlichkeitsverteilungen in jedem Augenblick etwas relativ Wahrscheinliches geschieht, ist die Wirklichkeit in der Menge aller Möglichkeiten »nahezu unendlich unwahrscheinlich«, d. h. »infinitesimal wahrscheinlich«. Das ist aber kein Widerspruch! *Eine Geschichte mußte ja geschehen!*

Fassen wir das »Prinzip der Schöpfung« noch einmal in diesem durch die Zufälle ergänzten, klassisch anschaulichen Bild zusammen: Die in irgendeinem Zeitpunkt gegenwärtige Wirklichkeit besteht aus materiellen Gestalten in Raum und Zeit. Dies sind Strukturen und Prozesse, die sich in der vorherigen Geschichte entwickelt und bewährt haben. Das bedeutet, daß sie in ungeheuer vielen Unterräumen des Raums der Möglichkeiten zyklische Attraktoren angenähert haben, deren Einzugsbereich sie bei den häufigen Schwankungen und Begegnungen nicht leicht wieder verlassen. Dies bedeutet ihre »Lebensfähigkeit«. Und doch ragen hie und da in einigen Dimensionen die Einzugsbereiche anderer möglicher Attraktoren herein, die von selteneren, etwas größeren Schwankungen erreicht werden können. Gerät ein Teilsystem dort hinein, so wird sich zeigen, welcher Attraktor der »bessere« ist. Und wenn die Übergangswahrscheinlichkeit groß genug ist, wird sich dieser Übergang schließlich in ähnlichen Teilsystemen an vielen Stellen des gewöhnlichen Ortsraumes durchsetzen. Dann wird ein solcher neuer Attraktor unter vielen verschiedenen Bedingungen »getestet«. Während die verwirklichten Gestalten in der Nähe ihrer Attraktoren im Raum der Möglichkeiten herumzappeln, entstehen und vergehen also ständig kurzzeitig viele andere mögliche Gestalten. So können wir sagen: *Die zufälligen Schwankungen jedes verwirklichten Systems von Gestalten tasten dessen Nachbarschaft im Raum der Möglichkeiten ab.*

Und was das Ergebnis all der Zufälle sein wird, haben wir nun auch schon erkannt: In der Konkurrenz der Attraktoren siegt wahrscheinlich »ein besserer«, d. h. einer, dessen Einzugsbereich raffinierter organisiert ist, so daß er »lebensfähiger« ist, also wahrscheinlich mehr Zyklen durchläuft – oder so, daß von ihm aus wahrscheinlich ein noch »besserer« erreicht wird. So können wir sagen: *Wenn zufällig etwas verwirklicht wird, was noch überlebens- oder entwicklungsfähiger ist, so überlebt es wahrscheinlich oder entwickelt sich weiter.* Da gibt es wohl nichts zu streiten. Ebendies nannte ich ja das *»Tautologische«* am Schöpfungsprinzip. Das Prinzip der Schöpfung ist nichts anderes als die *Selbstverständlichkeit, daß »wahrscheinlich Wahrscheinliches geschieht«.*

Noch einmal: Das zufällige Zappeln im Raum der Möglichkeiten erreicht selbstverständlich vor allem ständig viele »schlechtere« Möglichkeiten, von denen durch das weitere Zappeln wahrscheinlich rasch zu den bewährten zurückgefunden wird. Aber »wenn es sie gibt« und wenn sie nicht »zu fern liegen«, müssen eben gelegentlich auch »bessere« erreicht werden. Und das sind Gestalten, wo zerstörerische Schwankungen und Begegnungen unwahrscheinlicher sind, weil in ihnen »die Dinge besser zusammenpassen«. Es ist also kein Wunder, daß gerade diese Gestalten »überleben«. Es ist logische Selbstverständlichkeit. Diese Selbstverständlichkeit, die Darwin zunächst für die Entwicklung der lebendigen Arten erkannte, gilt logischerweise für alles Geschehen!

Die Geschichte unserer Welt, die mit jener simplen Idee des Urknalls die Zeit eröffnet und dann in Gestalt materieller Prozesse die sogenannte *Wirklichkeit* realisiert, trifft also dabei offensichtlich nur eine verschwindend winzige Auswahl aus allen Möglichkeiten. Was ist mit all den anderen? Das Unverwirklichte ist doch unermeßlich viel mehr, viel reicher als alle Wirklichkeit! Sollten wir nicht einen schöneren Namen für den *»Raum der Möglichkeiten«* suchen, aus dem mit der Zeit diese Auswahl getroffen wird? Wir haben ja nun alles in diesem untergebracht – nicht nur das in der Zeit Realisierte. Warum sollten wir *das Ganze* also nicht ruhig, wie unsere Vorfahren, »die geistige Welt« nennen, oder »die Ewigkeit«, oder »das Reich der Ideen«? All dies drückt doch aus, daß wir etwas »jenseits der Zeitlichkeit« meinen. Glauben Sie, gegen die Übernahme solchen Sprachgebrauchs wäre einzuwenden, daß die Vorfahren viel *mehr* darüber wußten als ein armseliger Reduktionist? Etwa, weil ihnen Informationen über dieses größere Reich auf ganz andere Weise zugekommen wären? Vielleicht ohne den Umweg über die materielle Verwirklichung des Schöpfungsprozesses? Unter Verletzung der Naturgesetze? Ohne Wechselwirkungen mit der übrigen Wirklichkeit – direkt in die Materie von Menschenhirnen oder heiligen Büchern hinein? Müssen wir das glauben? – Angesichts des Versagens der Gläubigen plädiere ich vorerst für einen Versuch, ohne »Wunder« auszukommen. Schon die gewöhnliche Erfahrungswelt ist wunderbar reich – weil der Raum der Möglichkeiten, die geistige Welt, so unglaublich reich an Gestalten ist!

Daß sich für dieses Schöpfungsprinzip der Name *Selbstorganisation* eingebürgert hat, bedeutet eben nicht eine Verleugnung der »geistigen Welt«! Deren Gestalten »sind da«, vor und jenseits der Zeit. Sie werden nicht aus der »Freiheit« der Wirklichkeit von dieser »selbst geschaffen«, sondern umgekehrt: Die als Möglichkeiten »vorgegebenen« geistigen Gestalten bewirken durch ihre Attraktivität (in der Sprache der Physik: durch ihren Einfluß auf die quantenmechanische Wahrscheinlichkeitsverteilung), daß sie vielleicht von der Wirklichkeit beim Tasten gefunden werden! dieser Mitwirkung könnten wir versucht sein, auch das gesamte »Jenseits« mit unter den Begriff der »Wirklichkeit« zu bringen. Nur fällt mir dann kein guter Name für jene Auslese ein, für jene eine in Raum, Zeit und Materie verwirklichte »Weltlinie«, die zwar im Laufe der Zeit immer mehr solchen geistigen Gestalten nahekommt, aber eben doch immer nur einem winzigen Teil aller Möglichkeiten. Wir könnten es auch »die Natur« nennen – aber das würde nicht weniger Mißverständnisse nahelegen. Darf ich den naheliegenden Streit über bessere Wörter aufschieben? Immerhin hat uns doch nun die wissenschaftliche Weltanschauung Aussicht auf eine Wiedervereinigung von Geist und Materie beschert. Ja, handelt es sich nicht sogar um eine *Einsicht*? Was wir beim Anschauen der Welt gefunden haben, ist – wie man sieht – nicht so sehr eine Theorie, als vielmehr eine Tautologie. Daraus hat man seltsamerweise schon Darwin einen Vorwurf gemacht – aber bedeutet es denn nicht, Gott sei Dank, daß wir hierüber nicht mehr streiten müssen . . . ?

IV
Sechs Tage Aufstieg

Anmerkungen für Skeptiker

War dies nun vielleicht doch alles etwas zu skelettartig? Ich kann es hier nicht wirklich mit Fleisch auffüllen. Um diese Arbeit werden sich aber sicher viele andere weiter bemühen. Immerhin möchte ich noch einmal mit ein paar Blicken auf die Realität der vormenschlichen Welt prüfen, ob uns womöglich ein Widerspruch zum Prinzip der Schöpfung auffällt. Schauen wir also schnell noch einige Schritte des Aufstiegs vom Urknall zum Bewußtsein an.

Für die ersten Minuten nach dem Beginn sind die Möglichkeiten noch simpel genug, daß wir sogar rechnerisch nachvollziehen können, welches die attraktivsten Gestalten waren, die wahrscheinlich realisiert wurden. Was wir von der Kernphysik wissen, genügt zum Beispiel, um auszurechnen, aus welchen Arten von Atomkernen die gleichmäßig verteilte Materie nach ein paar Minuten bestand. Das zufällige Abtasten der Möglichkeiten findet hier in Begegnungen der schon zuvor entstandenen Elementarteilchen statt. Dabei werden aber nicht etwa alle heute »überlebensfähigen« Typen von Atomkernen gefunden – also all die mehr oder weniger stabilen Kerne vom Wasserstoff bis zum Uran, wie man sie in einer »Nuklidkarte« dargestellt sieht. Anfangs dehnte die Welt sich so schnell aus, daß damals zuwenig Zeit fürs Abtasten solcher Möglichkeiten blieb. Kaum waren die einfachsten nuklearen Gestalten – Proton und Heliumkern – verwirklicht, war die Materie schon so verdünnt und so kühl, daß Anzahl und Energie der zufälligen Begegnungen nicht mehr ausreichten, um

»höhere« Möglichkeiten auszuprobieren. Damals war es also zu unwahrscheinlich, in den Einzugsbereich dieser Attraktoren zu geraten – und so bestand die Materie nach einigen Minuten aus einer recht armseligen Mischung von drei Vierteln Wasserstoff, einem Viertel Helium, einem winzigen Bruchteil Deuterium und noch weniger Lithium. Alles andere war völlig vernachlässigbar. (Und siehe da: Diese von Theoretikern »nachträglich vorhergesagte« Mischung *finden* die Beobachter in den ältesten Sternen!) Diese Atomkerne und die dazugehörigen Elektronen flogen nun im Raum umher, eingebettet in eine heiße Strahlung von Milliarden von Grad – und bei ihren Begegnungen geschah nichts wesentlich Neues mehr.

Warum also war die Schöpfungsgeschichte nicht schon am Ende? Es machte sich doch Stagnation breit! Nicht einmal Klumpenbildung unter der eigenen Schwerkraft konnte gelingen – denn die freien Elektronen hatten so viel Wechselwirkung mit der alles beherrschenden Strahlung, daß die Materie von dieser immer wieder gleichmäßig auseinandergeblasen wurde. Wir wissen heute zwar: Da »gab es« irgendwo die Möglichkeit von Sternen, von Leben, von Menschen, attraktiven Kulturen – ja sogar die Möglichkeit, daß ich hier genau diese Worte schreibe –, aber wie sollte dies je durch die zufälligen Schwankungen und Begegnungen von einem derart stagnierenden Weltzustand aus erreicht werden?

Entscheidend war zunächst, daß die Ausdehnung der Welt für immer weitere Abkühlung sorgte. Nach etwa hunderttausend Jahren scheinbarer Stagnation verlor deshalb die Strahlung ihre beherrschende Rolle und mußte schwächeren Wechselwirkungen das Feld überlassen. Elektronen und Protonen fanden nun bei ihren Begegnungen heraus, daß sie unter den neuen Bedingungen *paarweise* länger lebten als *allein*. Es wurde also schnell immer wahrscheinlicher, daß sie sich zu Atomen vereinigten. Nach dieser »Rekombination« waren sie nun nicht mehr so von der Strahlung bedrängt und konnten daher einer Wechselwirkung nachgeben, die zuvor im Vergleich zu den Strahlungskräften noch zu schwach gewesen war: Die Schwerkraft – also die gegenseitige Anziehung aller Materie – begann für Klumpenbildung zu sorgen! Die Galaxien entstanden (die selbst durch ihre gegenseitige Anziehung wiederum zu Haufen geklumpt sind) und in den Galaxien die Sterne. Eben noch unerreichbare Möglichkeiten waren plötzlich höchst wahrscheinlich und wurden in Versuch und Irrtum unermeßlich vieler Schwankungen und Begegnungen milliardenfach verwirklicht. Ein Wunder?

Nein, noch immer kein Wunder! All dies ist immer noch so relativ simpel, daß wir zum Beispiel auch die Wahrscheinlichkeiten für wesentliche Züge der Sterne nachrechnen können und schon eine Menge davon verstehen, wie die vielen verschiedenen Typen von Sternen funktionieren und sich entwickeln. Manches allerdings erscheint uns dabei doch wunderbar: Einige physikalische Größen, die wir für naturgesetzlich bedingt halten – wie etwa die Zahlenwerte gewisser dimensionsloser Naturkonstanten, die Massen von Elementarteilchen oder die Energieniveaus gewisser Kernzustände –, haben fast keinen »Spielraum«, wenn nicht die Entwicklung der Welt völlig verschieden verlaufen soll. Wären die Zahlenwerte auch nur geringfügig verschieden, so wären z. B. schon wesentliche Züge von Sternen völlig verändert. Es gäbe etwa gar nicht die Möglichkeit, daß Sterne so lange »leben« wie unsere Sonne, die ja nun (mitsamt ihren Planeten) schon viereinhalb Milliarden Jahre alt ist und noch einmal etwa ebenso lange in ganz ähnlichem Zustand bleiben wird. Wir sehen daran, wie empfindlich die ganze Weltgeschichte offenbar auch von *anfänglichen* oder *extrem frühen* Zufällen abhängt. Wenn wir die Möglichkeit anderer Naturgesetze in Betracht ziehen – mit auch nur geringen Abweichungen gegenüber den »unseren« –, so erscheint unsere Art von Universum als ein äußerst unwahrscheinlicher Spezialfall. »Gibt es« also etwa viele Universen – ein »Multiversum« sozusagen? Ist das unsere nur dadurch ausgezeichnet, daß wir darin entstanden sind und nicht darüber hinaussehen können? Gibt es vielleicht gar keinen anderen Grund für die spezielle Auswahl solcher Zahlenwerte als den, daß wir ja sonst nicht hier wären? Für dieses Denkmuster hat sich der Name »anthropisches Prinzip« eingebürgert.

Die Frage nach der »Existenz« von Möglichkeiten hat uns schon vorhin verwirrt. Was hieße denn »es gibt«, wenn wir und unser ganzes Universum grundsätzlich nichts davon merken könnten, daß es so etwas gibt? Und hätten »unendlich viele andere Universen« begrifflich nicht doch eine ähnlich unbegreifliche Stellung, wie die unendlich vielen »verpaßten Möglichkeiten« in unserem eigenen Universum, ja in unserem eigenen Leben? – Kommen wir also endlich voran in der Zeit – und nach Hause!

Mit Sternbildung und Sternentwicklung sind plötzlich die ganze »Nuklidkarte« und das periodische System der Elemente in die durch Schwankungen erreichbare Nachbarschaft, d. h. in den Bereich verwirklichbarer Möglichkeiten gerückt. Die Fusionsreaktionen in Sternen erzeugen die Elemente bis hinauf zum Eisen. Die noch schwereren entstehen in *Supernova*-Ereignissen beim Zusammenbruch der Zentralbereiche von Sternen, die das Ende ihrer Entwicklung erreicht haben und keine Fusionsenergie mehr freisetzen können. Schwere Sterne durchlaufen ihre Entwicklung schneller als leichte und geben bei ihrem »Tod« besonders viel Materie in vielfältiger Form an ihre Umgebung zurück. Daß viel Kohlenstoff darunter ist, ist nun kein Zufall mehr, sondern durch die Gesetze der Kernphysik vorgezeichnet. Schon in kühlen Sternhüllen und in Gas- und Staubwolken, also den Resten alter Sterne, wird nun die Front der Chemie eröffnet: Es ergeben sich Molekülwolken, und durch die Ultraviolettstrahlung junger Sterne und katalytische Einflüsse an den Oberflächen von Staubkörnern wächst bei Begegnungen von Atomen und Molekülen die Wahrscheinlichkeit für die Entstehung immer komplexerer Moleküle, die unter solchen Bedingungen überlebensfähig sind. So finden die Radioastronomen in fernen Bereichen unseres Milchstraßensystems bereits Hunderte von Typen recht komplexer organischer Moleküle!

Als vor etwa viereinhalb Milliarden Jahren unsere Sonne und die Erde entstehen, ist also die Materie schon ein ganzes Stück auf dem Wege einer »präbiologischen« Entwicklung komplexer chemischer Verbindungen vorangekommen. Das Weitertasten auf der jungen Erde hat schon ungeheuer viel mehr Möglichkeiten in Reichweite. Auch »autokatalytische« Moleküle und Molekülsysteme (deren Anwesenheit die eigene Entstehungswahrscheinlichkeit erhöht) müssen darunter sein. Wenn nur eines davon zufällig gefunden wird, breitet es sich rasch weiträumig aus und schiebt so die Front im Raum der Möglichkeiten wieder ein ganzes Stück voran zu noch komplexeren Tastversuchen. Nach wenigen hundert Millionen Jahren ist es schon unser genetischer Code, mit dem weitergetastet wird. Das gesamte irdische Leben hat ihn beim Aufstieg zu immer raffinierter verflochtener Vielfalt nicht mehr verlassen. Dieser »Hyperzyklus« von Nukleinsäuren und Proteinen stellt im weiteren Gezappel einen extrem stabilen Attraktor dar. Aber »Stabilität« bedeutet hier nicht Unfähigkeit zu weiterer Entwicklung, sondern Zuverlässigkeit in der Reproduktion des Baumaterials. Auf dieser Wurzel wurde schließlich – am gegenwärtigen Ende eines Zweiges am Ast der Säugetiere – eine noch viel reichere Front eröffnet: Die Möglichkeiten des Gehirns, der Seele, des menschlichen Geistes, der Kultur und der Wissenschaften wurden entdeckt und erschlossen. Die Menge komplexer attraktiver Ideen, die hier – in Form der Aktivitätsmuster individueller und schwach verknüpfter neuronaler Netze – als materielle Gestalten in Raum und Zeit kommen, ist unermeßlich viel reicher als alle vorherige Wirklichkeit...

Ist einem unwohl bei dieser Vorstellung? Ja... *Reicher* schon – aber doch auch so viel *flüchtiger*! Deshalb war und ist wohl kaum jemand geneigt, menschliche Ideen oder gar Träume als Wirklichkeit zu betrachten. Ist da nicht doch ein wichtiger, ein prinzipieller Unterschied zu Ideen, die durch handfestere materielle Verwirklichung außerhalb von Menschenhirnen angenähert wurden? Sollte das Wirkliche nicht »zum Anfassen« oder sichtbar sein? Oder doch wenigstens ein bißchen dauerhafter? Merkwürdig – diese materialistische Sucht nach Ewigkeit materieller Strukturen! Das Werden und Vergehen *ist doch gerade das Wesen* der Welt von Raum, Zeit und Materie! Warum sollte es wohl darauf ankommen, ob ein Stück Wirklichkeit für viele Weltalter, für Jahrmillionen oder für Sekunden in der Nähe ein und desselben Attraktors bleibt? Die Empfindung eines prinzipiellen Unterschiedes zwischen seelisch-geistigen Vorgängen und anderen materiell realisierten Phänomenen könnte etwas damit zu tun haben, daß wir gerade unsere wesentlichsten Ideen nicht »anfassen« können. Aber kann das ein Grund sein, unsere Hirnaktivität als »übernatürlich« anzusehen? Schon auf den tieferen Stufen lassen sich die von den Gestalten der Wirklichkeit umtanzten Ideen grundsätzlich nicht von diesen anfassen! Wir haben doch verstanden: Das »Wesen der Dinge« leitet diese Dinge auf ihrem Weg im Raum der Möglichkeiten – aber die Dinge können es nicht erfassen! Berührt etwa ein Atom das eigene Wesen mit seinen Elektronen? Berührt ein Fisch das eigene Wesen mit seinen Flossen?

Noch einmal, zur Erinnerung: Nicht die *Möglichkeiten* »bewegen« sich bei all der Entwicklung in der Welt! Sie sind ja *jenseits der Zeit*, sozusagen »in Ewigkeit« durch »mathematische«, »ideelle«, »rein geistige« Strukturen gegeben. Zeitlich und »fortschrittlich« ist allein das, was wir die *Wirklichkeit* nennen. Der Verwirklichungsprozeß schreitet im Laufe der Zeit in den Raum der Möglichkeiten hinein voran. Dabei tastet in jedem Moment das »freie Ende« der vergangenen Geschichte, die jeweilige Gegenwart, durch Schwankungen die erreichbare Nachbarschaft ab und treibt so die Verwirklichung weiter voran in die Zukunft. Und doch »wirkt« dabei, wie gesagt, nicht nur das sogenannte Wirkliche mit, sondern selbstverständlich auch die Struktur alles

Möglichen, also die *Ideen*, die die Wahrscheinlichkeitsverteilung mitbestimmen, innerhalb derer dann die Zufälle wählen und neue Wirklichkeit entstehen lassen ...

Viele Leser werden hier noch immer zweifeln, ob das »Darwinsche« tautologische Prinzip wirklich ausreicht, um zu verstehen, warum aus der Freiheit des Zufalls immer höhere *Komplexität* entsteht. Lateinisch »plectere« heißt »flechten«. (Eines der vielen Beispiele für die Urverwandtschaft unserer Sprachen.) In einem komplexen System ist alles auf raffinierte Weise miteinander verflochten – so daß alles zusammenpaßt und aufeinander eingespielt ist. Und ebendies ist ja der Grund dafür, daß es wahrscheinlich überlebensfähiger ist. Wenn sich durch grobe Zufälle, »Unfälle« also, etwas darin kraß verändert, so ist es zwar immer noch höchst »kompliziert«, aber wahrscheinlich weniger lebens- oder entwicklungsfähig. Wir sahen ja, daß die »Überlegenheit« der im Laufe der Schöpfungsgeschichte gefundenen Gestalten gerade in der raffinierten Organisation ihrer zufälligen Schwankungen und Begegnungen liegt, die solche zerstörerischen Zufälle unwahrscheinlich macht.

Auch Physiker hatten hundert Jahre lang große Schwierigkeiten mit dem Gedanken, daß komplexe Systeme »von allein« aufgrund von Zufällen entstehen könnten. Dies schien doch durch den »Entropiesatz«, den »zweiten Hauptsatz der Wärmelehre«, ausgeschlossen. Dieses Gesetz besagt, daß in einem abgeschlossenen System alle Strukturen so weit wie möglich verschwinden, bis alles ins »thermodynamische Gleichgewicht« kommt. Wir können jetzt aber verstehen, daß der Entropiesatz eigentlich gar kein physikalisches Gesetz, sondern eine logische Selbstverständlichkeit ist – nämlich nur ein besonders einfacher Spezialfall der tautologischen Aussage, »daß wahrscheinlich Wahrscheinliches geschieht«. In einem materiell und energetisch abgeschlossenen System ist tatsächlich der Übergang ins Gleichgewicht das Wahrscheinliche und auf längere Sicht unvermeidbar – aber unsere Welt ist in diesem Sinne nicht abgeschlossen:

Unser Horizont ist zu unendlicher Rotverschiebung entrückt, aber er wandert mit der Zeit weiter hinaus, und so kommt durch ihn immer mehr »neue Welt« herein: unsere Welt, die in einem extrem unwahrscheinlichen Zustand begann – nämlich, wenn man auch die Schwerkraft mitberücksichtigt, gewissermaßen »so fern wie möglich von thermodynamischem Gleichgewicht«.

Eine Nebenbemerkung für Skeptiker und für Kenner der »Anti-Urknall«-Diskussion: Es genügt hier, daß der Anfang von heute her gesehen so unwahrscheinlich war. Sollte ein fundamentaleres physikalisches Verständnis etwa ergeben, daß er gar nicht anders möglich war, so würde das meine Aussagen nicht stören! Und ebensowenig würden die für uns wesentlichen Züge des hier geschilderten Weltbildes verschwinden, wenn etwa wider Erwarten aufgrund kosmologischer Beobachtungen das Bild eines »universellen Anfangs« schließlich doch aufgegeben werden müßte, und wenn zum Beispiel der universelle Urknall durch viele kleinere Geburtsereignisse in einem unendlichen Chaos zu ersetzen wäre. Wir stoßen hier wieder auf die ziemlich »akademische« Frage, ob wir alle anderen »möglichen Universen« nur im Raum der Möglichkeiten oder etwa, wenigstens teilweise, auch in der Wirklichkeit ansiedeln müssen. Für uns kommt es aber im Grunde nur darauf an, daß der heute für uns überblickbare Bereich weit in die Vergangenheit hinein zu einem sehr einheitlichen und noch vergleichsweise gestaltarmen Zustand hin zurückverfolgt werden kann und aus diesem durch gleichmäßige Expansion hervorgegangen ist. An den Aussagen über das allgemeine Schöpfungsprinzip und an den daraus folgenden Bedingungen für unsere eigene Selbstorganisation würde sich selbst dann nichts ändern, wenn sich die Idee, unsere Umgebung im »Kosmos« sei ein »Universum«, nur als »gute Näherung« herausstellen sollte. Lassen Sie sich also bitte nicht von der nächstbesten Schlagzeile über ein »Ende des Urknallmodells« wieder irremachen!

Die Erforschung der Wirklichkeit hat ergeben, daß selbst die dauerhaftesten Gebilde im Prinzip zu den »dissipativen Strukturen« gehören. Das Wort soll ausdrücken, daß die Gestalt durch »Energieverbrauch« gegen alle Arten von »Reibung« aufrechterhalten wird. Dem Gestaltzerfall durch Anwachsen der Unordnung, also durch die unvermeidliche Entropieerzeugung, ist nur zu entgehen, wenn höherwertige Energie einströmt und in relativ entwerteter Form wieder abgegeben wird. Im Grunde gilt das sogar schon für die Welt der stabilsten Elementarteilchen, wo wir es allerdings bisher nicht beobachten, sondern nur aus theoretischen Zusammenhängen erschließen können (weil ein Proton wahrscheinlich erst nach mehr Weltaltern zerfällt, als es Moleküle in einem Liter Luft gibt). Unmittelbar einleuchtend wird der Attraktor-Charakter dissipativer Strukturen an Milchstraßensystemen oder Sternen, die ihre Gestalt über lange Zyklen im wesentlichen beibehalten, indem sie vor allem Ströme von Energie und Drehimpuls organisieren. Auf den noch höheren Stufen, im Lebendigen, im Seelischen und in der Kultur, verhilft nicht nur der Energieaustausch, sondern vor allem auch der »Stoffwechsel«, das heißt der Austausch »tieferer«, doch selbst schon hochkomplexer »Bausteine«, zu dem ungeheuren Reichtum an möglichen attraktiven Gestalten. Dabei ist erste Voraussetzung jeder Selbstorganisation, daß mit Hilfe der von außen angebotenen Energie- oder Konzentrationsgefälle zyklische Prozesse gegen die »Reibung«, also die Entropieerzeugung, aufrechterhalten werden können. Erst dadurch können sich Gestalten über das allgemeine Niveau erheben und aus dem Geprassel der unendlich vielen Zufälle auftauchen. Die im Selbstorganisationsprozeß stattfindende »Auslese« bedeutet dann, daß das »besser Bewährte« durch die in ihm typischen Zufälle wahrscheinlich nicht aus dem Einzugsbereich seiner zyklischen Attraktoren herausspringt. Hier sind sozusagen die Geleise besonders glatt eingefahren, so daß es selten Pannen oder Begegnungen mit Hindernissen gibt, die ja fast immer tödlich sind.

Und doch können dabei gelegentlich, noch viel seltener, »bessere« Gestalten durch Schwankungen erreichbar werden. Dann haben diese eine Chance, verwirklicht zu werden, sich weiterhin zu bewähren und so einen Schritt im evolutionären Aufstieg zu schaffen.

Es ist leicht einzusehen, warum sich in diesem Prozeß »hierarchische Ordnungen« ergeben mußten. Die Organisation auf einem höheren Komplexitätsniveau kommt ja dadurch zustande, daß bewährte Gestalten mittels schwächerer Wechselwirkungen nach Kooperationsmöglichkeiten tasten müssen, die die eigene Lebensfähigkeit auf ihrem hergebrachten Komplexitätsniveau nicht verringern oder sogar noch ein bißchen verbessern. Moleküle sind schwächer gebunden als Atomkerne, das Lebendige benutzt immer wieder die gleichen Typen von molekularen Bausteinen, Zellkerne experimentieren nicht mit dem Prinzip des genetischen Codes, die Austauschprozesse zwischen Zellen eines Lebewesens sind geringer als jene innerhalb der Zellen, die »höheren« Hirnfunktionen lassen die »tieferen« Organ- und Zellfunktionen im wesentlichen unverändert, Kulturen bauen auf den hergebrachten menschlichen Trieben und Emotionen auf. Schon bei mäßiger Komplexität hat es offensichtlich kaum Erfolgswahrscheinlichkeit für sich, nach neuen Gestaltprinzipien zu tasten, wenn die alten dabei zerstört werden. Rücksicht, Vorsicht, Umsicht sind das Wesentliche für erfolgreiche Koevolution. Die Aussichten spielen in diesem gemeinsamen Anpassungsprozeß gar keine Rolle – aber sie waren in der Weltgeschichte »ganz von selbst« immer gut. Bis vor kurzem. Unter den unermeßlich vielen Möglichkeiten höherer Gestalt-Ideen wurde ja eine bestimmte gerade dann wahrscheinlicher verwirklicht, wenn sie mit relativ schwachen Wechselwirkungen ein besseres Zusammenpassen oder Zusammenwirken vieler Untergestalten organisierte, ohne deren bewährte Individualität zu gefährden. Leuchtet so das Prinzip des Aufstiegs vom »simplen« Urknall zu immer höherer Komplexität nicht unmittelbar ein?

Woher aber stammt nun all die Energie, die in der Selbstorganisation der Materie notwendig ist, um die gelungenen Gestalten aus dem Meer der Zufälle zu erheben und auf ihrem hohen Komplexitätsniveau zu erhalten? Mit der Antwort rundet sich das Bild der Schöpfung: All diese »freie Energie« stammt letztlich aus dem Schwung des Urknalls! Das Auseinanderfliegen der Materie gegen die Schwerkraft schuf gewaltige »potentielle Energie«, aus der später andere Energieformen freigesetzt wurden. Die dadurch entstehenden Energieströme führten unvermeidlich zur Selbstorganisation immer komplexerer dissipativer Strukturen, in denen hochwertige Energie in niedrigere Formen umgewandelt wird. Der Abfall einer Sorte von Gestalten kann freilich für andere wieder als wertvolle Quelle dienen. Das Leben lebt von der Sonnenstrahlung, also dem »Abfall« der Sonne. Aber auch die Kernenergie, die unsere Sonne und die Sterne leuchten läßt, ist im Grunde eine »fossile Energie« aus dem Urknall: Wir sahen ja, daß bei der Entstehung der Materie in den ersten Minuten der Welt wegen der raschen Expansion nicht genügend Zeit war, um alle Möglichkeiten von Atomkernen durchzuprobieren, so daß dies erst im Inneren von Sternen nachgeholt werden konnte.

So ist der Ursprung der Welt einerseits die Quelle aller Energieströme, deren Organisation bis heute die Entwicklung immer höherer Gestalten bewirkt; und weil uns dieser Ursprung den kalten Horizont und damit den dunklen Nachthimmel beschert, stellt er andererseits zugleich den Abfluß für die Ströme »verbrauchter« Energie, d. h. »Entropie«, bereit. Letztlich ist es also dieses Angebot praktisch unerschöpflicher Quellen und Senken, wodurch das »Anfangsereignis« in der Tat zur wesentlichen »Ur-Sache« alles Folgenden wurde. Für die spätere Geschichte der Wirklichkeit ist es vermutlich unwichtig, ob dieser Ausgangspunkt unserer Weltlinie im Raum der Möglichkeiten wirklich eine Art von mathematisch definierbarem »Nullpunkt« war (wie in den heute von Physikern studierten Urknallmodellen) oder ob wir unsere Geschichte im Raum der Möglichkeiten nur bis in einen verschwommen bleibenden Bereich in der Nähe dieser Idee eines ersten universellen Schöpfungsaktes zurückverfolgen können. Es ist ja, wie wir sahen, durch unsere bisherigen Erfahrungen auch nicht mit Sicherheit auszuschließen, daß die Idee des gemeinsamen Ursprungs eines einzigen »Universums« zu den ewig *unverwirklichten* Möglichkeiten der geistigen Welt gehört.

Die Wissenschaft ist also nicht nur der stofflichen Zusammensetzung und den Funktionen der materiellen Gestalten auf die Spur gekommen, sondern auch dem Prinzip, das ihrer *Entwicklung* zugrunde liegt. Ich weiß, daß manche dies wegen ihres Traditionsbewußtseins nicht gern hören werden, aber wenn man weiterhin die Schöpfung Gott zuschreiben will, so muß man wohl sagen: »Gott schuf durch Evolution!« Und er schafft weiterhin nach dem gleichen Prinzip. Auch in uns! Sei es in Elementarteilchen, Molekülen und lebenden Zellen, oder sei es in den Aktivitätsmustern unserer Gehirne, den Begriffen unserer Sprachen und den Organisationsformen unserer Gesellschaften: Die jeweils gegenwärtige Wirklichkeit bleibt in der Nähe ihrer Attraktoren, bewahrt also die vorhandenen Gestalten, muß aber dabei durch ihr ständiges zufälliges »Gezappel« gelegentlich auch in den Einzugsbereich noch »besserer« Ideen geraten – weil ja so unermeßlich vieles durch die Schwankungen erreichbar ist. Neue, höhere Komplexität hat dann eine Chance, verwirklicht zu werden, weil besser Zusammenpassendes, Lebensfähigeres, Entwicklungsfähigeres, wahrscheinlich attraktiver ist. Dies haben wir als das Prinzip der Schöpfung erkannt.

Ist solcher »Reduktionismus« eine »atheistische Weltanschauung«? Schmerzt es, selbst Gott auf eine Tautologie reduziert zu sehen? Dann haben Sie vielleicht doch etwas mißverstanden! Warum sollte das Geheimnis der Schöpfung entwertet sein, wenn wir in ihm die logisch selbstverständlichen Züge erkennen? Ganz im Gegenteil ist doch die »Ewigkeit«, das unermeßliche Reich des Geistes, also des nicht in der Zeitlichkeit Verwirklichten, nun auch der wissenschaftlichen Weltanschauung nähergerückt, und wir nehmen wenigstens wieder wahr, wie die materielle Wirklichkeit in ihm eingebettet ist und mit der Zeit fortschreitet. Die Frage, ob es »etwas gibt«, hat sich als Kinderfrage oder als Begriffsverwirrung erwiesen. *Es gibt* die Wirklichkeit; *es gibt* Möglichkeiten, »die es wirklich geben kann«; *es gibt* Möglichkeiten, die noch nicht, nicht mehr oder nie verwirklichbar sind; *es gibt* geistige Gestalten, die die Wirklichkeit anziehen und von ihr umkreist und umzappelt werden. Mancher mag versucht sein, diese letzteren »morphogenetische Felder« zu nennen, aber sie gehören nicht zur physikalischen Wirklichkeit der Quantenfeldtheorie und wohl auch nicht einer künftig vollkommeneren Physik. Es gibt sie nicht in der Welt von Raum, Zeit und Materie, sondern als Attraktoren im Raum der Möglichkeiten, im »Jenseits« der »geistigen Welt«.

Wie früher schon das philosophische Denken, so hat uns auch das wissenschaftliche Anschauen der Welt gelehrt, daß der hergebrachte Gebrauch des »Es gibt« verschwommen und widersprüchlich ist. Warum also sollten wir jetzt weiter über den Begriff der »Existenz« streiten – und darüber, ob Existenz eher der Wirklichkeit oder den Ideen zukomme? Begnügen wir uns doch erst einmal damit, daß die Begriffe schillern! Wenn mehr Menschen über die hier skizzierte neue Weltanschauung sprechen und denken, werden sie auch bessere Begriffe finden – aber das ist nicht das wichtigste. Ich will hier nicht neue Wörter schaffen, um dem scheinbaren Paradoxon zu entgehen, das darin liegt, »daß auch Unwirkliches an der Verwirklichung von Wirklichem mitwirkt«. Wir haben die *materielle* Welt angeschaut und sind auf eine *geistige* Welt gestoßen. Die Wirklichkeit ist aber nicht, wie in Platons Höhle, nur ein *Schatten* der Ideenwelt. *Sie gehört durchaus dazu.* Die Wirklichkeit ist ein Teil davon, eine Auswahl aus der Welt der Ideen. Allerdings haben wir nun verstanden, daß dies eine *winzige Zufallsauswahl* ist und daß die Wahrscheinlichkeitsverteilung der Zufälle mit dem Höherklettern der Wirklichkeit von dieser und den benachbarten Ideen auf immer raffiniertere Weise organisiert wird.

Vor allem, wenn wir uns nun dem Menschen und dem Problem unserer Ethik nähern, wird mancher nicht zugeben wollen, daß ich die angekündigte »Wiedervereinigung von Materie und Geist« erreicht hätte. Ich will nicht behaupten, zufrieden zu sein – aber angesichts der Fülle widersprüchlicher *angeblicher* Wahrheiten ist es doch fast tröstlich, *unbestreitbare* Wahrheiten, nämlich Tautologien, zu finden! Die im Abendland seit Jahrhunderten gepflegte »dualistische« Spaltung der Wirklichkeit – etwa in René Descartes' »res extensa« und »res cogitans« – verschwindet endlich. Wenn »res« das »Reale« oder die »Realität« bezeichnen soll und wenn damit die zeitliche Welt gemeint ist, so spalten wir diese besser nicht auf! Das seelisch-geistige Geschehen in der menschlichen »res cogitans« ist nicht von grundsätzlich anderer Natur als all die anderen »realen« Vorgänge in unserem Universum. Gefühle und Gedanken umkreisen attraktive Ideen und hüpfen zu noch attraktiveren – dies geschieht nun zwar auf dem ungeheuer viel höheren Komplexitätsniveau unserer Hirnaktivität, aber nach dem gleichen Prinzip, das bei der Entwicklung der Materie zu immer raffinierteren Molekülen fand und das in der Entwicklung der Arten die immer komplexere Biosphäre hervorbrachte. Alles was die Naturwissenschaftler gemeinhin »wirklich« nennen, ist *Materie in Raum und Zeit*; und doch ist all dies nur ein winziger Ausschnitt aus dem unermeßlich viel größeren Reich der *geistigen Gestalten*. Anfangs, als die Wirklichkeit noch sehr einfach war, kreiste und zappelte sie um vergleichsweise simple Ideen – z.B. die verschiedenen Arten von Teilchen oder Sternen. Heute ist sie im Einzugsbereich sehr viel komplexerer Attraktoren, z.B. jener, um die hier unser Denken zappelt. Wonach tasten denn *wir* gerade? Wir wissen nicht, was wir tun sollen, um eine lebensfähige Zukunft zu ermöglichen! Das heißt: Wir tasten nach höchst Realem, nach der künftigen Wirklichkeit der Erde, nämlich nach einer Ethik, die uns erlaubt, uns selbst und andere von bestimmten Verhaltensregeln zu überzeugen und so gemeinsam »Kultur« zu entwickeln, die nicht Menschheit und Biosphäre zusammenbrechen läßt, sondern »höher« führt. – Warum? Welch unsinnige Frage vor einer Tautologie! Natürlich will die Natur aufwärts! Aber nun sind wir die Anführer. In uns wird am effektivsten weitergetastet.

Auf diesem jüngst erreichten Niveau hatten schon unsere Vorfahren eigene Namen für das Tasten des einzelnen und der »Gemeinde« nach lebensfähigeren Gestalten. Es war ja eine ihrer Urerfahrungen, daß sie das Bessere in der ungeheuren Menge der Möglichkeiten, in der geistigen Welt, suchen mußten. In unserer Sprache nannten sie diesen Tastprozeß »beten«. Warum sollten wir nicht auch dieses Wort beibehalten? Wie anders könnten wir besser ausdrücken, daß die Welt nun vor allem in uns »individuellen« Gestalten und in unserer kulturellen Kooperation nach lebensfähigeren, »höheren« Attraktoren tastet? Und warum sollten nicht auch wir diese unendlich komplexen, anziehenden Gestalten »Götter« nennen? Oder doch besser »Gott«? Hat nicht die Einsicht, daß das Schöpfungsprinzip vom Urknall bis zu den Aktivitätsmustern unserer Gehirne und bis zur Begriffsentwicklung unserer Sprachen ein und dasselbe ist, etwas durchaus »Monotheistisches«?

Hier ist noch eine Anmerkung über die materielle Realisierung der »res cogitans« am Platze. Daß die Materie so viel vom Reich des Geistes annähern könnte, wie es die Mythen, die Dichtung und alle Künste, die Religionen, die Träume offenbar tun, das erscheint ja vielen noch immer als absurd. Hat denn die in einem Menschen organisierte Materie überhaupt genügend Möglichkeiten, um zu so hoher Komplexität zu klettern? Um solche Zweifel zu zerstreuen, benutze ich gern ein anschauliches Beispiel für die unfaßbare Menge von Möglichkeiten eines menschlichen Gehirns: das sind zehn bis hundert Milliarden Nervenzellen, jede mit durchschnittlich etwa zehntausend anderen verknüpft. Wieviel »Information« kann wohl in einem solchen System enthalten sein und arbeiten? Nähern wir uns der Frage auf einfachere Art: Wie viele verschiedene Beziehungsmuster kann ich herstellen, indem ich zwischen ein paar Punkten Verbindungslinien ziehe? Beschränken wir uns auf die geraden Linien, und beginnen wir mit zwei Punkten. Da können wir eine Linie ziehen oder nicht – macht zwei Möglichkeiten. Nehmen wir nun drei Punkte! Da kann ich auf drei Arten je eine Linie ziehen, auf ebenfalls drei verschiedene Arten zwei Linien, oder drei, oder keine. Man sieht: Es gibt acht Möglichkeiten. Bei vier Punkten können wir es auch noch probieren – da finden wir vierundsechzig; bei fünf Punkten (»hier geht schon das Studieren übers Probieren!«) sind es tausendvierundzwanzig. Frage: Wie viele Punkte müssen wir wählen, damit die Anzahl der verschiedenen derartigen Beziehungsmuster größer wird als die Anzahl der Atome innerhalb unseres Horizonts im Universum? – Bitte gut durchatmen! Die Antwort ist: Vierundzwanzig!

Vielleicht versteht man nun besser, daß in uns »mit so ein bißchen Materie« so viel Geist angenähert werden kann! Allerdings wäre es in Anbetracht der jahrmilliardenlangen Entwicklung unserer Zellen und der viele Millionen Jahre währenden Strukturentwicklung des Großhirns kindisch, nun schon »künstliche Intelligenz« oder gar »künstliches Gewissen« in Reichweite zu sehen. (Ich sage immer, die Abkürzung »AI« bedeute »artificial imbecility«...) Das wachsende wissenschaftliche Verständnis des Prinzips, nach dem auch unser eigenes Denken und Handeln funktioniert, verbessert ja nicht etwa unsere Schöpferkraft, sondern droht sie nur in weitere Sackgassen zu lenken. Der Aberglaube, die Computer seien in Reichweite des wesentlich Menschlichen, ähnelt jenem anderen lächerlichen Mißverständnis der »Aufklärung«: Wir seien letztlich eine Art Uhrwerk und Gott der genialste Uhrmacher. Diese Unterschätzung des

Wesens von Komplexität bringt genau jenen Geisteszustand mit sich, der heute die Erde ruiniert: kindlichen Größenwahn einerseits und eine Herabwürdigung des Menschen und der ganzen Schöpfung andererseits. Um bescheidener zu werden, müssen wir wieder verstehen lernen: Wir sind bei weitem höhere Gestalten als all jene, die wir durchschauen oder die wir gar basteln können. Daß wir in unserem Verhalten allerlei alteingefahrene Geleise entdecken, und daß unsere Maschinen manches besser können als wir, widerspricht dem überhaupt nicht. Wir können ja auch nicht, was eine lebende Zelle kann, ja nicht einmal, was ein Atom kann. Und doch – trotz aller Begrenzungen und Zwänge – sind die Ideen, zu denen wir als Individuen im Rahmen menschlicher Kultur vordringen können, unendlich viel komplexer – oder, wie wir auch sagen mögen: »wertvoller« – als die Attraktoren des »unbeseelten« Lebens, ganz zu schweigen von den simplen Apparaten, die Wissenschaft und Technik uns liefern.

Warum habe ich mehr »Seele« als unsere größten Computer? Was bin ich denn? Materie? – Natürlich! – Nur Materie? – In Raum und Zeit betrachtet: ja, natürlich! Und jenseits der Zeitlichkeit? In der Ewigkeit? Im Raum der Möglichkeiten, im Reich der Ideen, in der geistigen Welt – im Himmel? Bin ich da auch? Ja, natürlich! Oder vielmehr: übernatürlich! Mit dem »Ich bin« ist es genauso wie mit dem »Es gibt«. Meine »Seele« – oder wie immer wir jenen Attraktor nennen wollen, den die Materie durch mich in der unendlichen Welt geistiger Gestalten annähert –, meine Seele ist das wesentliche an mir – und nicht die Menge der Atome!

Aber können wir denn nicht wenigstens ein bißchen mit unserer Seele aus dem Leib heraus, fragt da jemand? Unsinnige Frage! Die Seele, dieser Attraktor, ist doch gar nicht im Leib! Umgekehrt: Der Leib – und das ist eben beim Menschen vor allem das komplexe Hirn – versucht, sie im Verwirklichungsprozeß, das heißt in der Zeit, anzunähern. – Warum? Wenn noch immer jemand mit dieser Kinderfrage kommt, bin ich versucht, ihm ein Schlaflied zu singen ...

V
Systemtheorie von Gott und Teufel

Das Wesen der
globalen Beschleunigungskrise

Wie aber paßt unsere *Freiheit* in dieses Bild? Was ist es denn, was ich als meinen »freien Willen« erfahre und benenne? Es ist ebenjenes merkwürdige Wirken der Zufälle unter den unermeßlich komplexen Bedingungen jener Wahrscheinlichkeitsverteilung, die nicht nur durch meinen momentanen Zustand und die Einflüsse alles anderen *Verwirklichten* bestimmt ist, sondern auch durch die Struktur mehr oder weniger benachbarter *Möglichkeiten*. Wenn ich jetzt nach links schaue – und jetzt nach rechts –, so habe ich eine »freie Entscheidung« getroffen. Es stand ja nicht etwa schon im *Urknall* fest, daß ich dies hier tun würde. Offensichtlich war eine Menge raffiniert organisierter Zufälle daran beteiligt. Und ein wesentlicher Teil dieser Organisation liegt in mir selbst, in meinem »Ich«. Was ich als mein Ich erfahre, erhält seine Kontinuität durch die Beibehaltung der eingefahrenen Zyklen, die in meiner biologischen und seelisch-geistigen Entwicklung gewonnen wurden und sich bewährten. Auch mein seelisches und geistiges Leben besteht vor allem darin, daß solche Attraktoren immer wieder in ganz ähnlicher Weise durchlaufen werden. Die biologische und die sprachliche Tradition organisieren dies, indem sie große Abweichungen unwahrscheinlich machen. Und doch kann mich meine Freiheit zu neuen Ideen finden lassen, die mich mehr und mehr anziehen oder gar fesseln. Natürlich entscheidet erst die »Ansteckung« vieler anderer Hirne darüber, ob es sich bei dem, was sich in mir einschleift, nicht doch nur um

»fixe Ideen« handelt, die nicht weiterführen – aber letztlich beginnt alle kulturelle Entwicklung mit Versuch und Irrtum in einzelnen Menschen. Dort, in der Freiheit des Ich, liegt also heute die Front des wesentlichen Weitertastens. – Ob ich jetzt nach links oder rechts schaue, wird freilich wahrscheinlich nicht entscheidend mein oder Ihr weiteres Leben bestimmen. Es sei denn, ich begegnete dort drüben zufällig einem Blick, der mich ins Herz trifft und aus eingefahrenen Gewohnheiten und Gedanken herausreißt.

Wo also ist die Freiheit des Willens? Im Aufwallen der Zufälle, die erreichbare Möglichkeiten abtasten und im Rahmen der Organisation des »Ich« bewerten, d. h. auf Lebens- und Entwicklungsfähigkeit testen. Wie wir sahen, muß dieses unvermeidliche Abtasten der Nachbarschaft bei Gelegenheit zur Entdeckung neuer attraktiver Ideen führen. Wenn eine davon – z. B. ein Gedankenblitz unter der Wirkung eines Blickes – unter den Einflüssen aller anderen in mir arbeitenden Gefühls- und Denkmuster und bei den unermeßlich vielen weiteren Schwankungen nicht untergeht, sondern immer wieder umkreist und noch ein wenig besser angenähert wird, so erweist sich eben darin die Attraktivität und die Lebens- oder Entwicklungsfähigkeit dieser Idee. Ich glaube, wir müssen nichts anderes Geheimnisvolles dahinter suchen, als die Tautologie des Schöpfungsprinzips! Nichts anderes war am Werk, wenn wir die Lebensfähigkeit einer Idee in uns entdeckt haben und sagen, wir hätten uns aus freiem Willen für diese *entschieden*! Ebendiesen Auswahlprozeß – durch Zufälle im Rahmen der momentan gegebenen Wahrscheinlichkeitsverteilung – erfahren und benennen wir als *Freiheit*. Was unsere eigene Freiheit ist, kann uns kein Philosoph oder Theologe erklären. »Freiheit« ist ein Wort, mit dem wir die Erfahrung des in uns selbst organisierten Verwirklichungsprozesses benennen. Die *menschliche* Freiheit ist nichts prinzipiell Neues in der Welt. Sie entspricht dem hergebrachten Prinzip der Schöpfung. Und dennoch ist das Wesen der menschlichen Freiheit völlig neu. – Was soll diese Wortklauberei?

Das *Wesen* der Dinge liegt *nicht im Prinzip*! So wenig, wie es in der Materie liegt. Das Wesen der Dinge liegt in ihrer *Gestalt*, das heißt, in ihren komplexen inneren und äußeren Beziehungen oder – wenn wir einen ebenfalls noch etwas schillernden modernen Begriff verwenden wollen – in der *Information*, die in ihnen enthalten ist. Und wo kommt diese her? Das Wort *Selbstorganisation* läßt oft das Mißverständnis aufkommen, die wertvolle Information werde heute von uns materiellen Menschengestalten geschaffen. Und die Worte *Informationsgewinn* oder *Komplexitätszuwachs* hören sich ein wenig so an, als handele es sich bei dieser Wertschöpfung im wesentlichen um das Anwachsen einer geeignet definierten Maßzahl. Schon wieder nichts als »quantitatives Wachstum«? Nein – das ist eben das logisch Selbstverständliche und doch wunderbar Erscheinende am Schöpfungsprinzip: Die Information wird von der raum-zeitlichen Wirklichkeit nicht »erzeugt«, sondern beim Tasten in der geistigen Welt »gefunden«. Und der ständige Informationsgewinn beim zufälligen Abtasten von Gestalten im Reich der Möglichkeiten, also der evolutionäre Wertschöpfungsprozeß im Aufstieg zu höherer Komplexität, bedeutet gerade nicht nur das Anwachsen einer Zahl von »bits« (oder Deutscher Mark), sondern ist gewissermaßen mit einem ununterbrochenen »Umschlagen von Quantität in Qualität« verbunden. Und siehe da: Die neue Qualität der menschlichen Freiheit bringt den im Schöpfungsprinzip liegenden Pferdefuß zum Vorschein!

Was ist das Neue an der »Front im Raum der Möglichkeiten«, an der heute auf der Erde wesentlicher »Fortschritt« der Wirklichkeit stattfindet? Diese Front liegt in unseren Köpfen und Händen. Dort, in den Aktivitätsmustern von Gehirnen ist die Geschwindigkeit des Tastens nach neuen Ideen ungeheuer viel größer als bei den Mutationen biologischer Gestalten, und die Reichweite menschlichen Handelns ist über alle irdischen Grenzen gewachsen. Auch dies sieht für Leute, die ans Zählen gewöhnt sind, zunächst eher nach einem »nur quantitativen« Gewinn aus. Die Fortschrittsgeschwindigkeit und die Größenskala von Versuch und Irrtum machen, Gott sei Dank, selbst ebenfalls Fortschritte. Doch wie heimtückisch: Gerade dadurch mußte die Schöpfung auf unserer Erde in eine qualitativ neue, singuläre Krise geraten – letztlich, weil die Erde rund ist! Die räumliche Endlichkeit gibt der Eile des Teufels eine Chance des globalen Sieges.

Wer der Idee Gottes nahekommt, stößt unvermeidlich auf die des Teufels. Im Prinzip der Schöpfung ist auch die Möglichkeit globalen Scheiterns angelegt. Der Aufstieg der Schöpfung durch Versuch und Irrtum gelingt nur wegen der ungeheuer vielen verschiedenen Versuche. Obwohl sich fast alle Versuche als Irrtümer erweisen mußten, war wegen ihrer großen Zahl doch immer die Chance genügend groß, etwas noch Besseres zu finden – es sei denn, das sich entwickelnde System kam *als Ganzes* einer attraktiven Instabilität nahe, die die vielfältigen Versuche behinderte und alles in ihren Bann zog. So etwas kann schon bei der Klumpenbildung in der kosmischen Materie geschehen, wenn ein Klumpen sich von allen anderen Möglichkeiten isoliert und nur noch von der Idee der Schwerkraft besessen ist. Dann fällt das alles in ein »Schwarzes Loch«. Dieses besitzt keinerlei Vielfalt mehr – ja es erreicht fast das Komplexitätsminimum des Urknalls, denn die gesamte in einem Schwarzen Loch versammelte Materie ist vollständig durch höchstens drei Zahlen charakterisiert. *Welche Vernichtung von Werten durch teuflische Vereinfachung!* ... Sind etwa auch wir in Gefahr, auf solche »abwärts führenden« Attraktoren der Vereinheitlichung zu geraten?

Zweifelt nach der anfänglichen Schilderung so vieler Untergangssymptome noch jemand daran? Auf unserem eigenen seelisch-geistigen Gestaltniveau ist zwar zweifellos auch der Teufel sehr viel komplexer als in einem kollabierenden Stern oder im Zentrum eines Milchstraßensystems, doch die

Besessenheit führt offenbar auch an der heutigen Front der Evolution zu verwandten Kollapsphänomenen. Ich muß etwas sehr Beunruhigendes, ja vielleicht Erschreckendes erklären: Was wir heute als Krise von Menschheit und Erde erleben, ist zwar von den Prinzipien der Selbstorganisation her gesehen nichts anderes als das seit Beginn der Welt übliche Tasten und Ringen um die Entscheidung, ob ein Versuch ein Irrtum war oder nicht – und doch ist unsere Krise systemtheoretisch vor all den früheren ausgezeichnet! Früher war ja Mißlingen normal. Es war sogar der Antrieb zu weiterem Aufstieg, der ebendeshalb stets wahrscheinlich war. Nun aber handelt es sich um eine ganz besondere Art von »Engstelle« des Schöpfungsprozesses, an der durch diesen Prozeß selbst entschieden werden wird, ob er künftig wahrscheinlich »aufwärts oder abwärts« führt. Ein entscheidender Schritt der weiteren Selbstorganisation darf offenbar nicht mißlingen, wenn die irdische Biosphäre und das auf ihr gewachsene seelisch-geistige Menschenleben nicht zusammenbrechen sollen – obwohl doch nach wie vor wahr ist, daß nur aus Fehlern gelernt wird. Die Gestalten an der Front der Evolution sind dafür »verantwortlich« geworden, ob das Prinzip der Evolution weiter aufwärts führt oder nicht.

Ich glaube, jeder hat dies schon irgendwie gespürt – aber nur wenigen scheint es bisher zu gelingen, dieses Gefühl so in ein Weltbild einzuordnen, daß auch etwas daraus folgt. Der Sinn meiner Bemühungen ist es, Ihnen hier »einleuchten« zu lassen, was daraus folgt und welche Einschränkungen für die Beliebigkeit des individuellen und gesellschaftlichen Tastens sich daraus ergeben. Dann werden wir nämlich entscheidende Fehler in fast all unserem sogenannten fortschrittlichen Handeln erkennen – und etwas daraus lernen. Natürlich, weiterhin das alte Prinzip: Versuch und Irrtum. Wir müssen nur unabweisbar klarmachen, wo die Irrtümer, die Fehlstellen unserer Selbstorganisation, liegen. Und es wird nun deutlich: Sie liegen nicht so sehr in den schlechten Ergebnissen mancher Versuche, als vielmehr in den Bedingungen des Suchprozesses selbst; bei der derzeitigen Organisation des Tastens ist es nicht mehr wahrscheinlich, daß etwas Besseres gefunden wird; die logischen Voraussetzungen für einen Erfolg des Wertschöpfungsprozesses sind verletzt! Mit anderen Worten – sehr unbeliebten Worten: Die Krise ist nur durch radikale Systemveränderung überwindbar.

Versuchen wir, das »systemtheoretische« Wesen der Engstelle noch etwas genauer zu erkennen! Ich behaupte: Wenn der Schöpfungsprozeß in einem räumlich isolierten Bereich – wie auf einem Planeten – nicht schon zuvor durch andere Unfälle oder Beschränkungen zum Erliegen kommt, so muß er aus der eigenen Logik heraus in eine *globale Beschleunigungskrise* geraten! Warum ist das so? – Beim Aufstieg der Gestalten hat ja die Tastgeschwindigkeit selbst einen selektiven Vorteil. Mit schnellerem Suchen wird wahrscheinlich auch schneller Neues gefunden, und solange noch viele verschiedene Versuche möglich sind, ist es auch noch wahrscheinlich, daß »Wertvolleres« darunter ist. (Ich benutze jetzt – im Sinne der hier geschilderten Weltsicht – absichtlich die Wörter »besser«, »komplexer«, »wertvoller« als nahezu gleichbedeutend.) Die Zunahme der Innovationsgeschwindigkeit führt zwar auch zu mehr *Untergang*, weil eben auch schneller »falsches« Neues verwirklicht wird, das nur in einem räumlich begrenzten Bereich und nur kurzfristig als »besser« erscheint, und sich bald als unpassend und unfähig zum Weiterbestand oder zu weiterem Aufstieg erweist. Aber der Untergang ist dann nur ein lokales Phänomen. In größerem Rahmen geht der Aufstieg weiter, denn dort wird in gewissem Sinne aus solchen Pannen »gelernt«: Nach vielen solchen Fehlschlägen überleben wahrscheinlich Gestalten, deren Attraktoren eben derart organisiert sind, daß die in ihrer Nähe typischen Schwankungen wahrscheinlich nicht auf diese tödlichen Abwege führen. Genau das garantiert dann in diesem Punkt die »Lebensfähigkeit«. Solches Lernen aus tödlichen Fehlern erscheint uns als »grausam« – aber nur dadurch wird ihre Vermeidung oder Überwindung organisiert. Denken wir etwa an die stammesgeschichtliche Entwicklung des Immunsystems durch die ständige Auseinandersetzung mit Krebs und Infektionen, also mit von innen angreifenden entarteten Zellen oder von außen angreifenden Viren und Bakterien.

Die unvermeidbare Beschleunigung des Tastverfahrens und der Innovation führt jedoch auch zu einer schnelleren räumlichen Ausbreitung von wirklich oder scheinbar Besserem. Ich glaube, ich muß die Systemtheorie der Macht des Schnellen und Großen nicht näher erläutern. Wie *Schnelles* das *Langsamere* verdrängt, so verdrängt auch *Großes* das *Kleinere*. Auf einem Planeten muß also irgendwann der Zeitpunkt kommen, zu dem die führenden Gestalten, das heißt eben die schnellsten Innovatoren, global einheitlich werden. Kürzlich feierte man in aller Welt das fünfhundertste Jubiläum eines Ereignisses, das die weltweite Machtübernahme der Ideen des »Abendlandes« symbolisiert – die »Entdeckung Amerikas«. Woher rührte bei so vielen das Unbehagen an diesen Feiern? Auch dies hat zweifellos mit den zunehmend erkennbaren Untergangssymptomen zu tun, die ich anfangs andeutete. Aber folgt denn irgend etwas daraus? Habe ich nicht versprochen, das Wesen der Krise etwas genauer erkennbar zu machen? So, daß daraus auch etwas über Möglichkeiten ihrer Überwindung zu lernen ist?

Ich behaupte immer wieder, das »Kritische« habe etwas mit der erdumspannenden Eile zu tun. Aber der globale Sieg einer attraktiven Idee kann doch offensichtlich nicht schon den Untergang bedeuten. Hat nicht das Leben mit einem einzigen genetischen Code die ganze Erde bis in ihre letzten Nischen erobert und ist dennoch zu immer höherer Komplexität aufgestiegen? Wird nicht die Lebensfähigkeit jedes Untersystems sogar gerade dadurch gesichert, daß sich globale Zusammenhänge entwickelt haben? Das Leben hat schließlich nicht nur die Zusammensetzung der Atmosphäre und das Klima (mitsamt den Meeresströmungen) entscheidend mitgeformt, sondern sogar die Gesteinsschichten der ganzen Erdoberfläche bis in mehrere Kilometer Tiefe. Wir sehen also: Gewisse Formen der Vereinheitlichung durch globale Koevolution sind im Schöpfungsprozeß etwas ganz Normales. Und auch lokale Untergänge durch zu hohe Innovationsgeschwindigkeit waren stets das Übliche. Und dennoch sind wir jetzt dem entscheidenden Gedanken nahe, der uns den Umschlag von Quantität in Qualität verstehen läßt: Das Zusammentreffen von Globalität und Schnelligkeit kennzeichnet eine systemtheoretische Singularität! Wirklich kritisch wird die Situation offenbar erst, wenn *die Innovationsgeschwindigkeit der global führenden Gestalten* einen kritischen Wert übersteigt.

Was behaupte ich da? Wir könnten verstehen, daß unser Fortschritt zu schnell geht? Zu schnell im Vergleich womit? Relativ wozu? Mag ja sein, daß wir uns gehetzt fühlen, aber wie sollte aus solchen Emotionen je eine wissenschaftlich haltbare Aussage werden? Behaupte ich etwa, es gebe eine *absolute* Höchstgeschwindigkeit für die Wertschöpfung? Eine Grenzgeschwindigkeit der Innovation, die bei Entwicklungsprozessen so wenig erreicht oder überschritten werden könnte, wie z.B. die Lichtgeschwindigkeit bei der Bewegung irgendwelcher Körper? Natürlich nicht! Auch die *Vergleichs*geschwindigkeit muß offensichtlich durch die betrachteten Vorgänge selbst gegeben sein. Es muß wohl so sein, daß außer der Innovationszeitskala, also der Zeitdauer, in der wesentliche Züge der Welt innovativ geändert werden, noch eine weitere Zeitdauer in unserem Problem eine Rolle spielt. Rätselhaft – woher sollte eine solche Größe ins Spiel kommen?

Ich muß wieder von jenem Wissenschaftler erzählen, der sich über meinen Skeptizismus gegenüber gewissen Innovationen ärgerte. Er hielt mir entgegen, Aufgabe der Wissenschaft sei es nun einmal, der Gesellschaft neue Optionen anzubieten. Wie viele? fragte ich ihn. Natürlich so viele wie möglich! war die Antwort. Also fragte ich weiter: Wie viele pro Jahr? Wie viele pro Tag? Und pro Stunde? Pro

Sekunde? – Ich glaube, der Mann kann mich nicht mehr leiden ...

Aber jetzt erkennt man wohl, wann die Sache kritisch wird: Zyklische Attraktoren können sich nicht als solche bewähren, wenn sie schon wieder verlassen werden, bevor auch nur ein einziger Zyklus vollendet ist! Und was ist wohl bei uns »führenden Gestalten« die relevante Zyklusdauer? Natürlich unsere eigene Lebens- oder Generationszeit! Hier haben wir also die »kritische Innovationsgeschwindigkeit« entdeckt: Wenn die führenden Gestalten an der Front der Evolution innerhalb ihrer eigenen Lebensdauer wesentliche Veränderungen an den eigenen Wurzeln bewirken, dann wird es unwahrscheinlich, daß das Neue mit dem Alten zusammenpaßt – und dann wird es wahrscheinlich, daß die eilige »Lösung« der dadurch entstandenen »Probleme« noch mehr solche Probleme schafft – so daß die Problemerzeugung der Problemlösung davonlaufen muß. Diese Art von Instabilität war vor der Entwicklung des Menschen unmöglich. Unmöglich? Nein – Entschuldigung: Im Reich der Möglichkeiten, jenseits der Zeit, »gab es« sie natürlich immer – oder besser: ewig.

Nochmals Entschuldigung: Nicht »natürlich« darf ich das nennen, wenn »Natur« ein Name für die Wirklichkeit sein soll. Der Teufel, die Idee des Scheiterns, ist doch »übernatürlich«, ein Teil unserer Umgebung in der geistigen Welt; dort lauern überall, ganz nahe den »aufwärts« führenden Attraktoren, andere, »abwärts« führende, auf denen die lebensfähige Komplexität abgebaut wird oder völlig zusammenbricht. Nur war es in der Geschichte der Erde bisher immer unwahrscheinlich, daß die Biosphäre aus sich selbst heraus, durch ihr eigenes inneres Gezappel, in den Einzugsbereich solcher Abwege geraten könnte. Nur einige größere Unfälle »von außen« brachten große Rückschläge, doch nach solchen kurzen Epochen massiven Artensterbens eröffneten sich in Form der vielen »unbesetzten« Attraktoren rasch neue, den Mechanismen der biologischen Evolution gut erreichbare Möglichkeiten. Man könnte den Eindruck haben, daß in solchen revolutionär erscheinenden Phasen viele Arten »vom Teufel geholt« wurden, aber wirklich siegen konnte er dabei nicht. Die Vielfalt blieb aufgrund der biologischen Prinzipien nach wie vor begünstigt, und die kritische Innovationsgeschwindigkeit war mit den biologischen Tastverfahren nicht realisierbar. Die genetische Mutation und die Selektion durch Vergleich mit den Artgenossen bei der Bewährung in der Biosphäre – eben das biologische Tastprinzip – kann nur über viele Generationen hinweg Neues durchsetzen. Erst die Struktur und die Arbeits- und Schwankungsgeschwindigkeit des Großhirns haben das in Versuch und Irrtum »ganz normale Scheitern« in die Nachbarschaft der Möglichkeit globalen Scheiterns gebracht. Zunächst wuchs dem einzelnen Menschen immer mehr Freiheit zu, »Gutes« oder »Böses« für sich und seine Umgebung zu wählen, und schließlich mußten uns auf dieser Basis die gesellschaftlichen Selbstorganisationsprozesse in die globale Beschleunigungskrise führen. Deshalb erscheint der im Himmel wohnende Teufel nicht schon an früheren Schöpfungstagen auf der Erde! – Wie früh die Menschen das verstanden haben, wissen wir aus den Schöpfungsmythen vieler Völker.

Wenn wir die menschliche Lebensdauer als entscheidendes Zeitmaß für die Innovationsgeschwindigkeit erkannt haben, und wenn wir sagen, daß »wesentliche Änderungen an den Wurzeln« innerhalb dieses Zeitrahmens den Prozeß instabil werden lassen, so gilt dies von der Logik des Arguments her genaugenommen zunächst für die *kulturellen* Wurzeln, also für die Innovationsgeschwindigkeit bei gesellschaftlichen Traditionen. Alle lebensfähige menschliche Innovation stammt nämlich letztlich aus dem Tasten von Einzelmenschen. In diesen ist der höchste bisher erreichte Grad an gelungener, bewährter, lebensfähiger Komplexität verwirklicht. Wenn sich deren Umgebung nun ständig drastisch verändert, bevor sie den Zyklus von Geburt, Kindheit, Jugend,

Reife, Alter und Tod wenigstens zur Hälfte durchlaufen haben, so wird das Neue im Tastprozeß gar nicht mehr an den höchsten bisher erreichten Werten gemessen. Als höchster Wert einer Neuigkeit gilt dann die »Originalität« – eben die Tatsache, daß sie neu ist. Dann ist weiterer »Aufstieg« unwahrscheinlich. Die Wertschöpfung wird instabil. Das Neue ist dann wahrscheinlich weniger wert als das Alte, das heißt auch weniger lebensfähig – also noch schneller zu erneuern. Es geht wahrscheinlich »bergab«. Und dieser Abbau von Komplexität breitet sich von der kulturellen Front her durch die Erzeugung von immer mehr Müll, Gift und Streß auch ins Hinterland der Evolution aus – mit dem Untergang von immer mehr hergebrachten Ökosystemen, bis hin zum Erdklima.

Diese Art von Instabilität hat schon seit Jahrtausenden die Kulturen von Stämmen und Völkern bedroht, aber deren Untergang kam dennoch meistens schneller von außen. Schließlich gewannen ja in der Konkurrenz der Kulturen wahrscheinlich immer die Schnellsten. Erst als dieser Ausscheidungskampf der Ideen wegen der Kugelgestalt der Erde zu Ende ist, beginnt der Endspurt des Wettlaufs in den Raum der Möglichkeiten. Zwar gibt es kein Ziel, und nicht einmal eine Richtung, aber das war ja schon immer so. Ist nicht überhaupt alles wie früher? Jeder zappelt nach attraktiven Ideen! Ja – nur kommen nun die Angebote neuer Optionen zu schnell und zu allgemein. Alte Optionen werden beseitigt, so daß wir alle von den neuen abhängig werden. Morgen sind auch diese schon wieder alt und müssen von den Abhängigen mit noch größerem Einsatz entsorgt und durch neue ersetzt werden. »Schlüsseltechnologien« öffnen neue Zimmerfluchten im Raum der Möglichkeiten; die alten Behausungen werden unbewohnbar gemacht; alles strömt in die neuen und muß wohl oder übel an deren Einrichtung bauen – doch an jeder neuen Wand finden sich neue Türen, auf die sich sofort Spezialisten stürzen, um »Durchbrüche« zu erzielen ... Da ist keine Zeit mehr zum Wohnen; alles

Leben vergeht mit Bauen – doch immer wahrscheinlicher mit dem Bauen von Unbewohnbarem.

Ist ein anderes Bild vom Fortschritt gefälliger? Wir müssen nicht mehr zappeln, denn wir haben sehr wohl eine Richtung: vorne! Vorne ist, wo alle hinwollen; und das ist, wo der vorderste hinwill; und der vorderste ist der schnellste. Endlich kommen keine störenden Ideen mehr von außen, und vor allem, wegen der überkritischen Geschwindigkeit, nicht von hinten! Rechts und links herrscht die gleiche Idee. Auch innen gibt es kein anderes Leitbild mehr: Die in der Kindheit gewonnenen Erfahrungen taugen längst nichts mehr; altes Zeug, das mit dem Neuen nicht zusammenpaßt! Die eigentliche Arbeit beim Mitschwimmen im Strom besteht also darin, gegen solche Reste altmodischer, bremsender Attraktionen zu kämpfen! In langsameren Teilen der Strömung, nahe den Ufern, mag dies zu Erschöpfung und Zusammenbruch führen, doch das bestätigt ja nur, wie wichtig der Wille ist, in die Mitte des Stromes zu gelangen und mit vorne zu sein. Dieser Attraktor des Fortschritts läßt ihn zu einem immer breiteren Strom anschwellen, der alles niederwalzt. Immer schneller wird er, denn immer steiler geht es bergab. Dort vorne kommt ein Wasserfall?! – Aber immer unwahrscheinlicher wird es, daß das Gezappel von widerstrebenden einzelnen und kleinen Gruppen noch aus dessen Einzugsbereich herausführen kann. Immer unwahrscheinlicher wird es, daß andere, lebensfähigere, Attraktoren überhaupt noch berührt werden ...

Ich weiß: So leicht läßt sich klassischer Fortschrittsglaube nicht erschüttern! Hier muß sich doch ein Denkfehler bei mir eingeschlichen haben! Besteht denn nicht fast aller *evolutionäre* Fortschritt bei genauerem Hinsehen aus lauter *revolutionären* Schritten? Ist es nicht fast immer so, daß eine attraktive Entdeckung an der Front im Raum der Möglichkeiten eine Art Instabilität auslöst, in der alte Attraktoren schnell zugunsten von neuen verlassen werden? Ja – das ist richtig! Und doch ist es eben entscheidend, ob solche Umkippvorgänge langsam oder schnell im Vergleich zur Generationenfolge vor sich gehen. Wenn der Wasserfall langsam im Vergleich zur Lebensdauer der Schwimmer ist, dann werden diese die Ufer erreichen und Klettern lernen. Und wenn Durchbrüche von Schlüsseltechnologien an neuen Türen erst nach mehreren Generationen gelingen, so werden wahrscheinlich die Gewohnheiten verhindern, daß die alten Räume sofort verlassen und unbewohnbar gemacht werden. Entscheidend für den bisherigen Erfolg des Schöpfungsprinzips war ja, daß beim wahrscheinlichen Scheitern und Untergang eines »revolutionären Evolutionsschrittes« stets noch genug vom länger bewährten Alten in anderen räumlichen Bereichen überlebt hatte. Ebendeshalb war der lokale Untergang zu heilen, indem von außen wieder Lebensfähiges hineindiffundierte. – Viele Wissenschaftler haben als Beispiele für Selbstorganisation Bilder von Wirbelmustern in Konvektionsströmungen oder gar simple Phasenübergänge vor Augen, wo die Nachbarschaft im Raum der Möglichkeiten simpel und die »Bewährung« trivial wird. Man ist zu bescheiden, über das Geschehen auf dem Niveau von Leben und Kultur überhaupt nachzudenken. Die Logik gilt aber auch für komplexere Systeme! (Übrigens geschehen sogar Phasenübergänge »langsam im Vergleich zur Generationenfolge«, da die relevante Zyklusdauer der beteiligten »Individuen« durch deren eigenes Gezappel gegeben ist.)

Es gibt keine Möglichkeit, die Wichtigkeit räumlicher und zeitlicher kritischer Grenzen und die Singularität unserer Krise wegzudiskutieren – wie sehr sich auch Schlüsseltechnologen oder all die Leute, die sich in bequemen Hausbooten auf dem Strom des Fortschritts treiben lassen, darum bemühen mögen. Die globale Beschleunigungskrise ist eine systemtheoretisch begründete, das heißt logisch unvermeidbare Entwicklungsstufe für jeden anhaltend erfolgreichen evolutionären Schöpfungsprozeß in einem räumlich endlichen Bereich – also auch für den irdischen Fortschrittsprozeß. Diese Einsicht ist so naheliegend, daß sie schon vor

Jahrtausenden in allen Schöpfungsmythen der Menschheit Ausdruck gefunden hat. Überall finden sich ähnliche geistige Gestalten wie die jenes Engels, der zugesehen hat, wie Gottes Schöpfung ablief, und der nun den Menschen das Licht dieser Erkenntnis oder das Feuer vom Himmel bringt. Luzifer heißt der Lichtbringer! Er hat verstanden, wie Elementarteilchen und Atome funktionieren und die Moleküle, der genetische Code, die lebende Zelle, der Leib und seine Organe, das Gehirn, der Markt... Was soll er da so lange warten wie Gott, der Tag um Tag, das heißt Milliarden, Millionen, Tausende Jahre lang knetete? Wir kennen die Geschichte: Die unendlich vielen Versuche beim Tasten im Lehm und die lange Zeit zum Vergleichen aller Details der gefundenen Gestalten machten es wahrscheinlich, daß der Schöpfer am Abend jedes Tages sah, »daß es alles sehr gut war«. Bis ebenjener auch zu Gott gehörige eilige Engel kam und es nur noch um Jahrhunderte, schließlich Jahrzehnte ging – und plötzlich klar wurde, daß nicht mehr alles sehr gut war. Wir wissen ja: Jener Engel fiel hinunter, in den Teil des Himmels, den wir die Hölle nennen. Und nach dem Sturz hatte er einen anderen Namen: *Diabolos*, der *Durcheinanderwerfer*.

VI
Entscheidung

Zur Selbstorganisation der Freiheit

Wenn doch aber der Teufel schon im Schöpfungsprinzip enthalten und die Entartung der irdischen Schöpfung in eine global beschleunigte Instabilität aus logisch-systemtheoretischen Gründen unvermeidlich ist... warum nenne ich dies dann eine *Krise*? Ist es nicht... der *Untergang*...? Sehen wir es nun nicht allzu deutlich, wie beim besten Willen zum *Aufstieg* der Weg doch immer tiefer hinab führt und immer steiler wird, bis wir ins Rutschen kommen und schließlich in freien Fall übergehen? Lauter gutwillige Weltverbesserer bemühen sich ums Finden von Pfaden und um das Wegräumen von Problemen, die diese versperren könnten. Doch auch das dient letztlich der Beschleunigung der Rutschpartie. Der Weg zur Hölle ist bekanntlich mit guten Vorsätzen gepflastert.

Kein Wunder, daß sich bei immer mehr Beobachtern des Geschehens ein abgrundtiefer Pessimismus ausbreitet. Wie schon eingangs gesagt: War es in meiner Generation noch so, daß wir in der Mitte unseres Lebens die Welt nicht mehr wiedererkannten, so machen mittlerweile sensible Menschen überall in der Welt diese Erfahrung schon in der Mitte ihrer Jugend, ja am Ende ihrer Kindheit. Die Experten aber, die angeblich das Wesen der Welt verstanden haben, bieten kaum noch glaubhafte Hoffnung an. Wir können die Experten grob in drei Klassen einteilen: Die einen betonen ständig, daß die Lage in der Tat beunruhigend sei, daß sie aber die Probleme morgen in den Griff kriegen werden, wenn wir alle ihren guten Willen mit noch mehr Geld fördern. Diese oft wirklich erstklassigen Experten machen sich inzwischen bei jedem lächerlich, der sich noch an die Versprechungen und Problemlösungen von gestern erinnern kann. Die zweite Sorte erklärt uns ganz einfach, daß die Warner »linke Alarmisten« und Panikmacher seien, die lauter ganz gewöhnliche kleine Probleme hochspielen, um sich zu profilieren, die aber von den Dingen meist nichts verstünden. Diese Sorte von Experten ist meist nicht einmal beunruhigt und lebt in Frieden mit sich und der Welt, weil sie weder von sich noch von der Welt viel wahrnehmen. Oft sind sie von einer Art quasireligiöser Zuversicht erfüllt, daß es ja weiter aufwärts gehen müsse, weil es bisher immer aufwärts gegangen sei. Kurz: Die Welt ist ja in Gottes Hand – da muß ich mich, Gott sei Dank, nicht in die Diskussion von Grundsatzfragen einmischen. Diese oft eher zweitklassige Sorte von Experten liefert lauter schön polierte Pflastersteine für den Weiterbau des Weges, und sie genießt dafür erheblichen gesellschaftlichen Einfluß – vor allem bei der »schweigenden Mehrheit« und den von ihr getragenen Funktionären.

Und dann gibt es in dieser groben Einteilung noch eine dritte Klasse von Experten, die freilich oft in ihrer Wissenschaft erstklassig sind: Sie sind von den Details der Untergangssymptome fasziniert und können sich über diese freudig erregen, wie ein Jäger und Sammler von Schmetterlingen oder Käfern über ein besonders schönes neues Exemplar. Auch die Weltgeschichte ist für sie ein Naturschauspiel, und sie können die in den Untergang treibenden Kräfte – zuweilen mit einem Anflug von Zynismus – gut in ihr wissenschaftliches Weltbild einordnen: Ist es nicht mit den Menschen auf der Erde ganz ähnlich wie mit der Seerose auf einem überdüngten Teich? Sie muß nun einmal wachsen und sich ausbreiten, bis der Teich bedeckt ist und kein Licht mehr hineinkommt – bis unter ihr alles abstirbt und verfault, so daß auch sie selbst absterben muß ... Oder das andere beliebte Beispiel: die Tumorzelle, also eine Organzelle, die zufällig entdeckt hat, wie sie aus den Zwängen komplexer Zusammenhänge herauskann und sich nur noch für das viel ältere Selbstverwirklichungsprinzip der eigenen Vermehrung interessieren muß! Welch kindische, irrationale Vorstellung, die Seerose oder die Krebszelle könnten aus sich heraus die Instabilität beenden! Natürlich läuft der Prozeß bis zum »Umkippen« des Teiches oder bis zum Krebstod des betroffenen Individuums. Und was wäre denn auch schlimm daran? – Es gibt doch so viele Teiche, aus denen Leben in den verdorbenen zurückkehrt, und so viele Individuen, die ja sogar – wie wir sahen – gerade dieser Entartungsmöglichkeit von Zellen ihr besser entwickeltes Immunsystem verdanken...

Pech, daß es die Erde nur einmal gibt. Aber so ist es eben. Irgendwie wird unser Untergang für die Erde schließlich auch ganz gut sein. Selbst wenn sie durch unsere Künste Jahrmillionen und noch weiter zurückfallen sollte, kann ja doch das irdische Leben erneut aufsteigen und es vielleicht sogar noch einmal mit der sogenannten Intelligenz versuchen! Es sind noch einmal etwa fünf Milliarden Jahre Zeit dafür. Und – wer weiß – vielleicht kommt ja auch hier eines Tages neues, sogar höheres Leben von draußen? Gibt es nicht vermutlich allein in unserem Milchstraßensystem viele Milliarden erdähnlicher Planeten? Finden wir uns doch also bitte mit diesem ganz natürlichen lokalen Untergangsphänomen ab – je nach Temperament und Geisteszustand, indem wir fröhlich oder griesgrämig, deprimiert oder stoisch den Alltagspflichten nachgehen, oder etwas mehr mit anderen in die Kirche gehen, musizieren, oder Feste feiern und prassen, oder noch ein Apfelbäumchen pflanzen.

Müssen wir diesem »Naturschauspiel« hilflos weiter zusehen? Oder müssen wir nicht vielmehr selbst ein besseres Stück schreiben und auch Regie führen? Ich bin jetzt in einem Zwiespalt. Ich habe doch seit langem gepredigt, Wissenschaft sei heute das Opium fürs Volk: Alle gesellschaftlichen Organisationsmuster der »Fortschrittsszene«, also der globalen Beschleunigungskrise, sind aus dem Stoff fabriziert, den Wissenschaft und Technik geliefert haben. Deren Attraktivität hat durchaus Suchtcharakter. Nicht nur die Konsumenten, sondern auch die großen Dealer selbst sind abhängig und nach jedem neuen »Schuß« von dem euphorischen Gefühl ständigen weiteren Wachstums durchflutet. – Und nun will ausgerechnet ich sagen, das wissenschaftliche Weltbild, das ich hier vorgetragen habe, stelle das rechte Mittel für den Einstieg in eine Entziehungskur dar und biete begründete Hoffnung auf endgültige Heilung von der Sucht? Ist das nicht noch größenwahnsinniger, als es all die anderen Versprechen von Weltverbesserern aus Wissenschaft, Technik, Wirtschaft, Politik und Militär sind? Wodurch unterscheidet sich denn meine Predigt von deren Werbekampagnen?

Es gibt in der Tat einen Unterschied! All die anderen Heilsversprechen stammen letztlich aus dem Wahrheitsanspruch irgendwelcher Ideologien! Bei dem, was ich klarmachen will, ist kein Wahrheitsanspruch oder Glaubensakt beteiligt, denn die Wahrheit einer Tautologie ist rein logischer Natur. Da gibt es nichts zu beanspruchen, zu beweisen oder zu glauben. Wer eine Tautologie ausspricht, »beansprucht« nicht Unfehlbarkeit – so wenig wie ein Lehrer, der erklärt, daß zwei mal zwei gleich vier ist. Oder glaubt jemand, auch das sei Ansichtssache? Oder man könnte das vielleicht mit größerer Anstrengung des Denkens, oder durch tiefere Versenkung ins Gebet, schließlich doch ändern?

Ich sage dies absichtlich mit so provozierender Arroganz. Ich will dazu anstacheln, dem eigenen Weltbild tiefer auf den Grund zu schauen – möglichst bis man auf Tautologien stößt. Wer nicht so weit kommt, mag zwar in allerlei geschickt vernetzten Fäden hängen, aber er bleibt doch stets absturzgefährdet. Wahrscheinlich macht das vielen nichts aus, solange das Netz noch zu tragen scheint, aber wenn es nun immer brüchiger wird, liegt es doch nahe, auszuschauen, wo es befestigt ist und was darunter liegt. Irgend etwas muß ja wohl ein jeder über die Ur-Sachen des Laufes der Welt und des in uns selbst ablaufenden kreativen Prozesses denken. Ergibt sich dann etwa ein logischer Widerspruch zu dem, was ich über die logischen Voraussetzungen erfolgreicher Schöpfung sagte, bin ich sofort bereit, darüber zu diskutieren. Es genügt mir freilich nicht, wenn jemand darauf besteht, die Wahrheit stünde in einem Buch geschrieben, und wir könnten dort detaillierte Antworten auf alle Fragen finden. Er müßte mir dann beispielsweise auch erklären, wie er diesem Buch entnimmt oder aus ihm ableiten läßt, für welche neugeschaffenen Genkombinationen wir nächstes Jahr durch unsere Politiker unseren Wissenschaftlern Freisetzungsexperimente genehmigen sollen.

Es geht also um die Folgen unserer Weltanschauungen für unsere Entscheidungen. Niemand sollte sich mehr damit beruhigen, daß es auf diese nicht so sehr ankäme, weil ja »der Mensch denkt, und Gott lenkt«. Zwar stimme ich da gerne zu, denn auch ich habe, wie sich hier gezeigt hat, kein besseres Wort für den umfassendsten Attraktor, der schließlich angenähert wird. Selbst wenn der Teufel siegte, könnten wir uns also darauf einigen, das sei schließlich »Gottes Wille« gewesen. Aber wie kommt Gottes Wille in die Wirklichkeit herein? Wo bestimmen die »geistigen Kräfte« die Zukunft vor allem mit? Das ist doch die Frage: Wo sind die Wahrscheinlichkeitsverteilungen für die nächsten Verwirklichungsereignisse am wenigsten durch die vorhandene Realität bestimmt – also durch die sogenannten Sachzwänge – und dafür stärker durch attraktive geistige Gestalten, deren Einzugsbereich die Wirklichkeit schon nahe kommt? Die Antwort ist einfach: Natürlich dort, wo die Wirklichkeit im Raum der Möglichkeiten am schnellsten und effektivsten nach lebensfähigen Gestalten tastet! Niemand sollte sich einreden lassen, dies sei in Weltraumstationen, in effizienteren Lasern, in raffinierteren Bioziden, in immer neuen Verbindungen von Kohlenstoff mit Chlor und anderen Elementen für alle möglichen Zwecke, oder in den Genomen irgendwelcher

Retroviren. Nein – es ist genau an der Stelle, die wir unseren *freien Willen* nennen. Hier muß mit vernünftigen Kriterien – nun also mit Kenntnis des Schöpfungsprinzips – zwischen den unendlich vielen Möglichkeiten neuer Optionen gewählt werden!

Also geht es darum, die Front der Evolution dorthin zu verlegen, wo es wahrscheinlich aufwärts geht. Hört sich das schon wieder nach Größenwahn an? Wie könnten denn wir selbst dies tun, wenn doch alles Geschehen nur ein zufälliges Herumhüpfen zwischen attraktiven Ideen ist, dessen Ergebnis wir dann hinterher als Gottes Willen akzeptieren müssen? Vielleicht begreift die Unsinnigkeit dieses Einwands, wer sich an die alten Mythen und religiösen Vorstellungen erinnert, in denen dieses Problem begriffen und gelöst wurde: Jeder Schöpfungstag hat seine eigene Front der Evolution! Die Wurzeln, die am einen Tag gelegt wurden, sind nicht dazu da, am nächsten umgebaut, abgebaut oder vergiftet zu werden. Wir müssen die Front nur deshalb verlegen, weil wir sie von den Blüten an die Wurzeln verlegt haben! Es war doch die Idee des Teufels, uns weiszumachen, es dämmere schon der achte Tag und wir würden demnächst die Früchte der neuen Schöpfung vom Baum des Lebens pflükken. Also bitte: Am sechsten Tag sind wir geworden – und da war am Abend noch immer »alles gut« ... Wo sind wir heute? Noch immer am siebten Tag? Was sollen wir am siebten Tag?

Was heißt da »sollen«? Wer glaubt denn an »Gebote«? – Nun, wir müssen nicht die jahrtausendealten Sabbatgebote befolgen. Aber ihre symbolische Bedeutung ist höchst aktuell, wenn wir sie in die Sprache unseres Weltbildes übersetzen. Die »Ruhe Gottes« ist ja nicht das Ende der Schöpfung. Aber diese geht nun vor allem aus dem menschlichen Willen heraus weiter. Was also sollen wir wollen? Natürlich das, was wahrscheinlich nicht in den Untergang führt! Was ist denn die erfolgversprechende Front des evolutionären Schöpfungsprozesses am siebten Tag? Eben nicht der Bau immer raffinierterer Apparate unter Vergiftung, Abbau oder Umbau dessen, was an den ersten sechs Tagen geschaffen wurde – also der Biosphäre und der biologisch-ethologischen Gestalt des Menschen –, sondern deren Bewahrung, um auf ihren Wurzeln das zu tun, was im Weitertasten mit unseren seelisch-geistigen Fähigkeiten erreichbar ist. Was das wohl ist? Die Worte, die heute am nächsten liegen mögen, etwa »Kultur« und »Kunst«, sind mir fast schon zu abgegriffen – und ich wage es deshalb noch einmal, an ganz alte Worte zu erinnern: »Gott loben«, »Gott und die Menschen lieben« hat man es genannt, was am siebten Tag geschehen kann.

Der achte Tag ist vom Teufel. Es ist der Tag des Untergangs. Gibt es ihn? Wird es ihn geben? Oder bleibt er eine unverwirklichte Idee? Warten wir ab, was Gottes Wille ist? Lassen wir ihn entscheiden? Wo die Zufälle hinführen, dorthin wollte er? Nein – ich glaube, jetzt haben alle verstanden, wie Gottes Wille heute wirkt: Unsere eigene Selbstorganisation – an den Fronten des Ich und der Gesellschaft – bestimmt die Wahrscheinlichkeitsverteilung für alle heute wesentlichen Schöpfungsentscheidungen. In uns, in unseren »inneren« Möglichkeiten vor allem, will sich Gott weiterentwickeln. An den Fronten materieller Neuschöpfung muß im Vergleich dazu »Ruhe« sein. Der siebte Tag ist jener, an dem »Gottes Wille«, wie auch der »des Teufels«, vor allem in Form unseres eigenen Willens in die Realität kommt!

Was also wollen wir? Das Gute natürlich, sagt jeder, wenn er auch vermutlich nur ziemlich verschwommen weiß, was er damit meint. Immerhin gehört nun vermutlich für die meisten die Vorstellung dazu, das Leben auf der Erde sollte nicht rasender, einfältiger Vereinheitlichung unterworfen werden – weil sonst die Gefahr eines unumkehrbaren globalen Absturzes zu groß wäre. Ich glaube, die meisten von uns können sich noch vorstellen: Auf den Wurzeln der hergebrachten bewährten Gestalten, einschließlich der eigenen biologischen Gestalt, könnte der Mensch weiter nach der Verwirklichung von Besserem, von Hoffnung und Liebe tasten, ohne diese Wurzeln zu gefährden. Wenn man allerdings von dieser inneren Schau zurückkehrt und den Blick wieder auf die wirkliche Welt richtet, ist man geneigt zu sagen: Das ist ein innerer Widerspruch! Eben die biologischen Wurzeln des Menschen, einschließlich der angeborenen seelischen Strukturen und Verhaltensweisen, *erzwingen* doch seine Gier, seine Herrschsucht, seine Verführbarkeit, seine Rücksichtslosigkeit, seine Trägheit, seine Grausamkeit – nicht wahr? All dies ist doch Wirklichkeit, gehört also zu den »Sachzwängen«, die die Wahrscheinlichkeitsverteilungen für künftige Ereignisse viel stärker beeinflussen als alle noch so naheliegenden attraktiven Ideen!

Wer so empfindet, der ist noch immer Opfer eines »materialistischen«, »reduktionistischen«, ja »deterministischen« Mißverständnisses! Wir haben zwar gesehen, daß im früheren Verlauf des Schöpfungsprozesses innerhalb der jeweils relevanten Generationszeiten nur wenig von den »eingefahrenen« Attraktoren abgewichen wurde (einmal abgesehen von größeren »äußeren Unfällen«, wie etwa dem Zusammenstoß der Erde mit einem Stein von der Größe des Montblanc, der vermutlich vor etwa sechzig Millionen Jahren das Artensterben beim Übergang von der Kreidezeit zum Tertiär bewirkte). Aber woher stammt das Gefühl, auch heute sei die Wahrscheinlichkeitsverteilung für die Wahl zwischen möglichen Zukünften im wesentlichen durch das bereits Verwirklichte bestimmt? Die »Sachen« bestimmten also die Zukunft praktisch zwanghaft? Stammt dieses Gefühl wirklich aus eigener Erfahrung mit biologischen Gegebenheiten und angeborenen Verhaltensweisen? Müßte es uns dann nicht wundern, warum der Mensch in hunderttausend Jahren zu den vielfältigen und hochkomplexen Kulturgestalten vordringen konnte, in denen bis vor kurzem die Menschheit organisiert war? War darunter keine einzige, die aus sich heraus größere Überlebensfähigkeit besessen hätte als die unsere, die schließlich alle anderen nahezu beseitigt hat und nun selbst dem Untergang geweiht ist? Unsinn! Die biologischen Gegebenheiten haben sich doch sicherlich in den letzten Jahrzehntausenden nicht wesentlich geändert! Der Mensch hat sich sehr wohl als »kulturfähig« erwiesen. Er hatte es in vielfältigster Weise geschafft, seine biologischen Voraussetzungen durch die Tradition von Ideen so zu organisieren, daß lebensfähige Gestalten zustande kamen, die sich über viele Generationen hin langsam weiterentwickelten. Von daher gesehen kann also die Lage sicher nicht hoffnungslos sein. Es muß auch jetzt naheliegende lebensfähige Gestalten geben!

Widerspreche ich mir? Habe ich nicht immer betont, daß die globale Beschleunigungskrise unvermeidlich war? Ja – aber das ist kein Widerspruch! Wir sind nun endlich an dem Punkt, an dem wir verstehen können, warum das Wort Krise angebracht ist, das eben nicht *Untergang*, sondern *Entscheidung* bedeutet. Die Unvermeidbarkeit entsprang nicht den genetisch fixierten biologischen und ethologischen Sachzwängen! Es handelte sich um *systemtheoretischen*, also *logischen* Zwang! Irgendeine Kultur mußte durch ihr Tasten irgendwann in den Einzugsbereich der teuflischen Idee von Eile und globaler Herrschaft geraten. Und dann mußte diese die Welt erobern, sie zu den eigenen Götzen bekehren und an den Rand des Untergangs bringen. Doch die Verwirklichung dieses abwärts führenden Attraktors fand nicht auf biologischem Niveau statt! Der Prozeß, in dem der Teufel global in Erscheinung treten konnte, ist nicht in unseren biologisch-ethologischen Grundlagen organisiert, sondern in dem, was wir unsere geistigen Fähigkeiten nennen! Der Fehler zeigt sich erst in unseren höheren Hirnleistungen und in dem, was aus ihnen entspringt! Es ist der Aberglaube, wir könnten schneller die Welt verbessern, als das logisch möglich ist. Es handelt sich um einen fundamentalen Denkfehler – also im wahrsten Sinne des Wortes um eine Geisteskrankheit. Auch der Teufel begegnet dem Menschen nicht als biologisches, sondern als geistiges Phänomen.

»Der Mensch ist doch eine Art wie die anderen auch« – das kann man gerade von Wissenschaftlern oft hören. Aber diese heute so übliche »biologistische« Art, den Menschen anzusehen, stammt aus einem kindischen Mißverständnis von Wissenschaftlichkeit. Ja, natürlich ist der Mensch auch eine Art wie die anderen – aber das ist doch nicht das Wesentliche an ihm! Ja, natürlich können wir sagen, »das Lebendige ist Materie wie jeder Stein auch«, denn es besteht wie dieser aus nichts als Atomen. Und vielleicht können wir sogar eines Tages sagen, »die Materie ist auch nur ein Nichts, wie das Vakuum« – wenn es nämlich etwa der theoretischen Physik gelingen sollte, den Urknall auf »Vakuumfluktuationen« zurückzuführen. Aber sehen wir denn nicht, daß das jeweils Wesentliche in dem höheren Organisationsniveau besteht, das in den unermeßlich vielen Tastversuchen des Schöpfungsprozesses unter unendlich vielen Möglichkeiten gefunden wurde? Das Wesentliche ist eben nicht »der Stoff« – der sich womöglich als »so gut wie nichts« erweisen könnte –, sondern die durch seine Geschichte in ihm angenäherte »geistige Gestalt« oder »Idee«, oder »Information« – wie immer wir die attraktiven Strukturen im Raum der Möglichkeiten stammelnd nennen mögen. Ein Stern ist auf viel höherem Komplexitätsniveau organisiert als ein Elementarteilchen, und das Leben auf viel höherem Niveau als ein Stern, und der Mensch viel höher als das übrige Leben. Nicht in unserer Organisation als lebendige Art sind wir entscheidend »höher«, sondern durch das, was die Entwicklung des Großhirns hinzufügte, also durch das, was wir an uns selbst Seele und Geist nennen, und durch die »Kultur«, die darauf in weiteren Selbstorganisationsprozessen wächst.

Die Naturgesetze und die Formen der Materie und des Lebendigen, die uns vorausgingen und die in uns höhere Möglichkeiten gefunden haben, setzen selbstverständlich Randbedingungen für alles, was wir tun können. Das sind in der Tat uralte »Sachzwänge«. Wir müssen mit der Materie, mit der irdischen Biosphäre, mit unseren Körpern, mit Gesundheit und Krankheit, mit unseren seelischen Wurzeln und Trieben und mit unserer Gescheitheit und Dummheit leben. Was wir mit Aussicht auf Erfolg ändern können und müssen, das sind weder die Atome noch die Grundlagen des Lebens und unserer Gesundheit, sondern unsere Ideen und unsere gesellschaftliche Organisation auf der Grundlage all dieser Gegebenheiten. Sicherlich wird es uns helfen, wenn wir z. B. durch die Beobachtung anderer Primaten klarer erkennen, welche Verhaltensweisen und Emotionen uns »angeboren« sind – also nicht »abgeschafft« werden können, sondern kulturell organisiert werden müssen. Die »materialistische« oder die »biologistische« Betrachtungsweise allein sind aber für diese Arbeit an uns selbst recht nutzlos. Es geht darum zu verstehen, was wir als »geistige Wesen« eigentlich wollen und können. In unserem bewußten Wollen, Denken und Handeln müssen wir die Geisteskrankheit überwinden, die in die globale Beschleunigungskrise geführt hat. Diese »Idee des Teufels« mußte die Menschheit unvermeidlich befallen, und dennoch werden wir sie wahrscheinlich wie das kritische Fieber einer Kinderkrankheit überwinden können. Mit der Einsicht in die Tautologie des Schöpfungsprinzips werden sich Hoffnung und Zuversicht einstellen und Selbstheilungskräfte wecken. Wer wollte nach dem Beispiel der 24 Punkte noch bestreiten, daß es in der erreichbaren Nachbarschaft im Raum der Möglichkeiten wahrscheinlich Besseres gibt als den Untergang...?

Den Teufel überwinden – wie macht man das...? Gerade der Anfang ist im Prinzip ganz einfach; man schämt sich fast, es zu sagen. Die Menschen haben es schon immer gewußt: Wir müssen zunächst einmal das unterlassen, was wir als falsch erkannt haben! Natürlich nicht über Nacht – das geht bei den meisten verwickelteren Aktivitäten nicht, ohne daß noch mehr zusammenbräche. Wir müssen den Abbau des Falschen und Schädlichen offenbar auf raffinierte Weise organisieren, damit gleichzeitig und künftig lebensfähige Gestalten entstehen können, ohne daß die noch erhaltenen, bewährten Zusammenhänge zerstört werden. Woher rührt der verbreitete Pessimismus, dies sei »utopisch«, nämlich gar nicht menschenmöglich? Ist das eine »wissenschaftliche« Aussage? Ich glaube nicht. Es ist das Gefühl der Machtlosen in aller Welt, die noch keine Organisationsform hierfür gefunden haben und die im Überlebenskampf für sich und ihre Kinder nicht einmal danach suchen können – aber es ist auch das Gefühl der Mächtigen, die durch solche Veränderungen ihre Herrschaft und viele bequeme Privilegien verlieren würden und die deshalb in sich selbst und in der Gesellschaft fleißig an ideologischen Stützen für solchen Pessimismus bauen und weiter für den haltlosen Optimismus an der Fortschrittsfront der globalen Beschleunigung werben.

Die Überwindung der globalen Beschleunigungskrise hat selbstverständlich revolutionären Charakter. Eine Instabilität kann ja nicht langsamer als auf ihrer eigenen inneren Zeitskala überwunden werden – und diese liegt nun bei wenigen Jahrzehnten! Lassen wir also die Beschleunigung auch nur eine Generation weiterlaufen, so ist die Entscheidung für den Untergang gefallen. Wo also sind die lebensfähigen revolutionären Ideen, aus denen die Rettung erwachsen könnte? Die Welt ist voll von Ideen, und für manche davon wird mit gewaltigem Kapitaleinsatz erfolgreich geworben. Wo sind Kriterien, die angesichts der Begriffsverwirrung um den »freien Willen« eine Unterscheidung von »Freiheit« und »Willkür« erlauben und in der ungeheuren Menge der Ideen eine vernünftigere Auswahl wahrscheinlich machen würden? Fördert nicht gerade heute eine Mehrheit der Gesellschaftstheoretiker die Hochschätzung der Beliebigkeit? Sind nicht fast alle Menschen vor allem mit sogenannter »Selbstverwirklichung« beschäftigt? Aber warum sage ich das so negativ, ja fast verächtlich? Dies ist doch gerade der wesentliche Schritt über die traditionellen Zwänge hinaus – also auch über die Zwänge, die uns in die globale Krise rasen lassen! Müßte nicht auch heute genau durch solche Selbstverwirklichungsversuche – wie früher in der biologischen Evolution, oder wie auch in der wirtschaftlichen Entwicklung dank Adam Smiths unsichtbarer Hand – schließlich insgesamt etwas Besseres zustande kommen? Ich habe doch die ganze Zeit zu erklären versucht: Auf die übergeordneten, komplexeren Attraktoren wird nicht gezielt; sie werden vielmehr im fortlaufenden Verwirklichungsprozeß durch das vielfältige Tasten mit schwächeren Wechselwirkungen gefunden! Wie sieht das in unserer Krise aus? Wo geschieht das heute?

Überall geschieht es! Neue Fronten der Evolution öffnen sich in unmittelbarer Nachbarschaft unseres gewohnten Denkens. Ich bin ja nicht der einzige Wanderprediger, der versucht, rettende Ideen in die Köpfe zu bringen. Es muß uns überhaupt nicht schrecken, daß so viele falsche dabei sind. Die richtigen haben nämlich durchaus eine Chance, wenn erst einmal in vielen Köpfen Unruhe über die Untergangssymptome eingekehrt ist, wenn dies zu der Einsicht führt, daß wir es nicht mit ein paar kleinen Schnitzern, sondern mit fundamentalen Fehlern zu tun haben, und wenn daraus der Wille erwächst, die Fehler zu erkennen und das als falsch Erkannte zu unterlassen! Genügt nicht schon eine kleine geistige Anstrengung, um klar zu sehen, daß es nicht um immer raffiniertere, immer detailliertere Ideen für eine »richtige Gestaltung der Zukunft« geht, sondern um Verwirklichung und Sicherung von übergeordneten »Leitideen«, also »Randbedingungen«, unter denen »lebensfähige Zukünfte« wachsen können? Daß es nichts hilft, immer schneller »neue Optionen« zu entdecken und – möglichst gleich weltweit – immer schneller zwischen ihnen zu wählen? War es nicht ganz leicht zu verstehen, warum dann das Neue und das Alte wahrscheinlich nicht zusammenpassen, warum dann beide nicht lebensfähig sind und untergehen müssen? Ganz einfach, weil die Lebensfähigkeit nicht in genügend vielen unabhängigen Versuchen und Irrtümern genügend langsam ausprobiert wurde.

Die logischen Voraussetzungen für den Erfolg des Evolutionsprozesses sind offensichtlich »Vielfalt und Gemächlichkeit«, wie ich sie oft schlagwortartig genannt habe. Wäre also nicht ein langes Zusammenleben von Mensch und Biosphäre vorstellbar, wenn es gelänge, aus dieser Einsicht in das Wesen der Fortschrittskrise und in diese »Bedingungen der Schöpfung« die nötige Selbstbeschränkung unserer Freiheit durch die gemeinsame Sicherung neuer Randbedingungen kulturell zu organisieren? Ist die Einsicht in das Wesen der Krise nicht so simpel, daß sie angesichts der überall zunehmenden Wahrnehmung von Untergangssymptomen eine Revolution der Leitideen auslösen könnte? Wer sagt denn, die Götzen der Eile und der Größe seien nicht zu überwinden?

Die Behauptung, dies könne wegen unseres biologischen Erbes nicht gelingen, stammt meist von Leuten, die entweder nicht einmal die eigene geistige Freiheit entdeckt haben, oder die aus ideologisch verkrüppeltem »Darwinismus« glauben, sie müßten diese Freiheit zur Erringung und Sicherung eigener Privilegien benutzen. Von jenen können wir kaum verlangen, daß sie sich plötzlich ändern. Zwar kommen Bekehrungserlebnisse durch überraschende Zufälle vor, aber sie sind nicht sehr wahrscheinlich. Und doch: Haben nicht, wie wir sahen, jahrtausendelang viele menschliche Kulturen die jeweils notwendige Selbstbeschränkung geleistet? Wer wagt es zu behaupten, unsere auf »wissenschaftliche Aufklärung« gegründete Kultur könne dies nun nicht mehr schaffen? Natürlich wird es kaum gelingen, wenn sich alle begabten Menschen in wissenschaftliche Labors verkriechen und für irgendwelche Großdealer an leicht verkäuflichen »Innovationen« basteln. Aber das ist gar nicht mehr wahrscheinlich! Sogar Professoren beginnen, über den Rand ihres Faches hinauszublicken! Auch die intellektuellen Fähigkeiten werden dafür eingesetzt werden, den individuellen und gesellschaftlichen Innovationsprozeß, dieses Abtasten von Ideen zur Verwirklichung lebensfähiger Möglichkeiten, so zu organisieren, daß die Voraussetzungen wirklicher Wertschöpfung eingehalten oder wiederhergestellt werden. Nur unser Bewußtsein selbst kann dies leisten – und natürlich nur in Zusammenarbeit vieler schöpferischer Geister, die das Wesen unserer Krise verstanden haben. Diese Aufgabe, die uns und unseren Kindern bevorsteht, ist die *Selbstorganisation der Freiheit*.

Leicht ist es nicht. Ich ahne schon den nächsten Rückfall: »Selbstorganisation – Gott sei Dank: Es kommt von selbst! Also machen wir's uns wieder bequem und warten wir's ab. Die Evolution macht das schon.« – Hat mich etwa noch immer jemand so verstanden? Also bitte noch einmal: Auf unserer Stufe ist evolutionäre Selbstorganisation genau das, was *in uns* geschieht! Wir selbst sind die Stelle, wo sich unsere Freiheit organisiert – durch unser Fühlen, Wollen, Denken und Handeln. Das wenigste davon geschieht bewußt, und doch ist unser Bewußtsein das Werkzeug, mit dem allein die Möglichkeit gegeben ist, die globale Beschleunigungskrise erfolgreich zu überwinden. Gerade wegen der notwendigen Geschwindigkeit kann die Rettung nur aus derselben Quelle kommen wie die Gefahr. Unser Bewußtsein ist es ja auch, aus dem heraus die Gefahren so schnell und mächtig anschwollen: Wissenschaft und Technik, Politik und Wirtschaft – das alles ist zwar durch die Gesetze der Materie und des Lebendigen mitbestimmt und begrenzt, aber es ist doch erst in menschlichem Bewußtsein entstanden und falsch organisiert worden. Fragt noch immer jemand, der sich gerade ganz wohl fühlt: »Warum falsch?« Warum ist fast alles, was der Mensch heute auf seiner Erde schafft, was er als großartigen Fortschritt und gar als schön betrachtet, in Wirklichkeit nicht lebensfähig?

Daß dies so ist, erkennen wir daran, daß die Erde daran zugrunde geht – genauer: daß nun sogar die ganze irdische Biosphäre bedroht ist. Es kann sich also nicht um eine »kleine Panne« handeln, nach deren Behebung wir auf gewohnte Weise fortfahren dürften. Warum es so kommen mußte, habe ich klarzumachen versucht: Die Logik der Selbstorganisation schuf zwar immer höhere Gestalten, mußte dabei aber die »Eile des Teufels« begünstigen und so weltweit die logischen Voraussetzungen *erfolgreicher* Selbstorganisation beseitigen – eben die »Vielfalt und Gemächlichkeit«, wie ich die »Bedingungen des Fortschritts« nannte. Der Entscheidungskampf unserer Krise geht also nicht um Ziele, sondern um die *Randbedingungen* künftiger Entwicklungen. Für welche Randbedingungen wir uns entscheiden müssen, ist jetzt klar. *Selbstorganisation der Freiheit* wird bedeuten: Das »Große und Schnelle« behindern und so rasch wie möglich abbauen – und uns so jenen Bedingungen wahrer Wertschöpfung wieder annähern.

Gerade das Große und Schnelle hat uns immer fasziniert? Und gerade die Erschaffung und rasche Verbreitung von Dingen, die es nie zuvor gab, erschien uns immer als etwas Grandioses und grundsätzlich Positives? Sollen wir unser Liebstes aufgeben? Dann vielleicht doch lieber den Weltuntergang riskieren!? Schwanken wir deshalb nicht noch immer zwischen zwei ganz anderen, wenn auch einander entgegengesetzten, Denkmöglichkeiten? Erstens: Ob nicht einfach alles falsch ist, was ich sage? Fortschritt führt nun einmal nur nach vorne weiter voran! – Und zweitens: Ob nicht doch schon hinreichend erwiesen ist, daß der menschliche Geist ein Fehlschlag der evolutionären Selbstorganisation ist – oder war? Ein Versuch und ein Irrtum – wie fast alles Geschehene –, nur eben auf globaler Skala, und damit endgültig gescheitert? Dann hätte ja, was immer wir tun, keinen großen Einfluß mehr, und jeder könnte weitermachen wie bisher – solange es noch geht und solange es noch Spaß macht.

Aber nein! Der Versuch ist nicht zu Ende! Was geschieht denn hier und jetzt? In meinem Kopf, in unseren Köpfen? (Und auch die »Herzen« möchte ich nicht vergessen!) Werden wir nicht, wenn wir das Schöpfungsprinzip begriffen haben, alles daransetzen, unsere Freiheit so zu organisieren, daß wir uns selbst und der ganzen Menschheit Schranken setzen? Ist das unwahrscheinlich? Eine zuverlässige Abschätzung der Übergangswahrscheinlichkeiten zwischen derart komplexen Attraktoren traue ich mir nicht zu. Aber ist das Wesen der Krise nicht so leicht zu begreifen, daß es sehr wohl eine Chance geben muß, die Mehrheit der Menschen zu überzeugen? Suchen nicht alle, und nicht nur »Fundamentalisten«, nach einem überzeugenden Fundament? Kann nicht die Einsicht ins Prinzip der Schöpfung eine Art Bekehrung bewirken, ohne daß dazu irgendwelche »Indoktrination« nötig wäre? Dann würde es plötzlich wahrscheinlich, daß sich Menschen über Kriterien einigen, nach denen sie bestimmte Denk- und Handlungsweisen als »wahrscheinlich zerstörerisch« erkennen – ohne sie praktisch ausprobieren zu müssen. Und dann werden sie selbstverständlich Organisationsformen finden, um das Ausprobieren von Katastrophen zu behindern. An Möglichkeiten ist kein Mangel! Wer will schon dem Teufel dienen? Das Problem ist, sich über seine Erkennungsmerkmale zu einigen! Ich glaube, oder ich hoffe, die Einsicht ins Wesen dessen, was ich hier das Schöpfungsprinzip und die globale Beschleunigungskrise nenne, wird die heute so attraktiven Ziele »Eile und Vereinheitlichung« entlarven. Und dann wird erkannt werden: Wir Menschen, als einzelne wie als Gesellschaften und als Menschheit, haben die Freiheit – und ebendeshalb auch die Verantwortung, unsere Freiheit so zu organisieren, daß wir die Bedingungen wirklichen Fortschritts wiederherstellen und dauerhaft, sozusagen verfassungsmäßig, sichern!

Verfallen wir nur bitte nicht in das Mißverständnis, mit dem Erkennen des Bösen hätten wir schon das Gute gefunden. Die gesuchte neue Verfassung wird nicht »das Gute« sein, sondern sie soll die notwendigen Bedingungen sichern, unter denen wahrscheinlich Besseres zu finden ist. Das Tasten und Ringen nach lebensfähigeren Attraktoren wird an anderen Fronten weitergehen. Wie schon viele unserer eindrucksvollsten Vorfahren haben auch wir kein »Bild von Gott«! Die Suche nach Gott ist das, was bleibt, wenn Götzen erkannt und gestürzt sind. Aber sind wir nicht doch ein Stück weitergekommen? Siehe da: Die »Aufklärung« und die »Suche nach Gott« sind gar nichts Verschiedenes!

Ist es vorstellbar, daß wir durch Aufklärung den Aberglauben vertreiben, wir könnten und müßten durch Experten, die die Gesetze der toten und lebendigen Materie und der sogenannten Wirtschaft verstanden haben, in Eile eine bessere Welt bauen lassen? Ist es vorstellbar, daß wir dann im Lauf der nächsten zwei Generationen schnell genug die Fehler reduzieren, mit denen wir nun uns und die Erde in den Untergang steuern? Brauchten wir denn nicht auch zum Gegensteuern schon wieder Experten? wird man skeptisch fragen. Und wiederum schnelles globales Handeln? – Also: »In Eile zur Gemächlichkeit und global zur Vielfalt«? – Ja, natürlich müssen die größten und eiligsten Fehlhandlungen auch schnell und im Großen beendet werden! Das sind nun einmal die von der Krise vorgegebenen Skalen. Es liegt also kein innerer Widerspruch, kein neuer Größenwahn darin, die Eile des Teufels so schnell wie möglich zu bekämpfen und dafür auch weltweit allen vorhandenen Sachverstand zu organisieren! Die »Weltverbesserer« werden weiterhin gebraucht – nur muß eben verfassungsmäßig gesichert werden, daß ihr Sachverstand künftig primär dazu dient, das als falsch erkannte Große und Schnelle zu reduzieren und die gesellschaftlichen Bedingungen zu schaffen, unter denen dann im Kleinen langsam Besseres wachsen kann.

Welche Fehler also müssen wir reduzieren, und wie schnell? Damit das Klima gerettet wird und die Ozonschicht? Damit Wasser, Luft und Böden nicht immer weiter vergiftet werden? Damit nicht immer rascher weitere Arten und Lebensgemeinschaften unter der Wirkung von immer mehr lebensunverträglichen Stoffen verkümmern oder eingehen? Damit wir nicht, nach dem Durchbrechen der Artenschranken, durch hoffnungsvolle Neukombination all der Gene, die im Laufe der biologischen Evolution gefunden wurden, schließlich hoffnungsloses Chaos schaffen? Damit die Menschen nicht noch viel mehr werden und der Baum des Lebens nicht unter dem Wachstum ihrer Zahl und ihrer Ansprüche wie unter einer explodierenden Schädlingspopulation zusammenbricht? Damit nicht immer mehr Menschen ihren Sinn und ihr Glück darin suchen müssen, mehr zu haben als andere? Damit Menschen sich nicht im Kampf um Lebensgrundlagen oder mächtige Wahnvorstellungen gegenseitig bekriegen, vertreiben, foltern und ausrotten? Damit nicht schließlich – womöglich doch noch – durch »Verteidigung« mit Atombomben oder durch sogenannte »friedliche Nutzung« die Erde radioaktiv verseucht wird?

Nun sind wir bei der Politik. Kommen wir zur entscheidenden Frage: Wo sind eigentlich die wesentlichen Fehlstellen der politischen Ideologie und der zugehörigen gesellschaftlichen Organisation? Schließlich wurzeln ja fast all die Untergangsphänomene, von denen wir hier sprechen, in Ideen, die durch Politik zu sogenannten Sachzwängen organisiert werden. Gibt es eine Chance, diese Zwangsherrschaft abzuschütteln?

Der Marsch in die Krise ist auf höchstem gesellschaftlichem Niveau organisiert – und den Eliten, die momentan davon profitieren, gelingt es immer wieder, in sich selbst und beim Volk der Mitläufer Hoffnung und Vertrauen in Strukturen zu wecken, die nicht zusammenpassen: hergebrachte Glaubenslehren und Ordnungssysteme, Marktkräfte, detaillierter Sachverstand und Innovationsfähigkeit von Wissenschaftlern und Juristen ... All das scheint ja gut und vernünftig zu sein – und ist doch irgendwie am Bau und Antrieb der Untergangsmaschinerie beteiligt – und an ihrer Schmierung. Wo soll man da mit dem Bremsen anfangen, wenn doch »alles mit allem zusammenhängt« und womöglich ein unvorsichtiger Eingriff zu noch schnellerer Selbstzerstörung der Maschine durch ihren eigenen Schwung führen könnte? Lassen sich vielleicht im Wirrwarr der politisch-wirtschaftlichen Organisation ein paar »Knackpunkte« finden, von denen bei relativ geringen Eingriffen starke Steuerwirkungen auf die künftige Selbstorganisation ausgehen würden?

Steuern – wohin? Brauchen wir denn nicht vor allem erst einmal ein Ziel? Nein! Ebendies ist ja der Grundirrtum: Eine Clique von gescheiten Leuten guten Willens könne mit ihren Zielvorstellungen das »Wohl der Massen« organisieren ... Haben wir noch immer nicht begriffen, was dabei herauskommt – in Moskau oder womöglich auch in Brüssel? Die Entscheidung darf nicht so sehr zwischen *Zielen* gesucht werden, als vielmehr zwischen »*Randbedingungen*«, das heißt selbstgesetzten Beschränkungen, die uns von erkannten Fehlern fernhalten. *Weg von dem, was wir als falsch erkannt haben!* Das ist die altbekannte Strategie gegen den Teufel. Das Bessere wächst dann »von allein« aus der Freiheit und Verantwortung vieler Beteiligter – wenn diese von »Sachzwängen« unabhängiger geworden sind. Bevor wir uns für die notwendigen Selbstbeschränkungen entscheiden, müssen wir also noch einen schärferen Blick auf die Abhängigkeiten werfen.

VII
Energie – Treibstoff der Krise

Politische Reduktionsstrategien für zerstörerische Technik

Beginnen wir mit einem Beispiel, das im Moment besonders akut ist und auch in meinem eigenen Denken eine Art »Knackpunkt« darstellte, als es mich vor fünfundzwanzig Jahren zur Einsicht in den singulären Charakter der globalen Beschleunigungskrise brachte: das sogenannte Energieproblem. Dieses besteht nicht etwa darin, daß die Menschheit nicht genügend Energie zur Verfügung hätte, sondern ganz im Gegenteil: Es ist zuviel! – Wie bei jeder Sucht: Das wirkliche Problem liegt nicht darin, daß einem die Droge ausgeht, sondern darin, daß man einmal auf das Angebot hereingefallen ist. Wir haben zwar gesehen, daß für die Kreativität unseres Universums dessen Angebot an freier Energie unerläßlich ist, aber wir haben nun auch erkannt, daß für die Lebens- und Entwicklungsfähigkeit neuer Strukturen, die durch Organisation der Energieströme entstehen, entscheidend ist, in welchem zeitlichen und räumlichen Maßstab sie auf ihre Bewährung getestet werden. Wachstum und Vermehrung irgendwelcher Strukturen ist eben nicht gleichbedeutend mit Wertschöpfung. Die logischen Voraussetzungen für Wertschöpfung müssen gegeben sein! Sind sie nicht erfüllt, so bedeutet mehr freie Energie wahrscheinlich nur die Erzeugung von mehr *Entropie*, also den *Abbau* statt den Aufbau wertvoller Komplexität. Und in der Tat war und ist dies der seit Jahrhunderten zunehmende und schließlich vorherrschende Beitrag des Abendlandes.

Schauen wir den eigenen persönlichen Beitrag zur Energie- und Entropiebilanz der Erde an: Durch die Teilnahme an unserer Zivilisation setzt der durchschnittliche Deutsche, wie gesagt, täglich sein halbes Körpergewicht an Kohlendioxid in die Luft frei! Für die Bürger der USA ist es sogar das ganze Körpergewicht pro Tag! Daß dies nicht lange gutgehen kann, war eigentlich schon vor hundert Jahren zu erkennen, aber erst jetzt beginnt ins allgemeine Bewußtsein zu dringen, daß in etwa fünfzig Jahren das Klima der Erde grob verändert sein wird, wenn es mit der Verbrennung von Kohle, Öl und Erdgas so weitergeht. Tatsächlich aber geht die Verbrennung ja nicht nur so weiter, sondern sie nimmt global gesehen sogar zu, wenn nicht ganz radikale Änderungen politisch durchgesetzt werden. Bisher haben ja nur sogenannte zivilisierte Länder, die Industrienationen, daran Teil – also nur etwa ein Fünftel der Menschheit. Die anderen vier Fünftel sind kaum beteiligt. Der durchschnittliche Inder oder Afrikaner leistet dabei einen vernachlässigbaren Beitrag. Wenn er hungert, erreicht er vielleicht insgesamt noch kaum unsere CO_2-Freisetzung durch den Stoffwechsel (das ist weniger als ein Kilogramm CO_2 pro Tag, und obendrein »rezykliert«!). Nur ein Fünftel der Menschen also liefert den Hauptbeitrag zum weltweiten »Treibhausproblem«, wie auch zu den meisten anderen globalen Untergangssymptomen. Wir »Entwickelten« also sind es vor allem, die wir durch unsere Lebensweise die Erde vernichten. Die »Bevölkerungsexplosion« der armen »Unterentwickelten« ist eher ein Begleitsymptom. Wenn wir also etwa nicht nur hoffen, sondern daran arbeiten, daß die nächsten zwei Generationen auf der Erde Gerechtigkeit in dem Sinne zustande bringen, daß auch die anderen endlich bekommen, was wir heute haben – machen wir dann nicht alles noch viel schlimmer?

Wollen wir dennoch anstreben, daß die Menschen etwa bis zum Jahre 2050 überall vergleichbar viel Reichtum und Verbrauch haben, und soll dadurch die jährliche Freisetzung von CO_2 nicht noch ansteigen, so müssen wir also bis dahin unseren Verbrauch an fossiler Energie auf etwa ein Fünftel

des heutigen reduzieren – und die Amerikaner sogar auf ein Zehntel! Das klingt utopisch: Ist es nicht vollkommen unrealistisch, sich vorzustellen, daß wir innerhalb von 50 Jahren unseren Verbrauch bis auf einen Rest von 20 Prozent einsparen oder durch etwas anderes ersetzen könnten? Und obendrein wäre selbst dies nicht genug! Wenn wir es schaffen könnten, so wäre in zwei Generationen der Weltenergieverbrauch noch immer der gleiche wie heute: Auf jeden Bewohner der Erde käme dann im Durchschnitt ein Fünftel des heutigen deutschen Pro-Kopf-Verbrauchs – also eine mittlere »Primärleistung« von einem Kilowatt. (Heute sind es über 5 kW – nicht Elektrizität, sondern alle Energieformen zusammen.) Weniger als zehn Milliarden Menschen werden es dann aber nicht sein können, wenn wir nicht eine Dezimierung durch gewaltige Katastrophen in Betracht ziehen. Die zehn Milliarden sind sozusagen schon unterwegs, ja sie stehen vor der Tür. Zehn Milliarden Kilowatt, zehn Terawatt, das ist aber gerade der heutige kommerzielle Weltenergieverbrauch! Alle Anstrengungen zum Energiesparen würden also die Erde nicht retten, wenn nicht parallel dazu in den nächsten fünf Jahrzehnten obendrein der praktisch vollständige Ausstieg aus der »fossilen Verbrennung« geleistet wird. Wollte man das etwa durch Übergang zur Kernkraft als Primärenergiequelle schaffen, so müßte fünfzig Jahre lang täglich irgendwo auf der Erde ein großes Kernkraftwerk in Betrieb gehen! Und das ginge nicht lange mit den heutigen Typen von Kernkraftwerken – nein, es müßten wohl vor allem »Schnelle Brüter« sein, die noch gar nicht zu technischer Reife entwickelt sind; und hundert Wiederaufbereitungsanlagen kämen noch hinzu – nicht zu reden von den Verwüstungen durch Uranbergbau – nicht zu reden von den sogenannten »Endlagern«, für die bis heute keine vernünftigen Lösungen gefunden wurden – und nicht zu reden vom ständigen weltweiten Transport radioaktiven Materials ...
Der »Weltuntergang durch radioaktive Verseuchung« wäre dann – trotz der Einsparung von vier Fünftel unseres heuti-

gen Energieverbrauchs – wohl kaum weniger wahrscheinlich, als nun der Weltuntergang durch Verbrennung von Kohle, Öl und Gas. Zeigt nicht allein diese pauschale Betrachtung den wahren Charakter des sogenannten Energieproblems? Warum lassen so viele gesellschaftlich führende Leute sich noch immer von sogenannten Experten über die wirkliche Größenordnung unseres Versagens täuschen? Kann nicht jedes Kind nun verstehen, daß es so nicht weitergeht – und daß es zunächst vor allem hier bei uns nicht so weitergehen darf?

In unserer offiziellen Energiepolitik gelten jene Leute als »sachverständig«, die Energie verkaufen wollen. Öl- und Gasgesellschaften, Atomindustrie, Kohleindustrie – sie lassen uns von hochbezahlten, psychologisch geschulten Werbestrategen über hochbezahlte »Medien« erzählen, eine Verbrauchsreduktion auf ein Fünftel und ein Verzicht auf Kernenergie wären undenkbar, utopisch, illusorisch, vollkommen unrealistisch. Das überrascht nicht. Wirklichkeitssinn bedeutet für sie, so weiterzumachen wie gewohnt – ja sogar noch ein bißchen mehr in der gleichen Richtung, denn an der Macht hält sich nur, wer seine Macht weiter ausbaut. Machtpolitik ist nichts Neues. Zu allen Zeiten pflegten große Feldherren diese Art von Realismus bis in den Untergang – nicht nur den eigenen Untergang! Ich habe es noch erlebt, wie »die Massen« unter dem Trommelfeuer des eben entdeckten Mediums Radio auch im Bombenhagel und vor Leichenbergen keine andere Möglichkeit sahen, als ein brüllendes Ja zum »totalen Krieg«. So war eben die Realität! Man könnte ganz allgemein sagen: Den sogenannten Realisten fehlt der Möglichkeitssinn! Sie sind geistig schwerbehindert! Aber macht sie dies nicht eigentlich unzurechnungsfähig? Müssen wir also die Schuld nicht jenen zurechnen, die ihnen die Macht überlassen? – Wer ist das?

Ja – wir sind das. Als Eliten oder als Mitläufer. Wir unterdrücken unsere Zweifel vor allem mit Hilfe der Wahrnehmung, daß ja fast alle mitmachen. Dieser »gesellschaftliche

Grundkonsens« stellt sich vor allem in den »Medien« dar und wird natürlich von jenen, die dort Zugang haben, nach Kräften manipuliert. Die »Medienlandschaft« sieht heute anders aus als zur Zeit von Goebbels' Sportpalastrede. Die Lügen, die freilich auch heute meist in der geschickten Auswahl von Wahrheiten liegen, werden heute nur zu einem kleinen Teil staatlich organisiert und verbreitet. Jene sachverständigen, realistischen Verkäufer können sich für hunderttausend Mark ein paar Minuten im Fernsehen mieten oder eine Seite einer großen Zeitung oder eines Nachrichtenmagazins – falls sie nicht schon das ganze Medium aufgekauft haben. Dort lassen sie dann beispielsweise glückliche, schöne, kluge Menschen erzählen, daß elektrische Heizung billig und umweltfreundlich ist, und ganz besonders vertrauenswürdige Herren dürfen klarmachen, warum der Verzicht auf Atomenergie unrealistisch wäre. Die Selbstorganisationskräfte zur »Gleichschaltung« des politischen Mehrheitswillens kommen heute fast ohne Gewalt und sichtbare Bosheit zum Zuge. In fortgeschrittenen Gesellschaften genügt dem Teufel das Geld – und es ist nicht einmal mehr festlicher Götzendienst mit größeren Opferzeremonien nötig, um es einzusammeln. Die Mehrheit opfert schon durch die Befriedigung der eigenen suchtartigen Bedürfnisse – und obendrein organisiert sie sogar noch auf demokratischem Wege, daß die Großdealer ihren Aufwand für Verdummung und Verführung als »Werbungskosten« von der Steuer absetzen dürfen. So läßt sich doch wenigstens ein Teil des Verbraucherpreises der Drogen auf die Enthaltsameren umlegen! Kein Wunder, daß es die Mehrheit so will, die ja schon eine Mehrheit von Abhängigen ist – oder? Will ich etwa an den Grundfesten der demokratischen Gesellschaft und der freien Marktwirtschaft rütteln?

Aber bleiben wir noch einen Augenblick beim Energieproblem. In den letzten beiden Jahrzehnten ist hier die Diskussion vor allem von Leuten vorangebracht worden, die offiziell nicht als Energie-Fachleute gelten, die sich aber oft viel umfassender mit den Dingen beschäftigt haben als jene Experten für Produktion und Verkauf. Dank dieser Horizonterweiterung sind wir nun immerhin soweit, daß sich bis in die Klima-Enquête-Kommission des Bundestages hinein die Meinung durchzusetzen begann, daß wir sehr wohl unseren Energieverbrauch allmählich auf ein Fünftel reduzieren und parallel dazu erreichen könnten, diesen Restbedarf schließlich allein aus der Sonne zu decken. Immerhin strahlt die Sonne bei uns auf jedem Quadratmeter jährlich den Energiewert von hundert Litern Öl ein – und auch die Energie aus Wind, Wasser und Biomasse ist im weiteren Sinne Sonnenenergie. – Von den mächtigen wirtschaftlichen Strukturen, an deren Röhren und Drähten wir hängen, um Energieströme zu dissipieren, können wir naturgemäß kaum erwarten, daß sie uns helfen, uns von ihnen unabhängiger zu machen. Vielmehr setzen sie einen wachsenden Teil des von uns an sie zurückfließenden Geldstromes für »Informationsarbeit« ein, um uns Angst vor dem »Mangel an Arbeitsplätzen« zu machen und vor dem kargen Leben, das uns ohne sie bevorstünde. Mancher Zyniker glaubt, die allgemeine Sucht werde stets genügend Geld zurückfließen lassen, um durch immer wirkungsvollere Propaganda die Einsicht in die Notwendigkeit einer Entziehungskur zu unterdrücken. Auch die Medien gehörten schließlich weitgehend zu jenem Gesamtsystem von Drähten und Röhren zur allgemeinen Ver- und Entsorgung. Ich sehe da aber nicht ganz so schwarz: Gegen die Einsicht in Selbstverständlichkeiten kämpfen auf die Dauer selbst Götter vergebens!

Auch Organisationen wie der »Informationskreis Kernenergie« werden nicht die Einsicht aufhalten, daß wir mit nur einem Fünftel unseres Energieverbrauchs nicht Not leiden oder andere schreckliche Nachteile in Kauf nehmen müßten. Die Selbstorganisation der Heilungskräfte wird ja gerade dazu führen, daß viele, ja fast alle von uns ihre gutbezahlte Arbeit darin finden, den Energieverbrauch und die von ihm genährten zerstörerischen Aktivitäten zu reduzieren. Da gibt es sicher genug zu tun! Der überwiegende Teil unseres Verbrauchs wird ja heute verschwendet – freilich ohne dabei spurlos zu verschwinden! Pointiert gesagt: Fast der gesamte Energieeinsatz dient direkt oder indirekt der Produktion von Abfall, Gift, Schund und Streß. Nicht nur wegen des drohenden Treibhausproblems also sollte fast der gesamte heutige Energieeinsatz innerhalb der nächsten etwa 50 Jahre abgeschafft werden! – Und mit welcher Reduktionsstrategie ist dies erreichbar? Wieviel vom jeweiligen Bestand müssen wir denn jedes Jahr einsparen, wenn wir in 50 Jahren bei jenen 20 Prozent angelangt sein wollen, die dann mit Sonnenenergie gedeckt werden? Eine kleine »Diskontrechnung« auf dem Taschenrechner zeigt es: Unsere Gesellschaft muß 50 Jahre lang jedes Jahr drei Prozent weniger Energie verbrauchen als im Jahr zuvor! Am besten vom nächsten Jahr ab – denn sonst wächst der notwendige Prozentsatz. – Ich kann hier nicht auf Einzelheiten dieser logisch unabweisbaren »Minus-drei-Prozent-Strategie« für den Energieverbrauch eingehen, will aber wenigstens an ein paar Punkte erinnern:

Gebäudeheizung macht bei uns noch immer über ein Drittel des Primärenergieeinsatzes aus, doch wird sich im Lauf der nächsten Jahrzehnte der Bedarf an Heizenergie allmählich sogar auf weniger als ein Fünftel seines heutigen Wertes reduzieren lassen, wenn die Gebäude gut wärmegedämmt und alle neuen schon in ihrer Bauweise der Nutzung von Sonnenenergie angepaßt werden. Amory Lovins, seit bald zwanzig Jahren einer der kreativsten Leute in der theoretischen Vorbereitung und praktischen Verwirklichung der Verbrauchsreduktion, hat in den Rocky Mountains auf 2200 Meter Höhe sein Wohnhaus und Institut für 40 Mitarbeiter so gebaut, daß der gesamte Energiebedarf fast ausschließlich von der Sonne gedeckt wird – die dort kaum mehr scheint als bei uns. Die dafür notwendigen Bautechniken sind auf längere Sicht keineswegs unerträglich teurer als die heute üblichen. Man darf sich bei der Beurteilung langfristiger Möglichkeiten nicht von den extremen Kosten der bei uns versuchsweise errichteten »Nullenergiehäuser« abschrecken lassen, in deren Planung Spitzenleistungen aus der Raumfahrttechnik oft eine wichtigere Rolle spielen als die Kosten.

Der Verbrauch im Verkehr ließe sich ebenfalls schon mit heute verfügbarer Technik erheblich reduzieren. Das durchschnittliche Auto müßte keineswegs zehn Liter pro hundert Kilometer verbrauchen. Es ginge und geht schon heute mit einem Viertel davon, und mit raffinierteren Konzepten wird man sogar auf weniger als ein Zehntel kommen. Der eben erwähnte Amory Lovins ist jetzt z. B. auch an der Entwicklung eines neuen Autotyps beteiligt, in dem der Motor eines sehr leichten und widerstandsarmen Autos völlig gleichmäßig laufen würde und nur die mittlere Leistung bringen müßte: Dabei würden nämlich ständig relativ kleine Batterien aufgeladen und die Räder einzeln elektrisch angetrieben. Die bei Beschleunigung und Bergfahrt stark erhöhte Leistung muß dann nicht mehr vom Motor aufgebracht werden, und beim Bremsen wäre Energie rückgewinnbar. So entfielen besonders wichtige Verschwendungsursachen. – Weitere wichtige Beiträge zur Treibstoffeinsparung und Schadstoffreduktion müßten natürlich über die Verkehrs- und Steuerpolitik geliefert werden – etwa die Ersetzung großer Teile des Individualverkehrs durch öffentlichen Verkehr und die Verkehrsvermeidung durch Übergang zu anderen Strukturen bei Wohnen, Arbeiten und Freizeit. Schließlich ist ja das Überhandnehmen des Autoverkehrs auch ohne die Luftschadstoffe eine Plage. Können wir nicht bald sagen: Der billigste Lagerraum ist ein auf den Straßen herumfahrender Lastwagen? – Übrigens muß auch eine Abnahme des Flugverkehrs (statt der meist für selbstverständlich gehaltenen weiteren Zunahme) Teil der Reduktionsstrategien werden – und auch hier nicht nur wegen der Gefährdung der hohen Atmosphäre und des Klimas, sondern auch, weil weit von zu Hause die Menschenmassen selbst eine heimtückische Umweltgefährdung darstellen... Auch für die Freiheit der »Mobilität«

wird es Grenzen geben, denn das Wohnen in einer unverkäuflichen »Heimat«, für die man selbst mitverantwortlich ist, muß Vorrang vor der Reiselust haben. Darf ich hier an meinen alten scherzhaften Vorschlag erinnern, Touristen nur nach Bestehen einer Sprachprüfung ins Land zu lassen?

Wenn man Möglichkeiten der Landwirtschaft studiert, entdeckt man besonders viele Punkte, an denen das Energiesparen unmittelbar mit der Reduktion anderer ökologischer und sozialer Schäden verknüpft wäre: Kunstdüngererzeugung ist besonders energieintensiv, und die heutigen Methoden der Kunstdüngung zerstören langfristig die Böden. Die von der Industrie propagierte und durchgesetzte »grüne Revolution« erwies sich nicht als lebensfähige Idee, sondern als eines der Leitsymptome der globalen Beschleunigungskrise! Die Landwirtschaft beseitigt im Laufe von ein bis zwei Menschenaltern ihre eigenen Grundlagen durch massive Förderung der Bodenerosion. Bildlich gesprochen füllt jeder US-Bürger täglich eine Schubkarre mit Ackererde, um sie in einen Fluß zu kippen oder vom Wind fortblasen zu lassen! (Es sind gerade wieder 35 kg – dieselbe Zahl wie bei unserem täglichen CO_2-Beitrag!) Und der verbleibende Boden wird mit immer raffinierteren »Bioziden« abgetötet und obendrein mit langlebigen oder gar praktisch unendlich dauerhaften Lebensgiften angereichert. Ein Übergang zu lebensverträglicherer Lebensmittelproduktion ist also unvermeidlich. Damit fällt dann aber auch ein großer Teil der chemischen Produktion fort. Heute kommt etwa stündlich eine neue Chemikalie auf den Markt, ohne daß viel gefragt wird, wie sie auf längere Sicht in die Biosphäre paßt... – Wenn dann das Bewußtsein für gesunde Ernährung wächst und so allmählich die energie- und chemieintensive Fleischproduktion abnimmt, wird auch endlich der Skandal aufhören können, daß in vielen Ländern Menschen hungern, weil sie den Grundeigentümern nicht soviel fürs tägliche Brot zahlen können, wie unsere Importeure fürs Schweinefutter. Erinnern wir uns: Alle zwei Sekunden stirbt ein Kind an

Hunger – und in diesen zwei Sekunden wächst die Zahl der Menschen weltweit um zehn an – doch in denselben zwei Sekunden werden fünfzig Schweine geschlachtet und von den Reichen der Erde verzehrt.

Auch in der Güterproduktion ist das Energiesparpotential noch viel größer, als üblicherweise behauptet wird. Es geht ja hier nicht nur um einen höheren Wirkungsgrad der benutzten Maschinen und Verfahren, sondern auch um den Übergang zu ganz anderen Verfahren und zu anderen Produkten – z. B. aus Rohstoffen, die viel weniger Energieeinsatz erfordern. Alte Leute erinnern sich wohl noch an hölzerne Fensterrahmen oder an Korbmöbel ... Was könnte nicht alles aus »nachwachsenden Rohstoffen« gemacht werden – anstelle von Kunststoff oder Aluminium! Oder: Wäre es gar wieder möglich, den Winter ohne Erdbeeren durchzustehen ...?

Aber mit der Frage, welche Produkte eigentlich »die Wirtschaft« vorzugsweise liefern wird, sind wir nun schon weit über das engere Energieproblem hinaus vorgedrungen. Die Entwicklung von »Wohlstand ohne Energieverschwendung und Raubbau an Rohstoffen« wird selbstverständlich mit weitreichendem Strukturwandel einhergehen, der auch die Organisation von Kapital und Arbeit und damit die Entstehung der »Preise« erfaßt. Verschwendung aller Art wird dann teuer, und die Zerstörung unserer Wurzeln unbezahlbar werden. Wenn sich nun die Einsicht zu verbreiten beginnt, daß fast alles, was Menschen heute produzieren und verbrauchen – also fast die gesamte heutige »Versorgung und Entsorgung« –, innerhalb weniger Jahrzehnte die Grundlagen des höheren Lebens auf der Erde zerstört, dann werden selbstverständlich immer mehr Leute über vernünftigere Produkte, Produktionsweisen und Produktionsbedingungen nachdenken. Und wenn dann diese Einsicht bei einer Mehrheit angekommen ist, wird dies unaufhaltsam zu neuen Formen politischer Selbstorganisation führen und die Bedingungen von Nachfrage und Angebot drastisch verändern. Ansätze dazu sind ja sogar schon in unserer heutigen politischen Diskussion zu erkennen: Manche Leute, die mich noch vor zehn Jahren mit Pol Pot verglichen, wenn ich auf die Notwendigkeit politischer Organisation zur Selbstbeschränkung der eigenen Gier und Dummheit hinwies, beteiligen sich nun immerhin bereits am Nachdenken über eine »ökologische Steuerreform«. Anfangen wird diese Reform mit einer Besteuerung der offensichtlichsten Dummheiten – vor allem also der in alle Dummheiten einfließenden Energie. Menschen sind nämlich durchaus fähig und willens, daran mitzuwirken, daß nicht nur den Schwächen anderer, sondern auch ihren eigenen Schwächen institutionelle Schranken gesetzt werden. Das Gerede, »die Menschen wollten nun einmal auf nichts verzichten«, ist ein Ablenkungsmanöver. Sogar Weinliebhaber sind meist dafür, »Alkohol am Steuer« zu verbieten ... Wer weiß, ob nicht in weiteren zehn Jahren die Diskussion über eine grundsätzliche Besteuerung des »Großen und Schnellen« beginnen wird?

Schon das Steuern gegen die »Dummheit des Energieverbrauchs« könnte alle anderen Steuern ersetzen: Sämtliche heute in Deutschland erhobenen Steuern (jährlich 750 Milliarden Mark) kämen herein, wenn pro Kilogramm freigesetzten Kohlendioxids 70 Pfennig erhoben würden – oder 20 Pfennig pro Kilowattstunde Primärenergie. Sonnenenergie wäre natürlich auszunehmen ...

Eine ökologische Steuerreform, die dafür sorgt, daß alle als schädlich erkannten Produkte systematisch verteuert werden – nämlich mit langfristig geplanten Strategien einer Steuerzunahme um jährlich »plus-x-Prozent« entsprechend der Größe und Eile der wahrscheinlich mit ihnen verknüpften Probleme –, eine solche Steuerreform wird über wenige Jahrzehnte hinweg zu völlig verändertem »Bedarf« und damit zu einem ganz neuen Produktangebot führen. Der Schrecken, der sich heute bei fast allen einstellt, wenn von dem erforderlichen krassen »Strukturwandel« die Rede ist, wird als unbegründet erkannt, wenn man sich klarmacht, daß das »Steuern durch Steuern« nicht über Nacht und auch nicht in den zwei Jahren nach einer Wahl, sondern im Zeitmaßstab von ein bis zwei Generationen erfolgen muß. Das ist immer noch genügend Zeit, um auch die sozialen Vorteile, die ein lebensfähigeres Gesellschaftssystem mit sich bringen wird, so gerecht zu verteilen, daß fast alle dabei gewinnen. Deshalb wird sich hoffentlich nach der nun notwendigen Denk- und Aufklärungsarbeit überall eine deutliche Mehrheit finden, die an der Verwirklichung attraktiverer Ideen mitwirkt und sich dabei von den wirklichen »Panikmachern«, die Angst um ihre Privilegien haben, nicht mehr wird bange machen lassen.

VIII
Die Befreiung der Marktwirtschaft vom Kapitalismus

Die Idee des Eigentums an Lebensgrundlagen

Spätestens hier natürlich dürften die Hoffnungen der meisten Leser von Zweifeln bedrängt werden. Wer denkt denn noch, wenn die Sachzwänge immer schnelleres Reagieren erzwingen? Und wie soll Aufklärung eine Chance haben, wenn alle an den »Medien« hängen, die ja nicht an Ideen interessiert sind, sondern an Auflagenhöhen und Einschaltquoten? Warum? Weil sie vom Geld kontrolliert werden, dessen Ziel heute geradezu definitionsgemäß die Geldvermehrung ist! Eine einfachere attraktive Idee ist doch kaum vorstellbar! (... einmal abgesehen von dem vorhin erwähnten »Schwarzen Loch« ...) Der wirtschaftliche Selbstorganisationsprozeß hat nun einmal das Geld zur wesentlichen Lebensgrundlage aller Menschen werden lassen. Und die Menschen sind gezwungen, um ihre Lebensgrundlagen zu konkurrieren. Für das Tasten nach lebensfähigeren Ideen bleibt da kaum Spielraum. Wie also soll die Einsicht, daß wir heute fast alles falsch machen, und der Wille, die Fehler zu unterlassen, in die Köpfe einer Mehrheit kommen? Es leben doch alle von ebendiesen Fehlern!

Wir müssen in der Tat noch einen entscheidenden Schritt weitergehen. Es läßt sich nicht mehr hinter Tabus verstecken: *In den Grundideen unseres Wirtschaftssystems steckt ein Wurm*. Allerdings ist es, Gott sei Dank, keineswegs »naturgesetzlich verboten«, daß wir seiner Herr werden, wenn wir ihn entdeckt und seine Natur verstanden haben. Darf ich ihn benennen? Leicht fällt es mir nicht. Ich weiß, es klingt obszön – wenn nicht gar so ketzerisch, daß man brennende Scheiterhaufen zu schnuppern glaubt. Aber schließlich gehört zu jeder Reformation irgendwann dieses »Hier stehe ich, ich kann nicht anders«. Also wagen wir es auszusprechen: Die Organisationsmuster der globalen Beschleunigungskrise sind ganz eng verknüpft mit der Idee, es gebe ein Naturrecht auf *Einkommen aus Eigentum.*

Einkommen aus Eigentum – zum Erwerb von noch mehr Eigentum. Diese uralte Grundidee der kapitalistischen Wirtschaftsordnung ist nicht weiterhin lebensfähig! Dieser Attraktor erzwingt den Fortschritt – genau dies macht ja seine Attraktivität aus –, aber er führt nur bis zum Höhepunkt der Krise aufwärts. Hier bricht er zusammen und führt abwärts, steiler und steiler – »zur Hölle«, wie wir gesehen haben. Es muß uns eigentlich nicht mehr wundern, daß sich nun »die Wirtschaft« als wesentlicher Regelmechanismus des drohenden Weltuntergangs erweist. Alle Welt spricht doch ständig davon, daß »die Wirtschaft die Welt regiert«. Also müssen wir in den wirtschaftlichen Grundideen die Knackpunkte suchen. Ich bin nicht der erste, der einen solchen gefunden zu haben glaubt, aber ich hoffe, ich habe ihn im Wirrwarr der Ideen etwas deutlicher herausgearbeitet. Nach der Vorarbeit, die wir hier geleistet haben – mit der Einsicht ins Schöpfungsprinzip und in die Systemtheorie von Gott und Teufel –, haben wir vielleicht die Chance, uns zu einigen: Die Überwindung der Krise, das Einsetzen des Heilungsprozesses in der menschlichen Gesellschaft, die Gesundung der von ihr geplünderten und vergifteten Biosphäre – dies kann nicht gelingen ohne eine *Befreiung der Marktwirtschaft vom Kapitalismus!*

Die gängigen Wirtschaftstheorien haben offenbar entweder gar keine oder falsche Vorstellungen über die Prinzipien der Wertschöpfung. Was produziert wird und einen Käufer findet, ist ein »Gut«. Güter können nicht schlecht sein. Und ihr Wert ist definiert durch den Preis. Sofern eine Begründung dieser Vorstellungen überhaupt versucht wird, läuft diese zwar letztlich meist, wie auch bei mir, auf die Prinzipien evolutionärer Selbstorganisation hinaus – denn der »Darwinismus« ist inzwischen praktisch von allen Wissenschaftlern in seinem tautologischen Wesen akzeptiert –, jedoch will seltsamerweise kaum einer der Experten dessen Pferdefuß wahrnehmen: die mit dem Evolutionsprinzip unvermeidbar verknüpfte teuflische Singularität der globalen Beschleunigungskrise. Der so einleuchtende systemtheoretische Gedanke – die logische Notwendigkeit von *Vielfalt und Gemächlichkeit als Bedingungen des Fortschritts* –, die Einsicht nämlich, daß wegen der Endlichkeit der Erde und der Reifedauer des Individuums *Grenzen für die räumlichen und zeitlichen Skalen erfolgreicher Entwicklungsprozesse* existieren und daß die Überschreitung dieser Grenzen nur zu verhindern ist, wenn in diesem Prozeß selbst die entsprechenden Beschränkungen organisiert werden – dieser Gedanke scheint Wirtschaftstheoretikern noch immer völlig fremd zu sein. Die Ideen über Eigentum und Geld und die sich daraus ergebenden »Gesetze des Marktes« haben für sie den Charakter von Naturgesetzen, obwohl sie doch erst seit ein paar Jahrtausenden oder Jahrhunderten verfolgt werden – und obwohl doch ebendiese Ideen die Globalisierung und Beschleunigung organisieren und dadurch in die entscheidende Krise führen mußten. Wirtschafter und Politiker müssen also endlich begreifen, daß sie es nicht mit Naturgesetzen zu tun haben, sondern mit der Logik; daß die Logik der Selbstorganisation in der Krise auf einem endlichen Planeten die Schaffung räumlicher und zeitlicher Beschränkungen des freien Marktes erfordert; und daß der entsprechende kreative Prozeß nicht unter den gegenwärtigen ideologischen Randbedingungen irgendwie »von selbst« im Wirtschaftsgeschehen ablaufen kann, sondern nur durch bewußte Erkenntnisarbeit und anschließende planvolle Verwirklichung neuer Randbedingungen.

Der grundlegende Denkfehler hängt eng zusammen mit dem mehrfach erwähnten Mißverständnis des klassischen

»Materialismus« und »Sozialdarwinismus«: Die Menschen seien »eine Art wie die anderen auch« und ihre wesentliche Aufgabe sei daher ihre Konkurrenz um die Lebensgrundlagen. Wie alle anderen Tiere hätten sie ein »Naturrecht« auf Ausbeutung der Schwächeren und der ganzen Umwelt, denn dies sei nun einmal das Prinzip der Evolution. Viele wissenschaftlich Denkende haben noch große Schwierigkeiten, sich klarzumachen, wo hier das Mißverständnis liegt, und es gelingt ihnen deshalb nicht einmal, sich selbst von ethischen Grenzen ihres Handelns zu überzeugen. Ich hoffe, ich habe nun innerhalb des wissenschaftlichen Weltbildes davon überzeugen können, daß eine Art von hochintelligenten, egoistischen Tieren nach dem Erreichen der globalen Skala in der Tat nicht lange lebensfähig sein könnte – daß aber, »Gott sei Dank«, die evolutionäre Selbstorganisation der Intelligenz unvermeidlich über die »biologische Idee des Tieres« hinausgeführt hat. Wenn dieser Prozeß in den Einzugsbereich der globalen Beschleunigungskrise gerät, ist er mit der Schaffung von Bewußtsein und Gewissen längst weit über das Niveau intelligenter Konkurrenz um Lebensgrundlagen hinausgelangt. Und auf dem neuen Niveau gibt es selbstverständlich weiterhin Chancen!

Wir sind, wie man sagt, »zu Höherem berufen« – und die Geistes- und Kulturgeschichte zeigt, wie viele höhere Möglichkeiten uns erreichbar sind. Nur müssen wir zunächst die im Evolutionsprinzip selbst verankerte Krise meistern, indem wir Verteilung und Nutzung der Lebensgrundlagen lokal und global so organisieren, daß diese nicht zugrunde gerichtet werden und daß alle Menschen genügend daran teilhaben, um nach ihren Kräften an diesem »Höheren« mitarbeiten zu können. Die Selbstorganisation der Freiheit muß also bei den Grundprinzipien der sogenannten »freien Wirtschaft« beginnen, die heute alle Lebensgrundlagen kontrolliert. Evolutionärer Fortschritt wird auch weiterhin immer durch »Konkurrenz« geschehen – daher die Bedingung der »Vielfalt« –, aber wir müssen Randbedingungen finden, unter denen die Menschen nicht um ihre biologischen und seelischen Lebensgrundlagen konkurrieren müssen, sondern um jene ganz anderen »höheren« Werte, die dann freilich wieder »ganz von selbst« in den Köpfen und Herzen wachsen werden!

Zwar hat schon Adam Smith, der Großvater des Liberalismus, der den erfolgreichen Selbstorganisationsprozeß im Zusammenwirken aller wirtschaftlichen Einzelinteressen mit dem Bilde der »unsichtbaren Hand« beschrieb, durchaus eingesehen, daß die Gesellschaft durch politische Organisation auch dem Wirken dieser unsichtbaren Hand gewisse Randbedingungen vorgeben muß, aber es gab bis heute kaum wohlbegründete, allgemein akzeptierte Kriterien, um sich darüber zu einigen und zu entscheiden, wo ganz konkrete Selbstbeschränkung notwendig wäre. Nicht einmal das geltende Kartellrecht wird ja durchgesetzt, weil sich selbstverständlich im Einzelfall praktisch immer nachweisen läßt, daß das Größere größere »Wachstumsimpulse« bringt, und weil ebendiese als das höchste gesellschaftliche Heil gelten. Und obwohl inzwischen sogar schon das Statistische Bundesamt sich bemüht auszurechnen, welcher Anteil des Bruttosozialprodukts eigentlich nicht positiv, sondern negativ zu zählen wäre, ja obwohl absehbar ist, daß bald der überwiegende Teil mit einem Minuszeichen zu versehen wäre, wird doch dieses Sozialprodukt weiterhin als »Wertschöpfung« betrachtet und definiert deshalb das »Wachstumsziel« der Gesellschaft. Ist der Gebrauch des Wortes »Wertschöpfung« eine verzeihliche sprachliche Nachlässigkeit oder Ausdruck der tief verwurzelten Geisteskrankheit, der wir hier auf die Spur kommen wollen?

Ich kann nicht auch noch die Formulierung einer besseren Wirtschaftstheorie zu liefern versuchen, aber da ja Fragen nach den politisch-wirtschaftlichen Grundlagen aus der öffentlichen Diskussion schon lange weitgehend ausgeschlossen sind und daher meine bisherigen Andeutungen vielen Lesern recht schleierhaft, ja spinnerhaft erscheinen dürften, muß ich wohl doch etwas deutlicher machen, warum der falsche wirtschaftliche Wertschöpfungsbegriff und das Eigentumsrecht »Knackpunkte« sind. Zunächst ist ja klar, daß die wesentlichen Organisationsmuster, die uns der Entscheidung zwischen Gesundung und Untergang näherbringen, also uns weiter in die Krise hineintreiben, seit dem letzten Weltkrieg – spätestens seit dem Höhepunkt des »kalten Krieges« – nicht mehr militärischer, sondern wirtschaftlicher Natur sind. Zwar spielten die »Kapitalinteressen« auch schon bei der Entstehung der Weltkriege eine wesentliche Rolle, aber nun sind sie beherrschend geworden. Für die Anführer in der gegenwärtigen Weltgeschichte, die »führenden Industrienationen«, sind heute nicht mehr überwiegend militärische Macht und die Besetzung und Verwaltung möglichst vieler eroberter Gebiete attraktiv, sondern eine Führungsposition in der sogenannten Weltwirtschaft. Nun ist zwar die Ersetzung grausamer Eroberungskriege durch den Welthandel ein offensichtlicher Fortschritt und löst deshalb in uns positive Gefühle aus – doch beweist dies leider nicht eine bessere Lebensfähigkeit dieser Idee. Auch diese Art der Organisation von Machtkonkurrenz kann nur ein kurzlebiges Durchgangsstadium sein.

Die Ersetzung des Erobererdiktats durch das Diktat der »terms of trade« wiederholte ja, nun auf größerer Skala, die Abschaffung der Sklaverei – und deren Ersetzung durch raffiniertere Formen der Ausbeutung: Das altmodische Eigentum an Menschen konnte durch die rasch fortschreitende kapitalistische Organisation der Gesellschaft überwunden werden, weil für die Reichen und Herrschenden gar kein Verlust eintrat. Sie konnten sich ja nun statt der Menschen deren Lebensgrundlagen aneignen. Die Diener gehörten ihnen zwar nicht mehr, aber diese mußten nun »das Kapital bedienen«. Das erscheint als viel moralischer und natürlich viel rationeller. Wer leben und gar Kinder großziehen will, braucht Essen und Wohnung und auch sonst allerlei. Und wann immer ein Mensch etwas braucht, wächst bei einem anderen dadurch das Kapital. Wer sich also Lebensgrundlagen anderer Menschen aneignen kann, für den werden diese zu lauter Goldeseln. Das Kapital wächst an – ohne jedes eigene Zutun –, und mit dem Zuwachs kann sich der Eigentümer Lebensgrundlagen von noch mehr Menschen aneignen. Dieser Prozeß geschieht nun – wie gesagt, nicht mehr nur im Rahmen unserer Volkswirtschaften (wo ihn ja Selbstorganisationsprozesse der letzten hundert Jahre durchaus auch eingeschränkt haben), sondern im Rahmen der »Weltwirtschaft« – immer schneller auf globaler Skala.

Nicht Armeen von Millionen Soldaten müssen sich für diese Eroberungsfeldzüge noch bewegen – nur die Finanzmilliarden schwappen um den Globus – dorthin, wo noch Lebensgrundlagen von Völkern oder Quellen von Suchtmitteln zu ergattern sind. Wenn ich mich recht erinnere, bewegt sich in diesem Raubzug täglich eine Spekulationsmasse von über hundert Mark pro Erdbewohner – also bald eine Billion pro Tag auf der Suche nach Beute! Und die ärmeren Länder »schulden« den reicheren ein Vielfaches von dem, was sie je von diesen als Kredit erhalten haben – obwohl sie obendrein all ihre Ressourcen von ihnen ausplündern lassen mußten – und müssen! Die Entlassung der Völker aus der direkten Sklaverei hat also deren Abhängigkeit nicht vermindert, und wo sie etwa doch zu mehr Wohlstand kommen, da ist dieser von der gleichen Art wie der unsere – gespeist vom gleichen Treibstoff, in den Geleisen des gleichen Attraktors voranrasend –, also nicht lebens- und zukunftsfähig, sondern dem Untergang geweiht. Jeder »Wachstumsschub« ist ein Schub dieser Krankheit, das Hochgefühl der »Konjunktur« ist wie die kurze Euphorie des Süchtigen nach seinem »Schuß«. Nur weil unsere Schüler, die sogenannten »Schwellenländer«, später als wir in die Fänge der Sucht gerieten, kommen sie vorerst noch mit einer geringeren Dosis aus. Manche freilich, die besonders eifrig auf der Suche nach härterem Stoff sind, werden schon zur echten Konkurrenz und haben vielleicht sogar noch eine Chance, uns vor dem Ziel zu überholen. Was war doch gleich das Ziel dieses Rennens – die Preisfrage in diesem Wettbewerb? – Ach ja: Wer besitzt die meisten Lebensgrundlagen, wenn endlich der Tod kommt?

Ganz grob läßt sich die Eigentumsverteilung heute in fast allen Ländern oder auch auf der ganzen Welt folgendermaßen beschreiben: Man stelle sich die Menschheit als eine in zehn gleiche Stücke geteilte Torte vor und alles Eigentum als eine zweite solche Torte – und nun ordnen wir den Stückchen der ersten Torte den zugehörigen Anteil an der zweiten zu. Schneiden wir die Torten entsprechend auf: Einem Zehntel der Menschen gehört die Hälfte von allem – also dem ersten Stückchen der einen Torte die Hälfte jener anderen; dem zweiten Zehntel gehört die Hälfte vom Rest, also ein Viertel; dem dritten Zehntel wiederum die Hälfte vom Rest, also ein Achtel – und so weiter. Was wir mit der zweiten Torte machen, nennt man bekanntlich »geometrische Progression«. Wie man das nennt, was ich hier tue? Ich schüre Neidkomplexe! Und ich habe mir nicht einmal die Mühe gemacht, wie es sich für einen Wissenschaftler gehörte, die exakten Zahlen zu recherchieren. Das ist auch gar nicht so einfach – aber ich bin ziemlich sicher: Es läuft in praktisch allen Ländern, wie auch weltweit, im Prinzip aufs gleiche hinaus – wie übrigens auch die Aufteilung innerhalb des ersten Zehntels das gleiche Prinzip fortsetzt. Auf die lokalen Unterschiede kommt es mir jetzt nicht an und auch nicht darauf, einem Land die »Spitzenstellung« einzuräumen.

Aber: Was will ich denn eigentlich? Gehört nicht nach dieser Rechnung zur zweiten Hälfte der Menschheit immer noch ein Zweiunddreißigstel und zum letzten Zehntel noch immer fast ein Tausendstel aller Eigentumswerte? Will ich etwa die »ideologisch motivierte Gleichmacherei« noch weiter treiben? Nun – wenigstens ist nicht zu befürchten, daß etwa der natürliche Wirtschaftsfortschritt die Eigentumsverteilung von selbst in Richtung von mehr Gerechtigkeit – Entschuldigung: Gleichmacherei! – korrigieren könnte. Wie sollte das denn auch gehen? Schließlich müssen ja die Kapitalzuwächse möglichst wiederum vor allem in die Aneignung von Lebensgrundlagen investiert werden – damit auch das neue Kapital entsprechend bedient wird! Mit sieben Prozent Kapitalrendite wäre z. B. der jährliche Zuwachs beim ersten Bevölkerungszehntel schon sechsunddreißigmal so groß wie das gesamte Eigentum des letzten Zehntels – und natürlich fünfhundertmal so groß wie dessen Zuwachs. Die Unsymmetrie in der Eigentumsverteilung muß also ständig anwachsen – und das tut sie auch! Überall auf der Welt.

Eine Milchmädchenrechnung? Ganz so schlimm wird es nicht sein? Und schon gar nicht bei uns? Und warum überhaupt nenne ich die Unsymmetrie plötzlich *Ungerechtigkeit*? Typisch ideologischer Umgang mit Wörtern: Einfach in die eben noch rein rationale Schilderung der Phänomene moralische Kategorien hereinzuschmuggeln! Dann muß ich doch auch den Neoliberalen zugestehen, daß sie sagen dürfen: Leistung muß sich wieder lohnen! Es ist doch wohl unbestreitbar, daß in den meisten Stücken dieser Bevölkerungstorte praktisch nichts geleistet wird! Und schließlich kriegen doch trotzdem, selbst auf diese unsymmetrische Weise und eigentlich ganz ungerechtfertigt, fast alle immer etwas mehr! Hat nicht sogar manches Straßenkind in Rio die Chance, durch geeignete Dienstleistungen zu einem Abendessen oder gar an einen Walkman zu kommen? Wenn es intelligent genug ist, den Waffen engagierter Straßenreinigungstrupps zu entgehen ...

Kommt der Pferdefuß zum Vorschein? Wovon kriegen denn alle mehr? Wo stammt es her? Was ist das alles wert, wenn dabei die Wurzeln der Gesellschaften und nun gar die Wurzeln der Biosphäre zugrunde gehen? Es zeigt sich: Weil das Kapital sich in zehn Jahren verdoppeln oder doch wenigstens in einem Menschenalter sich verdreißigfachen soll, kann es nicht Maßstab für lebensfähige Werte sein! Seine Wachstumsgeschwindigkeit ist (trotz der durch diese Idee erzwungenen Inflation des Geldes) bei weitem überkritisch! Und dies ist hier und heute, nahe dem Höhepunkt der Krise, gleichbedeutend damit, daß es überwiegend in Aktivitäten investiert sein muß, die innerhalb eines Menschenalters die Erde ruinieren! Genauso ist es ja auch. Und doch muß praktisch jeder, der leben will, dieses Kapital weiter bedienen – weil es sich alle Lebensgrundlagen angeeignet hat. Wer leben will, wer Kinder hat, der muß mithelfen, die Erde zu ruinieren. Er braucht ja einen Arbeitgeber, der ihm einen Arbeitsplatz bietet, von dem aus dessen Kapital bedient wird. Stellt sich immer noch die Frage, warum diese Arbeit wahrscheinlich überwiegend zerstörerisch ist? Also noch einmal: Weil in Eile und Einfalt nicht der Aufbau, sondern der Abbau lebensfähiger Komplexität das Wahrscheinlichere ist! Und wenn das zu abstrakt klingt, sage ich es gern konkreter: Weil die politische Willensbildung höchst einfältig auf die Ziele Kapitalrendite und Wachstum des Bruttosozialprodukts gesteuert wird; weil also die Eile schon durch die Idee exponentiellen Wachstums mit mehreren Prozent Jahresrate garantiert ist; und weil diese nach dem Schöpfungsprinzip unmögliche Wertschöpfungsgeschwindigkeit nur dadurch scheinbar ermöglicht wird, daß man auch die Kosten der Zerstörung als Wertschöpfung bezeichnet und dem Sozialprodukt positiv hinzuzählt! Die Wirtschaftspolitiker und ihre fünf Weisen – und all die Medienmitarbeiter, die nicht selbst nachdenken dürfen (und sich das auch kaum zutrauen würden) und die täglich der Öffentlichkeit die offiziellen Verlautbarungen über das erreichte »Wachstum« einpeitschen müssen – sie haben ganz einfach den Unterschied zwischen plus und minus vergessen! Oder etwa nie gelernt?

War das eine polemische Abschweifung? Oder kommen wir jetzt einer Antwort auf die Frage näher, wie der Wachstumswahn und das Eigentumsrecht zusammenhängen? Einen Treibstoff, der die Antriebskraft auf unsererer Bahn in die Krise liefert, hatten wir ja in der Energie erkannt. Aber sie kann nicht die eigentlich Schuldige an der Reise in den Untergang sein. Die Bahnlinie selbst, welcher die Anführer im Raum der Möglichkeiten folgen, besteht natürlich in einer attraktiven Idee! Können wir diese falsche Leitvorstellung nun aus dem Wirrwarr der Ideen herausarbeiten und klar benennen? Ich glaube, ja! Es ist die Idee des unbegrenzten Einkommens aus Eigentum! Wenn es gelänge, die Sklaverei wirklich abzuschaffen, wenn nämlich nicht nur der Besitz von Menschen, sondern auch das Eigentum an menschlichen Lebensgrundlagen unmöglich wäre, oder jedenfalls keinen Profit abwürfe, dann würden sogar die Geleise selbst verschwinden. Alle müßten aussteigen und nach neuen Wegen suchen – in einer weiten, fruchtbaren Landschaft.

Noch immer dient der »Mythos vom Hunger« zur Verwirrung des Denkens. Deshalb muß es immer wieder gesagt werden: Selbst heute würde die Lebensmittelerzeugung ausreichen, um niemanden hungern zu lassen; und es wäre noch immer genügend Platz auf der Erde, um alle in menschenwürdigen Behausungen leben zu lassen, ohne dabei die Natur noch mehr zu vergewaltigen; und die Sonne lieferte überall ausreichend Energie für menschliche Gesellschaften, die sich den wesentlicheren, den eigentlich menschlichen Fähigkeiten zuwenden wollten. Das »Wirtschaftswachstum« würde keine wichtigere Rolle mehr spielen als das Wachstum von Bäumen und Kindern.

Das Einkommen aus Eigentum läßt sich freilich nicht mit einem einzigen simplen Schalter ausknipsen. Es geht ja offensichtlich um die alten Fragen einer Größenbeschränkung des Eigentums an Produktionsmitteln, um den Zins, um das Bodenrecht. Lauter Dinge, über die heute noch zu reden doch einfach lächerlich ist, nicht wahr? Warum wohl spräche sonst kein Experte und überhaupt kein ernstzunehmender Mensch darüber? – Na ja, auch das verstehen wir nun: Auf unserer Reise konnten bisher weder Lokomotivführer noch Passagiere ernstlich wünschen, daß dem immer schneller dahinrasenden Zug Steine in den Weg geworfen würden. Erst jetzt, beim Überschreiten der kritischen Geschwindigkeit, wächst die Einsicht, daß auf diesem Kurs ein Aufprall schließlich unvermeidlich würde und daß weitere Beschleunigung ihn noch schlimmer machen müßte. Erst jetzt ist deshalb das Reden vom Bremsen – und schließlich vielleicht gar der Griff zur Notbremse – nicht mehr durch Lächerlichkeit tabuisiert. Oder meint auch jetzt noch einer, es gebe leider keine Möglichkeiten, auf die alten Fragen bessere Antworten zu finden als das »Mehr, Mehr, Schneller, Schneller« der heutigen Wirtschaftsideologie?

Sagt da jemand: Die Alternative ist doch gerade untergegangen? Jene Wahnidee, eine Clique wohlmeinender Leute könne mit Hilfe von Experten das Wohl der Massen organisieren – und abweichende Meinungen, oder gar ein Markt, auf dem viele wählen und ausprobieren könnten, was besser ist, sei dabei nur störend? Kann man allen Ernstes noch glauben, es gebe nur zwei mögliche Weltgeschichten – und die eine führe in die Hölle, die andere in den Himmel? Habe ich kein reicheres Bild vom Raum der Möglichkeiten, vom Reich der Ideen, vermitteln können? Um Ihre Phantasie ein wenig anzuregen, möchte ich an eine hundert Jahre alte Idee erinnern: Silvio Gesell, der angesichts von Wirtschaftskrisen und Kriegsvorbereitungen über die Befreiung der Marktwirtschaft vom Kapitalismus nachdachte und deshalb von Kapitalisten und Marxisten gleichermaßen zum Spinner erklärt wurde, schlug damals vor, das Eigentum an Grund und Boden einfach dadurch zu neutralisieren, daß das hieraus erzielte Einkommen – also die sogenannte Bodenrente – abgeschöpft und jedes Jahr für die Kinder des ganzen Landes ausgeschüttet würde.

Enteignung!? – Wie seltsam, daß ein Wort genügen sollte, um eine attraktive Idee unerreichbar zu machen. Nennen wir es doch anders: Verhinderung der Aneignung gemeinsamer Lebensgrundlagen! Wird es nun attraktiver? Land ist nicht produzierbar und müßte daher unverkäuflich sein. Wer es nutzen will und kann, sollte es von seiner Gemeinde pachten – je nach Zweck und Größe vielleicht auch in weiterentwickelten Formen der Erbpacht. Wo Land knapp ist, entstünde noch immer Konkurrenz um die Nutzung – in Form höherer Pachtangebote –, aber dann käme die Knappheit den Kindern zugute, die heute am meisten unter ihr leiden! Es gäbe keine Einkommen aus Bodenspekulation mehr, und »Makler« wäre ein normal bezahlter Dienstleistungsberuf, in dem gegen angemessenes Entgelt die Konkurrenz um die Pacht geregelt würde. Jedes Kind aber, das sich noch nicht selbst erhalten kann, erhielte jährlich seinen Anteil – nicht als Geld für Vaters Stammtisch oder Mutters Modeboutique, sondern zum Beispiel in Form von Gutscheinen für die Nutzung öffentlich und privat organisierter »Bildungsangebote«. Man schätze einmal ab, welche Summen heute aus dem Ertrag der reinen Bodennutzung zusammenkämen. Es dürfte wohl nicht nur für die Kindergartenplätze reichen, die sich unser Land nach Meinung der Bonner Mehrheit noch nicht leisten kann – nein, das würde ein Erziehungs- und Bildungssystem ermöglichen, das im Laufe einiger Generationen allmählich zu wirklicher Wertschöpfung beitrüge!

Macht einen das nicht neugierig, ob wir nicht mit etwas mehr Kreativität auch für andere Formen der Kapitalrendite attraktive neue Ideen finden können? Es fehlt uns doch nicht nur an Kindergartenplätzen und besseren Schulen – wir können es uns doch bekanntlich heute auch nicht leisten, unsere Alten zu pflegen, ganz zu schweigen von der nötigen Pflege der Reste von Natur und Kultur auf der ganzen Erde, die von unserem Kapital noch immer weiter ausgebeutet werden. Also hören wir doch wenigstens in der Phantasie einmal für einen Moment auf, den Mammon anzubeten – und stellen wir uns die Selbstorganisation des freien Marktes und anderer Bereiche unserer Freiheit ohne die Zwänge des Kapitalwachstums vor. Das hieße: Die Mehrheit beschließt nicht nur, alle als ökologisch schädlich erkannten Wirtschaftsaktivitäten von Jahr zu Jahr zunehmend zu besteuern, sondern sie sorgt auch dafür, daß mit den hierdurch abgeschöpften Mitteln die Freiheit für freundlichere Unternehmungen einzelner und kleinerer Gruppen gefördert wird (die dann etwa für sozial und ökologisch wichtige Arbeit nicht einmal Einkommensteuer zahlen müssen!), während zugleich die Freiheit für schnelle, weltweite Wirtschaftstätigkeit behindert wird! Haben wir nicht erkannt, daß Größe und Eile an den Wurzeln der meisten Übel liegen? Also sollten doch zum Beispiel die Steuern, die ein Konzern zahlt, nicht dem Umsatz, dem Gewinn oder dem Kapitalertrag proportional sein, sondern eher dem Quadrat oder einer höheren Potenz solcher Größen. Auch ein exponentielles Gesetz, wie bei Zins und Zinseszins, wäre zu erwägen – das wäre doch »natürlicher«, nicht wahr? Kaum vorzustellen, wie sich die Welt verändern würde! Die Macht des großen Geldes würde mehr und mehr verdrängt, und in den entstandenen Freiräumen wüchsen vielfältige kleine Initiativen. Es gäbe nicht weniger Unternehmer, sondern mehr! Nur lohnte es sich einfach nicht, immer reicher zu werden – obwohl eine obere Grenze des Reichtums gar nicht scharf definiert wäre! Und daß ein einzelnes Unternehmen oder eine Firmengruppe wächst und wächst und die Konkurrenten schluckt – das würde ähnlich unwahrscheinlich wie das Wachstum einer Eiche zur Höhe des Domes!

Unnatürlich? Gegen das Naturrecht? Also nicht nur rechtswidrig, sondern sogar verfassungswidrig? Aber woher stammen Recht und Verfassung? Sie fixieren selbstverständlich genau jene falschen Ideen, die uns weiter zum Höhepunkt der Krise drängen lassen und die sich als nicht lebensfähig erwiesen haben. Mit wachsender Einsicht in das Wesen der Krise werden Recht und Verfassung ebenso selbstverständlich dazu dienen, bessere Leitideen zu fixieren. Als Schlagwort fürs Juristendeutsch bietet sich an: »strukturelle Nichtausbeutungsfähigkeit«.

Kommt hier etwa der Gedanke auf, wenn man durch weitere Investition nicht unbegrenzt reicher werden könne, dann werde niemand mehr etwas in die Güterproduktion oder in

Dienstleistungsunternehmen investieren wollen? Dann werde man eben sein Geld in Immobilien anlegen oder auf der Bank liegenlassen, wo es doch wenigstens Zinsen bringt? Ist es doch sogar heute schon so, daß zum Beispiel der Siemens-Konzern seinen Gewinn gewissermaßen eher als »Bank« erzielt und nicht aus der Produktion. Wenn dann schließlich alles Kapital unbeweglich in Immobilien oder gar tot auf der Bank liegt – wer soll dann noch Arbeitsplätze schaffen? Wieder diese schreckliche Drohung: Es gäbe bald nichts mehr zu tun – und wir müßten verelenden! Aber, keine Angst! – Nun sind wir auf dem allzu glatten Attraktor des allgemein üblichen Denkens ausgerutscht und ein bißchen gestolpert – und siehe da: Dieser winzige Zufallsschritt (dem ich hier organisatorisch etwas nachgeholfen habe) wirft uns aus der gewohnten Bahn und bringt uns in den Einzugsbereich weiterer sehr attraktiver Ideen! Wollen wir deren Lebensfähigkeit prüfen?

Wir haben uns doch vorgestellt, die Mehrheit sei nun kreativ geworden! Sie schöpft also, seit sie das Schöpfungsprinzip verstanden hat, nicht nur die Bodenrente ab, sondern auch Teile des Einkommens aus dem Besitz anderer langlebiger Güter – und vor allem: den Zins! Immobilienbesitz bringt nicht mehr viel – außer schönem Wohnen für die eigene Familie! Und dies nicht nur wegen des neuen Bodenrechts – denn auch die Steuern, die ein Eigentümer von Häusern zahlen muß, wachsen überproportional mit der Anzahl seiner Häuser! Hausbesitzer ist kein sehr viel einträglicherer Beruf mehr als Hausverwalter. Wo also wird man investieren? In Aktien von Produktions- oder Verkehrsunternehmen? In den Handel? Aber es ist ja nun überall dasselbe: Immer wieder diese merkwürdige Besteuerung, die die Bäume nicht in den Himmel wachsen läßt! Man läßt einfach niemanden richtig reich werden!

Bleibt wirklich nur noch ein Sparkonto bei der Bank? – Und jetzt kommt der größte Schock: Die Bank wird uns keine Zinsen mehr zahlen! Sie sind auf irgendeine heimtückische Art weggesteuert! Na – jetzt wird der Kapitaleigner aber zornig und trotzig: Dann bleibt das Geld eben ohne Zinsen auf der Bank, oder es kommt unters Kopfkissen! Schließlich ist er gar nicht so sehr darauf angewiesen, daß es mehr wird. Er hat längst bis über sein Lebensende ausgesorgt. Wenn er seine Häuser leerstehen läßt und die Produktionsbetriebe zusperrt, dann wird es nicht lange dauern, bis die aufsässige Mehrheit zu Kreuze kriechen muß und diese verrückte Welt durch Rückkehr zu natürlicheren Steuergesetzen wieder in Ordnung kommt! In die naturrechtliche kapitalistische Ordnung! Nichts da mit der Lebensfähigkeit solcher Wahnideen! Ende der Spinnerherrschaft! Aus der Traum!

Verdammt! Da ist wieder so eine attraktive Idee von Gesell & Co., die freilich auch schon uralt ist: Das Geld wird sowohl auf der Bank als auch unterm Kopfkissen nicht nur nicht mehr – es wird sogar weniger! Wenn die Bank nicht einen Kreditnehmer für das Geld findet, das man bei ihr anlegen will, so muß sie zusätzlich zu den Verwaltungskosten einen negativen Zins von einigen Prozent berechnen und ihn an die Notenbank abführen. Und bei den Geldscheinen unterm Kopfkissen müßte man zu irgendwelchen unerwarteten Zeitpunkten, die der Computer der Notenbank per Zufallsgenerator bestimmt, damit rechnen, daß ein Teil – z. B. eine von drei verschieden gekennzeichneten Serien – für ungültig erklärt und zum Umtausch aufgerufen wird. Für diesen Umtausch aber ist eine Gebühr zu bezahlen, die im Mittel etwa jenem negativen Bankzins entspricht! Das Geld wird auf eine nur statistisch vorhersehbare Art weniger! Jetzt ist die Mehrheit wohl wirklich verrückt geworden: Das ist ja wie in der Blütezeit des Mittelalters! Das Geld rostet, sozusagen! Es ist, wie alle Verbrauchsgüter, einem Alterungsprozeß unterworfen! Was soll man jetzt nur damit machen?

Ach ja – das hatten wir ganz vergessen: Wozu das Geld eigentlich da ist. Das sind ja heute zwei ganz verschiedene

Zwecke: Einmal dient es doch dazu, den Austausch von Waren und Dienstleistungen zu vermitteln – so daß nicht der Gärtner den Friseur mit Gemüse bezahlen muß, und der Friseur nur Gemüse kriegt, wenn der Gärtner einen Haarschnitt braucht. Das ist offenbar die vernünftige Seite des Geldes, und daran will wohl niemand rütteln. Aber da kommt nun eben jener andere Zweck des Geldes hinzu: Man hat die Gesellschaft so einrichten können, daß das Geld seinen Eigentümer ohne dessen weiteres Zutun immer reicher werden läßt! Ein Wunder? Wie im Märchen! Die Geschichte vom Goldesel! Und diese merkwürdige zweite Eigenschaft des Geldes paßt offenbar mit der ersten – also seiner Tauschfunktion – nicht so recht zusammen: Junge Leute, die Gärtner oder Friseur werden wollen und nicht ein Geschäft geerbt haben, müssen bei allen ihren Tätigkeiten, sogar bei ihrer gegenseitigen Bedienung, unvermeidlich dafür sorgen, daß irgendwelches »Fremdkapital bedient« wird, das sie an ihren Lebensgrundlagen »beteiligen« mußten. Womit eigentlich das Kapital diese Behandlung verdient, ist einer der ältesten Streitpunkte der Diskussion über Wirtschaft und Geldwesen – dokumentiert seit Moses.

Ich weiß: Volkswirtschaftler haben eine ganze Menge über den tieferen Sinn des Geldwesens, des Zinses und der Kapitalrendite gelernt – wie auch über das Bodenrecht und überhaupt das gesamte Eigentumsrecht. Aber wirkliche theoretische Grundlagen für dieses ganze Lehrgebäude gibt es nicht! Es ist auf der Gewohnheit errichtet, und die Macht dieser Gewohnheit ist scheinbar unerschütterlich ausgebaut worden. Und doch bricht mit der Einsicht ins Wesen unserer Krise das ganze Gebäude wie ein Kartenhaus zusammen, weil seine grundsätzliche Lebensunfähigkeit erkennbar wird. Sein Fundament ruht nicht im Prinzip wirklicher Wertschöpfung. Grundstein einer neuen Wirtschaftsordnung wird die Erkenntnis sein, daß die wesentliche Front des Fortschritts in den Köpfen und Herzen gleicher, freier, brüderlicher Menschen liegt – und daß »die Wirtschaft« nur dazu dienen darf, allen Menschen die Lebensgrundlagen hierfür zu sichern. Unsere hergebrachte Wirtschaftstheorie klammert sich noch immer an die Ideen der alten Sklavenhaltergesellschaften: Das Eigentum einer Minderheit an den Lebensgrundlagen der Mehrheit gilt als heilig. Wie lange noch? Heiligkeit ist nun einmal das Wesen von Götzen vor ihrem Sturz ...

Nun steht uns und aller Welt wohl der letzte Anlauf in dieser Diskussion bevor, denn nun ist die Verelendung, die mit der Wertvernichtung durch Kapitalwachstum unlösbar verknüpft ist, und die seit dem »Frühkapitalismus« immer weiter nach draußen und nach unten verdrängt werden konnte, an der Endlichkeit der Erde angestoßen und gar bei den Wurzeln von Klima und Biosphäre angekommen! Das ist nicht etwa das Ende des Attraktors. Er führt selbstverständlich vorerst weiter – die Wirklichkeit kann durchaus noch weiter auf ihm fortschreiten –, nur eben, wie wir sahen, in schnellen globalen Untergang. Die Wirklichkeit wird auch selbstverständlich vorerst in den alten Bahnen weiterlaufen. Konjunkturkrisen, Finanzkrisen, wachsende Arbeitslosigkeit, Drogenprobleme, öffentliche Armut, Flüchtlingsströme, Kriminalität, Terroranschläge, örtliche ökologische Katastrophen und vermutlich auch gesellschaftliches Chaos, Bürgerkrieg und Krieg in weiteren Regionen der Erde – diese und andere Symptome werden uns und unseren Medien zunächst eher dazu dienen, die Einsicht in das tiefer liegende, umfassende Wesen der Krise weiter zu verdrängen. »Optimistisch« möchte ich meinen Blick auf die Lebenszeit meiner Kinder und Enkel deshalb nicht nennen. Aber »pessimistisch« bin ich auch nicht. Ich bin durchaus »realistisch«. Wir haben doch das Schöpfungsprinzip verstanden, aus dem neue Realität erwächst – und damit haben wir gelernt, daß alle wesentlichen Gestaltbildungsprozesse durch Selbstorganisation am Rande des Chaos stattfinden. Erfolgreiche Selbstorganisation der menschlichen Freiheit setzt voraus, daß viele Menschen diesen unendlich komplexen Rand des Chaos gesehen und die Natur des simplen, direkt hineinführenden Attraktors der »modernen Gesellschaft« erkannt haben. Daran also müssen wir zunächst arbeiten: Sehen helfen – das heißt Aufklärung. – Die Prediger am Rande des so schön gepflasterten Weges zur Hölle haben auf die Mehrheit immer lächerlich gewirkt – aber bei der Annäherung an die Klimax der globalen Beschleunigungskrise wächst nun auch die Zahl dieser Prediger sehr rasch! Sie werden hie und da sogar schon von Wirtschaftskreisen zu Vorträgen eingeladen. Wir müssen also noch nicht die Hoffnung verlieren, daß sie der Mehrheit die Augen öffnen, den Nebel vertreiben und sie schließlich auf andere Ideen bringen könnten!

Keine Angst, das wird nicht so schnell gehen, daß man gleich alles Gelernte vergessen müßte. Es gibt noch viel nachzudenken und auszuprobieren. Ideen über die Beschränkung des Eigentums an Lebensgrundlagen, oder jedenfalls des Einkommens daraus, müssen ja zunächst einmal in der ganzen Gesellschaft gründlich neu diskutiert werden. Was Moses oder Mohammed dazu lehrten, was Silvio Gesell vor hundert Jahren dazu dachte, was eine Generation später sogar der angesehene Wirtschaftstheoretiker John Maynard Keynes bedenkenswert fand und wieder mehr als eine Generation später zum Beispiel der erstaunlich klar denkende Verfassungsrechtler Dieter Suhr – das reicht nicht aus, um uns etwa in Not und Eile per Mehrheitsbeschluß ein neues Wirtschaftssystem überstülpen zu lassen. Aber die Richtung, in der man im Raum der Möglichkeiten suchen muß, scheint mir nun durch die Erkenntnisse über das Wesen der globalen Beschleunigungskrise klar vorgezeichnet: Wir müssen eine *Reduktionsstrategie für das Einkommen aus Eigentum* entwickeln. Dazu wird vor allem die Beschränkung des Eigentums an den knappen Lebensgrundlagen Land und Geld gehören, also ein neues Bodenrecht und die Beseitigung des Zinses durch Einführung von »alterndem Geld«. Aber auch das Thema von Dieter Suhrs letztem gedrucktem Aufsatz wird eine wichtige Rolle spielen müssen: die »transferrechtliche Ausbeutung« der Familien mit Kindern durch die Kinderlosen und durch das Kapital. Was man immer noch als »Generationenvertrag« bezeichnet und was kürzlich sogar – ohne nennenswerte Folgen – für verfassungswidrig erklärt wurde, läuft doch in der Tat im wesentlichen auf die Ausbeutung von Eltern und Kindern hinaus: Eltern, die Kinder großziehen, können zwar kein Kapital bilden, aber dafür dürfen diese Kinder später das inzwischen ohnehin munter gewachsene Kapital der Kinderlosen bedienen, in den von diesen hochgezogenen Häusern zur Miete wohnen – und sogar noch deren Renten finanzieren ... Ob nach Dieter Suhrs unglücklichem Tod im Jahre 1990 noch an irgendeiner deutschen Universität ein Wissenschaftler über solche merkwürdigen Erscheinungen oder gar über Wege zum »neutralen Geld« nachdenkt? Akademische Karriere kann man damit noch nicht machen! Aber das war immer so: Professoren sind ja letztlich von den Herrschern berufen und können nicht sagen, daß der Kaiser nackt ist. Erst wenn es die große Menge gemerkt hat, werden auch sie es lehren – und dann dem neuen Kaiser treu dienen. Sie sind ja nicht dumm – nur eben nicht für Ideen zuständig ...

Den nächsten Einwand kann ich mir denken: Selbst wenn bei uns die Mehrheit zu solchen Einsichten käme, werde das nichts helfen. Die internationale politisch-wirtschaftliche Verflechtung sei doch viel zu stark, als daß ein einzelnes Land aus der weltweiten Entwicklung ausscheren könnte! Aber wer mir jetzt mit diesem Argument kommt, kommt mir entgegen: Genau dies liegt ja im Wesen der globalen Beschleunigungskrise – und aus dieser wollen wir doch heraus! Solche »Verflechtungen«, die zwar Komplikationen schaffen, aber keine lebensfähige Komplexität bedeuten, müssen also gelockert und gelöst werden! Was hier in die Vielfalt der Welt hineingeflochten wurde, ist ja die Fessel einer tödlich falschen Idee! Lasse sich also niemand einreden, die Entflechtung der Weltwirtschaft bedeute Zusammenbruch oder gar die Rückkehr zu weltweiter Kriegsgefahr. Im Gegenteil – wenn auch natürlich die Nationen der Welt (nach Unterteilung der allzu großen in kleinere) noch eine gemeinsame Weltverfassung werden finden und dauerhaft garantieren müssen, in der kein Volk einem anderen etwas von dessen Lebensgrundlagen rauben darf. Auch dies muß innerhalb der nächsten beiden Generationen geleistet werden – aber bei abnehmender Ausbeutung durchs Kapital wird es viel leichter zu leisten sein. Der Waffenhandel ist ja ein blühender Zweig der Weltwirtschaft! Ein heute besonders bedrohliches Problem ist daher weltweit die Bewaffnung von Räuberbanden – von Straßenjungen über Terroristengruppen bis zu ganzen Volksarmeen. Und die Rüstung der Gegner des kalten Krieges wird zwar reduziert, aber nicht etwa abgeschafft. Ich muß immer wieder daran erinnern, daß während der zwei Sekunden, in denen auf der Erde soeben wieder ein Kind verhungert, etwa hunderttausend Mark für Rüstung ausgegeben werden. Auch das ist letztlich »Bedienung des Kapitals«. Vernichtung von Lebensgrundlagen ist ähnlich profitabel wie deren Aneignung. Auch die Arbeitnehmer der Rüstungsindustrie leben also von Zerstörung – und wollen doch nicht arbeitslos werden! Im Grunde geht es aber den meisten von uns schon so. Versuche einmal jeder, seine eigenen Beiträge zum Bruttosozialprodukt nicht als Absolutbeträge, sondern mit ehrlich abgewogenen Gewichtsfaktoren und vor allem mit den richtigen Vorzeichen zusammenzuzählen. Der für unsere Krise typische, absurde Charakter des »Wachstums« wird am Beispiel des Waffenhandels zwar besonders deutlich, aber ich zweifle, ob das Endergebnis für die meisten von uns, die wir »ganz normalen« Tätigkeiten nachgehen, viel besser ausfiele.

IX
Standort Deutschland

Geld und Freiheit:
Wer steht? Wer liegt?

Wenn wir heute die Nachrichten hören, fällt uns aber gleich wieder ein, worum wir uns in Deutschland jetzt vor allem bemühen müssen: Unser Land ist kein guter »Standort« mehr! Um dieses Land als Stück Erde handelt es sich bei dieser Klage natürlich nicht, obwohl es auch damit rasch bergab geht. Nein – die Menschen in diesem unserem Lande sind nicht mehr so gut geeignet, auf ihnen zu stehen, wie anderswo in der Welt! Und wenn sie etwa den hier skizzierten Ideen folgen würden? Selbstverständlich ist der »Standort Deutschland« erledigt, wenn hier die Mehrheit nicht mehr bereit ist, Ansammlung und Bedienung des Kapitals als wesentliche Lebensaufgabe anzusehen. Das Kapital würde das Land verlassen, solange es noch irgendwelche »Standorte« auf der Erde findet, wo es bedient wird. Vielleicht müßten also für eine Übergangszeit gesetzliche Beschränkungen für die Ausfuhr von Produktionsanlagen und gewissen anderen mobilen Werten gefunden werden. Aber »das Geld« dürfte ruhig gehen. Das neue Geld, das dafür käme, dürfte kaum eine Tendenz zur »Kapitalflucht« haben. Es würde vielmehr rasch innerhalb des Landes umlaufen und hier reiche unternehmerische Tätigkeit ohne übertriebenen Unternehmerreichtum vermitteln. »Die Wirtschaft« und »das Geldwesen« würden keineswegs zusammenbrechen, sondern, im Gegenteil, ungeahnten Aufschwung nehmen – freilich ohne die meisten der heute vorherrschenden zerstörerischen Folgen. Das neue Geld wäre ja im heutigen Sinne

»billig«: Wer von einem anderen etwas leiht, zahlt es am Ende der Kreditvertragsdauer zum Nennwert zurück!

Wer über das Wesen des Geldes noch nicht nachgedacht hat, zuckt hier natürlich zusammen. In Vorträgen steht dann meist irgend jemand kopfschüttelnd auf, verläßt den Saal und knallt hinter sich die Tür zu. Wie kann ich ihm solch bodenlos absurden Unsinn vorsetzen! Warum sollte denn unter solchen Umständen überhaupt noch jemand Kredit geben? Ganz einfach: Weil ihm sein Geld sonst wegrostet! – Aber verwechseln wir das bitte nicht mit dem Schwund durch Inflation. Wenn die Notenbank den Geldumlauf streng am gesamten Wirtschaftsgeschehen ausrichtet, kann der Gläubiger nach zwanzig Jahren mit dem vom Schuldner zurückgezahlten Geld ebensoviel kaufen wie seinerzeit, als es ausgeliehen wurde. Und wenn das Eigentum an Lebensgrundlagen abgeschafft oder hinreichend beschränkt ist, fällt ein wesentlicher Inflationsdruck weg: Heute ist ja das Kapital, das sich Land und langlebige knappe Güter angeeignet hat, an inflationärer Geldentwertung interessiert. Es bietet sich hier doch neben der normalen Kapitalbedienung ein weiterer Weg zur Umverteilung von den »kleinen Sparern« zu den wirklich Wohlhabenden an! Das ist bekanntlich ein langfristig höchst wirksames Mittel gegen die gelegentlich von einer verführten Mehrheit ausgehenden Tendenzen zur Gleichmacherei. In Ländern mit höherer Inflationsrate gelingt die saubere Erhaltung der Klassentrennung meist besser. Wie absurd dies zunächst klingen mag: Ohne diese Art des Inflationsdrucks könnte die Notenbank gerade mit dem »Schwundgeld«, dem »rostenden Geld«, eine wirkliche Wertstabilität des gesparten Geldes schaffen! Dies ist dann nämlich keine unlösbare politische Aufgabe mehr, sondern nur eine umfangreiche Rechenaufgabe: die Anpassung der umlaufenden Geldmenge an die gesamte Wirtschaftstätigkeit, die sich unter den Randbedingungen ökologisch und sozial ausgerichteter Steuergesetze gemächlich entwickeln würde. Der eigentliche Sinn des Sparens – etwas für später aufzuheben, was man im Moment nicht verbrauchen muß – bliebe also erhalten, und zwar selbstverständlich besser, als beim Aufsparen von verderblichen Gütern. Man bekäme nach Jahrzehnten für sein gespartes Geld ebensoviel wie heute. Das Geld behielte also sehr wohl seine wesentlichen althergebrachten Funktionen – nur die »Goldeselfunktion« verschwände, die man heute als »Liquiditätsvorteil des Geldes« bezeichnet und für eine »natürliche« Eigenschaft des Geldes hält.

Wir Deutschen empfinden doch eine »besondere Beziehung« zu den östlichen Nachbarn. Diese kann nicht darin liegen, daß man dort gern D-Mark hätte. Was nach dem Zusammenbruch des sogenannten Sozialismus in den Ländern des früheren Ostblocks geschieht, ist auch ein deutlicher Hinweis auf den Wurm in unserem eigenen System. Warum können sich diese Völker nicht ein Geld schaffen, das wenigstens die Arbeit der Menschen an ihren Grundbedürfnissen fördert? Warum wird nicht durch ein neues Geld, dem institutionell jene Eigenschaft des »Altersschwunds« mitgegeben wird und das deshalb so schnell wie möglich umläuft, dafür gesorgt, daß viele kleine Unternehmen gegründet werden, so daß mit Hilfe der vielen, die jetzt arbeitslos sind, Wohnungen, Lebensmittel und andere Lebensgrundlagen geschaffen werden? Warum ist es denn »rationeller«, sogar Tomaten, Seife und Klopapier auf dem Umweg über westliches Kapital zu beziehen? Diese »Rationalität« ist allein die des Kapitalismus: Selbst bei der Befriedigung fundamentalster eigener Bedürfnisse dem Westen einen »Zehnten« zu zahlen, also auch dabei dessen Kapital zu bedienen – wenn das keine gute Idee ist! Bekanntlich kommt sich der »Geldgeber« dabei sogar noch als gütiger, großzügiger, gnädiger Herr vor – wie auch früher die Herren der Leibeigenen. Ein Land wie Rußland müßte aber zur »Ankurbelung seiner Wirtschaft« keinen Auslandskredit nehmen, sondern es könnte sehr wohl das Geld, das für Produktion und Austausch der wichtigsten Waren und Dienstleistungen nötig ist, selbst schaffen und in raschen Umlauf bringen. Dies würde das Land auch nicht etwa isolieren, sondern, im Gegenteil, eine starke Sogwirkung ausüben. Nicht auf die Weltbank freilich – aber auf ganz andere Arten von Kredit, der nicht ausbeuten, sondern freie Kräfte nutzen und fördern will.

Nirgends geschieht etwas in dieser Richtung! Die wenigen Experimente, die in der Weltwirtschaftskrise vor sechzig Jahren gemacht wurden, müßten eigentlich die Suche in dieser Richtung ermutigen – aber kein Student der Volkswirtschaft hört auch nur davon. Wer kennt das »Wunder von Wörgl«? In dieser Kleinstadt am Inn hatte man allerlei öffentliche Projekte geplant – Arbeiten an Brücken, Straßen, Schulen und vieles andere mehr –, und die örtlichen Firmen hatten sie ausführen wollen. Aber plötzlich war kein Geld mehr da, und immer mehr Menschen wurden arbeitslos. Die große Weltwirtschaftskrise zu Anfang der dreißiger Jahre war hereingebrochen! Der dortige Bürgermeister hatte aber einmal etwas von Silvio Gesell gelesen und verstanden. So nahm er einen Teil des noch verbliebenen Geldes aus dem Stadtsäckel, hinterlegte es bei der Innsbrucker Sparkasse und druckte im gleichen Nennwert Gutscheine. Die öffentlichen Arbeiten wurden an Firmen vergeben, die bereit waren, diese Gutscheine zu akzeptieren. Die Firmen waren bereit, wenn ihre Mitarbeiter die Gutscheine als Lohn akzeptierten. Die Arbeiter waren bereit, wenn die örtlichen Geschäfte ihnen etwas für die Scheine verkaufen würden. Die Geschäftsinhaber waren dazu bereit, wenn die Stadt sie für Steuern und Abgaben akzeptierte. Siehe da – alle waren bereit, obwohl die Zettelchen eine absurd erscheinende Eigenschaft hatten: Sie waren auf der Rückseite in Stempelfelder eingeteilt; um gültig zu bleiben, mußten sie, wenn ich mich recht erinnere, wöchentlich im Rathaus abgestempelt werden – und dafür mußte der jeweilige Besitzer eine Gebühr bezahlen. Ich glaube, es war 1 Prozent – also ein jährlicher negativer Zins von über 50 Prozent! Wer die Geschichte nicht kennt, sollte nun innehalten und zu raten versuchen, was wohl damals in Wörgl weiter geschah ... Es entstand eine kleine Wirtschaftsblüte mitten in der Weltwirtschaftskrise! Klar – jeder wollte solches Geld bekommen, aber niemand wollte es länger als ein paar Tage behalten. Seine einzige Funktion war es, den Menschen die gegenseitige Erfüllung ihrer dringendsten Bedürfnisse zu gestatten, die durch Mangel an Geld und Arbeitsplätzen bedroht gewesen war. Plötzlich hatten die Menschen wieder etwas zu tun – nämlich all das Notwendige! Das Umland bemühte sich, daran teilzuhaben. Sogar Abordnungen von Wirtschaftsexperten aus amerikanischen Bundesstaaten studierten das seltsame Phänomen und hätten es fast erreicht, daß ihre eigenen Staaten sich ähnlichen Experimenten zugewandt hätten. Aber da fiel den Experten in Washington doch noch Besseres ein – das war Roosevelts »New Deal« –, und auch in Wien war man aufmerksam geworden und verbot den offensichtlichen Verstoß gegen die staatliche Finanzhoheit. Aus der Traum. Hitler kam. Und der Krieg.

Daß nicht einmal in der heutigen Situation der ehemals »sozialistischen« Staaten etwas in ähnlicher Richtung geschieht, ja, daß praktisch nirgends auch nur ernstlich über andere Möglichkeiten wirtschaftlicher Organisation gesprochen wird, das ist nicht etwa ein Zeichen für die Undurchführbarkeit solcher »Spinnerideen«. Auch die Abschaffung der Sklaverei war ja nicht undurchführbar – aber man lese einmal nach, wie zu Beginn der Diskussion über die Abschaffung der Sklaverei im England des ausgehenden 18. Jahrhunderts alle führenden Politiker, Wirtschaftler, Juristen, Philosophen und Theologen die Sklaverei zur Grundlage allen Wohlstands erklärten, ohne die die Wirtschaft zusammenbrechen müßte! Der Unterschied zur heutigen Situation war freilich, daß damals die Macht nicht abdanken mußte, sondern sich nur auf die modernere Form der Ausbeutung durch Aneignung von Lebensgrundlagen umstellen mußte. Dies war ja seit Beginn der Industrialisierung ohnehin »rationeller«.

Heute, das heißt innerhalb der nächsten Generation, muß die »Macht der Reichen« abdanken – aber die Herrscher werden dabei nichts verlieren außer der Macht, auf die sie ja wohl zum Überleben und zu ihrem Glück nicht angewiesen sind. Irgendwo muß es beginnen. Warum sollte nicht Deutschland sich vom Standort des Kapitals zum Ort solchen wirklich zukunftssichernden Geschehens entwickeln? Ich glaube, nur ein relativ hochentwickeltes Land, in dessen Kultur auch früher schon viel über Natur und Gesellschaft nachgedacht wurde, hat eine Chance, aus eigener Kraft vom Attraktor der globalen Beschleunigungskrise herunterzukommen und neue, lebensfähige Ideen aufzugreifen. Wenn es erst einmal Beispiele gibt, dann wird es innerhalb von zwei Generationen auch zu schaffen sein, daß auf der ganzen Erde aus eigener Kraft Freiheit und Menschenwürde verwirklicht werden.

Der Einbruch der globalen Not in die »Festung Europa«, die anschwellenden Wanderungsbewegungen von Menschen auf der Suche nach Lebensgrundlagen, ist eines der Symptome, die das Umdenken beschleunigen werden – wenn auch vorerst überwiegend dummes Geschwätz und dumpfer Haß dabei herauskommen. Es zeigt sich aber immer deutlicher, daß die Hoffnung trügt, unser Geld könne uns Deutschen und dem einen »entwickelten« Fünftel der Menschheit sowohl die Heimat als auch die Freizügigkeit erhalten und zugleich den anderen vier Fünfteln der Menschheit beides verwehren. Über beide schöne Ideen – Heimat und Freizügigkeit – wird also neu nachzudenken sein, um ein Gleichgewicht zwischen ihnen zu finden. Aber auch dies kann nur mit der Überwindung der globalen Beschleunigungskrise gelingen. Nach allem Gesagten dürfte klar sein, wie ich mir die aus dem Chaos auftauchenden Gestalten vorstelle: Auch zwischen den Völkern verschwindet jede Konkurrenz um Lebensgrundlagen. Gemeinsam garantieren sie mit regionaler und globaler »Polizei« die Entwaffnung und Friedfertigkeit aller Nationen. Aber die Grenzen und die »Einwanderungsgesetze« werden nicht verschwinden. Kulturelle Vielfalt ist notwendig. Sie setzt voraus, daß Kulturen nur relativ schwachen Einfluß aufeinander nehmen – obwohl andererseits gerade dieser Einfluß entscheidend für ihre Weiterentwicklung ist. Also auch hier kein Ja oder Nein – Grenzen zu oder Grenzen auf –, sondern wieder eine Frage der Zeitskala: Damit eine Kultur erhalten bleibt, darf sie im langfristigen Mittel sicher nicht pro Generation mehr Fremde aufnehmen, als sie Kinder erzieht. Sollten wir etwa nicht mehr verhindern können, daß in den Krämpfen und in der Ohnmacht der Krise alle kulturelle Individualität auf der Erde untergeht, so könnten wir also höchstens noch hoffen, daß später auf dem übrigbleibenden, durchmischten Kompost dennoch allmählich wieder viele neue Kulturen wachsen und Selbständigkeit gewinnen.

Einen »Realisten« hatte ich mich eben genannt. Muß ich nicht endlich meinen lächerlichen Optimismus aufgeben und zugestehen, daß die Lage hoffnungslos ist? Zeigen nicht gegenwärtig gerade in Deutschland alle Trends in die falsche Richtung: immer schneller den alten Attraktor entlang? Wächst nicht hier wie in der ganzen Welt die Ungerechtigkeit und die Konzentration von Geld und Macht immer rascher? Gilt nicht gerade zunehmende Zentralisierung als letzte Rettung vor den überall sichtbar werdenden Instabilitäten? Zentralisierung bis hin zu solchem »kleinen« Unfug, daß man künftig bei uns auch zum Postamt wenigstens ein paar Kilometer fahren soll oder daß auch »drüben« nun die Gemeinden und Kreise zusammengelegt werden. Arbeitslose haben doch Zeit, einen Tag mit der Reise zu einem Amt zuzubringen – nicht wahr? Und außerdem werden nun einmal die Probleme aus der Vogelperspektive übersichtlicher. Übersicht ist das Übersehen des Wesentlichen ... Und dann auch noch: Europa! Die Übersicht, die man in Brüssel hat, nähert sich allmählich jener, für die einst andere zentrale Politbüros berüchtigt waren! Der beste Wille und die besten Experten sind hier versammelt, um das Wohl der Massen zu organisieren. Da wird Demokratie gar nicht mehr gebraucht. Allerdings muß man in der vom Geld und seinen Medien beherrschten Gesellschaft nicht gerade die Meinungsfreiheit abschaffen. Diktatoren haben Angst vor Meinungen – Geldgeber und Arbeitgeber kaum. Sie können sich ja genügend Meinungsmacher leisten, und es macht nicht einmal etwas, wenn diese unfreiwillig komisch wirken. Kürzlich wollte der deutsche Finanzminister die Leute verhöhnen, die noch immer Widerstand gegen Maastricht leisten. »Europa ist nichts für Kleinkrämer«, fiel ihm dazu ein. Welch wahres Wort! Europa soll zum Reich der Großkrämer werden. Besser kann man die Hintergründe der Verträge kaum zusammenfassen. Verstehen wir jetzt, daß auch hier gegen eilige und einfältige Entwicklungen gearbeitet werden muß, wenn wir Europa lieben und helfen wollen, die Krise zu überwinden?

Daß ich mich bei der Skizzierung ungewohnter Möglichkeiten auf die Idee eines »neutralen Geldes« mit staatlich kontrollierter Umlaufgeschwindigkeit konzentriert habe, bedeutet nicht, daß es nicht auch andere interessante Denkansätze gäbe. Zum Beispiel ist sogar die Möglichkeit einer völligen Freigabe der »Geldemission durch jedermann« von Außenseitern der Wirtschaftstheorie als Mittel gegen Ausbeutung und Wirtschaftslähmung durch knappes Geld diskutiert worden. Sogar der sonst sehr konservativ denkende Nobelpreisträger Friedrich Hayek dachte in diese Richtung. In der gesamten wissenschaftlichen Literatur besteht allerdings die Neigung, jede auf Reform des Geldwesens zielende Idee als Zeichen von mangelnder wissenschaftlicher Qualifikation anzusehen, oder – falls solche Gedanken etwa einem geachteten Wissenschaftler in den Sinn kommen – als Skurrilität und Zeichen beginnender seniler Demenz. Ich selbst habe natürlich in diesen Dingen nur flüchtig angelesene und recht zufällige Kenntnisse und kann keine systematisch durchdachten Antworten anbieten – aber das heißt nicht, daß meine Fragen und Andeutungen irrelevant sind. Ich fürchte, der Kern der hier kurz skizzierten »Kapitalismuskritik« ist unerschütterlich: *Die Idee des Einkommens aus Eigentum wird in der globalen Beschleunigungskrise lebensunfähig.* Dies ist logisch einsehbar und entgegen der immer lächerlicher wirkenden Meinungsmache in mehr und mehr Bereichen der Wirklichkeit direkt abzulesen. Deshalb wird nun trotz der noch anhaltenden Trends ein Umkippen der hergebrachten Ideologie wahrscheinlich.

Was ich hier übers Geld sagte, sollte Hoffnung machen, daß es trotz der heutigen Hilflosigkeit der Experten gegenüber den Untergangsphänomenen noch Chancen gibt, aus den eingefahrenen Geleisen herauszukommen, ohne daß schreckliche Umsturzerscheinungen damit verbunden wären. Auf einer neuen gedanklichen Grundlage kann man nämlich die Kunst entwickeln, durch geschickte Übergangsstrategien die alten Attraktoren allmählich unattraktiver und die neuen attraktiver erscheinen zu lassen. Dann wird man hoffentlich das Chaos früherer Revolutionen vermeiden können – so daß nicht plötzlich alle Wohlhabenden ins Elend stürzen oder gar Köpfe rollen müssen.

Man kann? Wer ist »man«? Was sagt man so dazu? »Wir leben doch in einer Demokratie, da entscheidet die Mehrheit – da kann ich mich zum Glück heraushalten, denn auf eine Stimme mehr oder weniger kommt's nicht an.« Oder: »Wir leben doch in einer Demokratie, da entscheidet die Mehrheit – und die ist der Propaganda der Mächtigen und ihrer Experten hilflos ausgeliefert; da können ein paar Einsichtige sowieso nichts machen.« Es gibt natürlich auch noch die Stimmen, die von tiefem Verantwortungsgefühl zu zeugen scheinen. Das Dumme ist nur, daß gerade sie oft von Leuten kommen, deren Geld sich gerade wieder ein Stückchen vermehrt hat, und die dieses Stückchen (oder ein bißchen mehr) sogleich einsetzen, um der Mehrheit mit Hilfe gutbezahlter Werbepsychologen einzureden, man habe »alles im Griff« und es gehe »weiter so«.

Über die verschiedenen absurden Mißverständnisse von Demokratie kann ich nun nicht auch noch sprechen. Aber eines will ich noch sagen: Es muß Leute geben, die sich einmischen, ohne nach Geld oder Ruhm zu streben. Erfolgversprechende Selbstorganisation der Gesellschaft ist gerade nahe dem kritischen Punkt der Evolution nur möglich, wenn die besten Köpfe um die besten Ideen streiten – und nicht die Armen und die Reichen ums Geld. Und ganz sicher darf die Diskussion über Werte nicht mit dem Hinweis auf Einschaltquoten beendet werden. Demokratie bedeutet doch nicht, daß die Mehrheit wahrscheinlich recht hätte. Selbstverständlich hat sie zunächst meistens unrecht. Es geht also darum, verfassungsmäßige Rahmenbedingungen zu schaffen, unter denen die Mehrheit nicht so leicht Katastrophen auslösen kann. Die Akzeptanz bei der Mehrheit muß zwar letztlich entscheiden – aber sie kann nicht am Anfang stehen. Wir haben ja gesehen: Anfangen müssen wir in der Situation, in der die Dealer mit dem Geld der Süchtigen »Informationsarbeit« an uns leisten. Wir sind gar nicht mehr weit von »Werbung am Schafott« – weil im Fernsehen mit der öffentlichen Vorführung von Folter und Hinrichtungen vielleicht neue Zielgruppen für die Werbung erreichbar würden. Es wäre aber Unfug, deshalb die moralische Schlechtigkeit oder das stammesgeschichtliche Erbe des Menschen zu beklagen. Damit werden wir leben müssen. Die nahe Verwandtschaft von Sauberkeit, Zärtlichkeit und Grausamkeit ist im Menschen tief angelegt. Verhindern können wir aber, daß dies für die Steigerung der Einschaltquoten bei Werbesendungen ausgebeutet wird. – Wo ist die Macht über das Geld, die das verhindern könnte? In besseren Ideen, natürlich! Ich erzähle noch eine, weil die allgemeine Hilflosigkeit in der Diskussion über Gewalt im Fernsehen gerade wieder so kraß offenbar wird und weil ich neulich selbst erschrak, als ich in einem Hotelzimmer am Fernseher spielte und auf fast allen Kanälen nach wenigen Minuten mit dem Geknatter von Maschinengewehren und moderneren automatischen

Waffen konfrontiert wurde, mit denen jeweils ganze Gruppen von Männern, Frauen oder Kindern niedergemäht wurden. Wo das fehlte, da schlugen und traten Männer so lange aufeinander ein, bis einige tot liegenblieben oder wenigstens einer brüllend aus einem hohen Fenster oder in eine tiefe Schlucht stürzte. Das waren nicht Kriegsberichte, sondern Unterhaltungssendungen. Auch in Kindersendungen ist es nicht anders – nur daß es dort meist in Form von Comics daherkommt und deshalb noch etwas brutaler sein darf. Aufgelockert ist das alles durch Werbung für die Sponsoren. Wenn wir uns doch eigentlich alle einig sind, daß fast alle Werbung Lüge ist – nämlich eine gezielte Auswahl von Wahrheiten und um so gerissener, je teurer sie ist –, warum sollten wir uns dann nicht darauf einigen können, künftig Werbung zu besteuern, statt sie sogar noch von der Steuer freizustellen? Hätten wir da nicht schon wieder eine Art Knackpunkt? Man stelle sich einmal die Wirkungen einer so simplen Maßnahme vor! Übrigens könnten wir ja sogar eine Steuer auf Unterhaltungssendungen erfinden, die mit der Anzahl der darin vorkommenden Schüsse, Schläge und Tritte exponentiell ansteigt! Ich kann mir nicht vorstellen, daß dies verfassungswidrig wäre ... Und nicht nur das heuchlerische Gejammer über die Gewalt im Fernsehen würde dann mangels Anlaß aufhören, sondern der Bewußtseinszustand großer Teile der Gesellschaft würde sich verändern. Werbefachleuten zum Trost sei gesagt: Auch eine Reformation wie diese müßte nicht über Nacht hereinbrechen, sondern könnte mit einer Reduktionsstrategie über Jahre hinweg eingeführt werden. Dann hätten sie Zeit, sich umzustellen ...

Warum komme ich am Ende dieser Gedanken, die in der Weltgeschichte und in der Logik nach dem Prinzip erfolgreicher Schöpfung forschen, auf etwas so Banales wie die Rolle der Medien? Ja – die herrschende Realität ist von kaum glaublicher Banalität, aber der Weg aus ihr heraus, zu einer »höheren«, »besseren«, »lebens- und entwicklungsfähigeren« Wirklichkeit, beginnt hier und jetzt in ebendieser gegebenen, banalen Realität. Und deshalb werden die neuen Ideen, wenn überhaupt, nur über die jetzigen Medien eine Mehrheit gewinnen können. Diese spielen ja nun bald eine größere Rolle als die Familien und unser gesamtes Erziehungs- und Bildungssystem. Auch die Ideen, um die ich hier zappelte, werden also für unsere Medien geeignet aufbereitet werden müssen. Vorher werden sie auch in keine politische Partei eindringen. Wer hilft mit? Ich sehe zwar kaum je fern, aber ich möchte hiermit die Produktion einer Serie vorschlagen, in der unsere Gesellschaft nach der Befreiung der Marktwirtschaft vom Kapitalismus ganz realistisch dargestellt wird – so als gäbe es dies schon. Spannend! *Standort Deutschland* könnte sie heißen – vielleicht mit dem Untertitel *Jahrtausendwende*.

Was würde denn am »Standort Deutschland« geschehen, wenn es sich hier weder für einzelne noch für Gruppen lohnte, sehr reich zu sein, und wenn es sich noch weniger lohnte, den Reichtum schnell zu vergrößern – wenn aber dafür jeder in mehr Freiheit an Leib und Seele aufwüchse und seinen Geist nach seinen Möglichkeiten bildete – und wenn jeder eine Tätigkeit fände, die für ihn und andere sinnvoll wäre und durch die er leicht seine wesentlichen Bedürfnisse decken könnte? Welche Fülle von Erfolgserlebnissen! Eigene Leistung würde sich wieder lohnen! – Müssen wir etwa befürchten, daß dann die Bedürfnisse nicht ausreichten, um überhaupt eine Zivilisation mit blühender Wirtschaft aufrechtzuerhalten? Ist der Mensch ohne wirtschaftliche Ausbeutung zu keinen größeren Unternehmungen zu bewegen? Ich weiß, daß solche krausen Gedanken in vielen Köpfen unserer »Eliten« spuken. Genau dort ist ja der »Größen«-Wahn am festesten verankert. Auch hier ein Trost: Für Ehrgeiz und Jagd nach Ansehen wird auch in der neuen Gesellschaft genug Platz sein. Wer gern mehr erwirtschaftet, als er braucht, kann ja die Künste fördern oder Kirchen bauen – und natürlich schönere Häuser – und dafür zu hohen Ehren und Denkmälern kommen. Schauen wir nur die Dome aus der Zeit an, als das Geld unbeständig war! Und die Stadtbilder! Und die stolzen Grabmäler, die Jahrhunderte überdauert haben – wenigstens bis zum sauren Regen.

Es schmerzt, vom Gewohnten Abschied zu nehmen. Die Hoffnung auf den Aufschwung nach der überwundenen Krise wird von Trauer begleitet. Auch die noch bestehenden Reiche in Politik, Wissenschaft, Technik und Wirtschaft haben bei aller Lächerlichkeit oder Schrecklichkeit ihrer Größe und Eile etwas Faszinierendes. Ihr explosionsartiges Wachsen und Blühen – und nun das unvermeidbare Verblühen, Welken und Weggeworfenwerden – ist wie Aufstieg und Fall des Reiches der Saurier oder der Reiche Alexanders des Großen und Dschingis-Khans. Auch solche Phänomene der Geschichte waren zu ihrer Zeit in ihrer Umgebung wahrscheinlich – vom Aufstieg bis zum Untergang. Die Krise hatte natürlich Vorboten. Schon die großen Eroberer der letzten Jahrtausende unternahmen Anläufe, die Beschleunigungskrise endlich global manifest werden zu lassen – wenn sie es auch mangels hinreichender technischer Entwicklung noch nicht ganz schaffen konnten. Die Wissenschaft war noch nicht weit genug. Der letzte deutsche Anlauf, in den gerade meine Kindheit fiel, muß uns als besonders teuflisch erscheinen, weil die staatlich organisierte Grausamkeit bei der Vernichtung ganzer Völker mit modernen Mitteln einen Höhepunkt erreichte. Die Trauerarbeit an dem, was vor fünfzig Jahren in meiner Heimat geschah, will kein Ende nehmen. Auch deshalb hoffe ich, daß wir etwas zur Wende, zum »Notwendigen«, beitragen werden. Die Wahrnehmung, daß fast alle unsere »führenden Leute« sich damals nicht zu rechtzeitigem, wirksamem Widerstand berufen fühlten, hat sicherlich auch zu dem beigetragen, was hier als mein »Sendungsbewußtsein« empfunden werden mag. Auch ich weiß nicht recht, wie ich damit umgehen soll. Aber einen Trost hat man immerhin als Denker in der Endphase der globalen Beschleunigungskrise: Das Gefühl, unter dem früher so viele Denkende haben leiden müssen – das Gefühl, ihrer Zeit zu weit voraus zu sein –, fällt heute weg ... mangels Zeit ...

Wir haben nun verstanden, daß die wirtschaftliche Eroberung der Erde durch unser Kapital mit unseren wissenschaftlich-technischen Mitteln ein den großen Eroberungszügen logisch verwandtes, ähnlich teuflisches Phänomen ist, mit ähnlich grausamen Folgen für letztlich alle Völker und für die ganze irdische Biosphäre. Doch nun kann die Fehlentwicklung nicht mehr von außen niedergerungen werden. Sie hat den Globus erobert und ist nur noch von innen, aus uns selbst heraus, zu überwinden. Der Höhepunkt der Krise steht unmittelbar bevor. In einem Menschenalter wird sie durchlitten und entschieden sein. Ein Abwarten des Kollapses oder ein Warten auf Wunder könnten den endgültigen Untergang des menschlichen Geistes auf der Erde bedeuten. Und die Entscheidung fällt nun nicht mehr in Schlachten oder im Börsengetümmel, sondern in der geistigen Arbeit an den Fehlstellen in unseren Leitideen. Niemand sollte die Wichtigkeit des eigenen Beitrags unterschätzen. Wer sein eigenes Handeln angesichts unserer Lage als falsch erkennt, aber noch ganz gut davon lebt, pflegt sich vor seinem Gewissen zu rechtfertigen, indem er sagt: »Wenn ich etwas nicht mehr tue, dann tut es eben jemand anders.« Sollten sich nicht mehr von uns fragen, ob sie etwas tun könnten, was kein anderer tut? Nur so können doch, während fast alle den sogenannten Sachzwängen folgen, neue, lebensfähige Ideen für die Selbstorganisation unserer Freiheit gefunden werden und in der Wirklichkeit keimen.

X
Aufstandsort Deutschland ...?

Wo fängt es an?

Welche Last, die Verantwortung! Aber die Last läßt sich leicht abwerfen. Ist nicht doch fast alles gut? Man muß doch nur die Augen aufmachen: Die Kinder spielen Ball, erhitzt, mit roten Backen. Die Mutter streicht der Tochter übers Haar. Paare umarmen sich. Die Alten sitzen auf der Bank im erblühenden Park, öffnen ihren Winterpanzer der Frühlingsluft. Ist nicht alles wie immer? Ja, irgendwo jagt gerade eine Horde Jugendlicher johlend und knüppelschwingend einen Schwarzen, einen Araber, einen Juden. Irgendwo brennen Häuser, fallen Bomben, foltert man seine Nachbarn zu Tode, vergewaltigt die Frauen, zerhackt ihre Kinder mit Messern und Äxten. Daß bei jedem Ballwurf wieder irgendwo ein hungerndes Kind stirbt, während ich in die Sonne blinzle, daß während dieses Spiels wieder eine lebendige Art von der Erde verschwunden ist, das ist keine Nachricht mehr wert. Nicht zu reden von den unsichtbaren drei Pfund »Spurengasen«, die stündlich jeder von uns über kunstvolle Apparate in die Luft entweichen läßt, um sich in der Konkurrenz um die letzten Bissen vom Goldenen Kalb etwas zu leisten. Über allem der Himmel, der immer mehr harte Strahlung durchläßt und immer weniger weiche. Wir wissen nun: Die Leistung lohnt sich ...

Wir sind beim letzten Kapitel. Ich hatte mich nicht entscheiden können, ob ich mehr über die Grundgesetze und die Herkunft der Materie rede oder über die attraktiven Gestalten im Raum der Möglichkeiten, denen sie zustrebt, oder über deren höchste bisher erreichte Verwirklichung: den Menschen mit seinem Gott und seinem Teufel und über seine Ideen und deren Früchte und Mißbildungen in Wirtschaft und Politik. Es war wohl alles der Rede wert, doch wartet sicher jeder, in dessen Gewissen sich beim Nachdenken über unsere Welt noch etwas regt, nun auf Konkreteres: endlich etwas zum Anpacken! Daß wir trotz so viel guten Willens unsere Erde zu ruinieren und unsere Kinder zu verkrüppeln drohen, das wissen doch schon so viele! Wo aber sind nun die immer wieder angekündigten »lebensfähigeren Attraktoren«? Nicht irgendwo in einer fernen geistigen Welt brauchen wir sie, sondern als praktische Ideen – hier, in jedermanns Nachbarschaft, erreichbar für unser eigenes Gezappel! Nicht nur in Gestalt von Hirngespinsten, also in den Aktivitätsmustern von Neuronen und Synapsen sollen sie verwirklichbar sein – oder in Form von bedrucktem Papier –, sondern etwas dauerhafter und entwicklungsfähiger: in Gestalt lebendiger Menschen und ihrer Kulturen!

Also nehme ich einen letzten Anlauf, meinen Lesern entgegenzukommen, lauter deutschen, schwererziehbaren Erwachsenen vermutlich. Warum rede ich von Deutschland? Nicht nur wegen des Geschwätzes vom »Wirtschaftsstandort«, ohne das kein Leitartikel und keine Festrede mehr auskommt. Auch nicht, weil ich hoffte, daß »am deutschen Wesen die Welt genesen« könnte. Vielmehr scheint mir hier in diesem Lande, wie in manchen anderen Teilen Europas, einiges zusammenzukommen, was es wahrscheinlicher macht, daß bald viele Menschen gegen die herrschenden Ideen aufstehen. Der Zusammenbruch der sogenannten geistigen Grundlagen ist auf vielen Gebieten unübersehbar. Längst geht ein fauliger Geruch von ihnen aus. Alle Sensiblen spüren es – und »sensibel« nenne ich hier jene, in denen noch ein Tasten an der dem Menschen gemäßen Front im Raum der Möglichkeiten, in der geistigen Welt, stattfindet. Noch empfinden sie fast alle ein Gefühl tiefer Hoffnungslosigkeit, weil sie in der Masse und vor deren Medien unterzugehen glauben. Aber die Hitze, die durch die zunehmende Reibung in den Fehlstellen unserer Gesellschaft entsteht, erzeugt in immer mehr Köpfen ein Brodeln. Bei uns muß dieses nicht in chaotischem Umsichschlagen enden. Trotz soviel gegenteiligen Augenscheins eröffnet sich gerade bei uns die Chance, daß Einsichtige aus verschiedenen gesellschaftlichen Bereichen zu »Meinungsführern« werden und sich in öffentlicher Diskussion auf schließlich auch »mehrheitsfähige« bessere Ideen einigen. Daß eine Wende in den Leitideen gesellschaftlicher Organisation möglich ist, wird angesichts der unermeßlichen Menge möglicher Gestalten niemand mehr bestreiten; aber ist es wahrscheinlich? Daß es gerade in Deutschland angesichts der zunehmenden Untergangssymptome in der Tat nicht völlig unwahrscheinlich ist, hat etwas mit der politischen und kulturellen Geschichte dieses Landes zu tun.

Vor allem vier Bereiche sind es, in denen der Zusammenbruch der alten Antwortmuster zunehmend sichtbar wird und in denen die deutsche Situation mehr Hoffnung auf neue Ansätze erlaubt als die Lage in vielen anderen Gegenden der Welt. Es sind dies: (1) der Bereich der geistigen Grundlagen, vom Wahrheitsanspruch dogmatischer Religionen bis zur Weltverbesserungsideologie der Wissenschaftler, (2) die Bedrohung der eigenen Umwelt und der ganzen Biosphäre, (3) die Organisation des Friedens und (4) die Organisation der Arbeit und des Einkommens. Soziologische Studien kann ich hierzu nicht vorlegen, aber ein paar Stichworte muß ich nennen.

1. Die alten Weltbilder und die zugehörigen religiösen und philosophischen »Anthropologien« werden von keinem selbständig Denkenden mehr wörtlich ernstgenommen, und doch versuchen die auf ihnen errichteten Machtstrukturen nach wie vor jeden zu verketzern, der sie in lebendigere Sprache übersetzt. In vielen Ländern ist diese Art von vorrationalem Fundamentalismus noch mächtig oder gewinnt so-

gar weiter an Macht. Bei uns wird aber kein Ketzer mehr verbrannt oder bedroht – es sei denn, schlimmstenfalls, mit dem Verlust seines Lehramtes. Wir sind eines der Mutterländer der Aufklärung, und es gibt hier eine Chance, in wesentlichen Teilen der Gesellschaft die »Emanzipation von der Wahrheit« zu erreichen, die notwendig ist, um bis zu den einzig möglichen Wahrheiten vorzustoßen, die ich logische Selbstverständlichkeiten oder »Tautologien« nannte. Dies wird bei uns hoffentlich eher zu schaffen als anderswo – ohne daß deshalb die Religionen und alle Frömmigkeit werden aussterben müssen. Wie dieses Buch zeigt, beginnt schon die entsprechende Missionsarbeit.

Der religiöse Fundamentalismus, der diesem Schritt entgegensteht, spielt bei uns kaum noch eine Rolle, doch ist in vielen gebildeten Köpfen und in der Praxis der Herrschenden ein »wissenschaftlicher Fundamentalismus« an seine Stelle getreten: Wie man seinerzeit stets Priester fand, die die Waffen für den gerechten Krieg segneten, so findet man heute wissenschaftliche Gutachter für alles, was man gern täte, aber selbst nicht verantworten könnte. Im englischen Sprachraum hat sich die Aufklärung noch stärker als bei uns den Blick in die Tiefe mit dem Dunst des neuen »Opiums fürs Volk«, nämlich der »exakten Wissenschaft«, vernebeln lassen: Es gilt nur, was von der Wissenschaft errechnet oder erbastelt werden kann – und damit ist jede Diskussion über Werte rasch vom Tisch. Das Wort »value judgement« hat einen obszönen Klang. Natürlich weiß jeder, daß man irgendwie auf Werte angewiesen ist – aber dafür gibt es ja das Geld.

Es wäre unfair, nicht zu erwähnen, daß durch solche übersteigerte Rationalität nicht etwa die komplexe Wahrnehmungsfähigkeit des Gewissens verschwindet. Nur seine gesellschaftliche Organisation nimmt andere Züge an. In den USA führt zum Beispiel dieser Zwang zur exakten Argumentation viele hervorragende Fachwissenschaftler in die »Union of Concerned Scientists« (Vereinigung »betroffener« Wissenschaftler), die einen kaum zu überschätzenden

Einfluß auf manche vernünftige politische Entwicklungen in den Bereichen der Abrüstung und Schadstoffbegrenzung hatte. Es gelang hier, die Irrationalität vieler Projekte – vom zivilen Überschallflugzeug bis zum SDI-Programm – rechnerisch überzeugend nachzuweisen. In Deutschland finden sich viel seltener Wissenschaftler, die eine solche, »von oben« meist ungern gesehene und kaum »gelohnte« Arbeit auf sich nehmen und mit so viel Einsatz durchziehen würden. Wer sich dennoch darauf einläßt, läuft noch immer Gefahr, künftig von seinen Fachkollegen als »unseriös« angesehen und geschnitten zu werden. Zum Bild des wahren Wissenschaftlers scheint hier nicht nur zu gehören, daß er strikt bei den Methoden seines Fachgebietes bleibt – nein, er sollte diese Methoden nicht einmal jenseits seines engsten Arbeitsgebietes anwenden und vor allem keine Ergebnisse außerhalb der fachwissenschaftlichen Spezialzeitschriften veröffentlichen.

Gerade diese Borniertheit hat aber auch dazu beigetragen, daß der Nimbus der etablierten Wissenschaft nicht nur in der Bevölkerung, sondern sogar bei nachwachsenden Wissenschaftlern schwindet. Die Beschränktheit des Urteils von Experten, ja zuweilen ihre Dummheit und sogar ihre Käuflichkeit sind zu offensichtlich geworden. Auch das politische Versagen vieler deutscher Wissenschaftler gegenüber dem Naziregime (und schon gegenüber dessen Vorläufern) hat sicherlich dazu beigetragen, daß hier mehr als anderswo bis in Wissenschaftskreise hinein Skeptizismus gegenüber der Idee eingekehrt ist, daß die Arbeit von Spezialisten dank deren gutem Willen letztlich »ganz von allein« den wissenschaftlich-technischen Fortschritt zum Wohle aller Menschen fördere. Die Einsicht, die sich aus dem Verständnis der Beschleunigungskrise ergibt, nämlich daß die Wissenschaft aus logischen, also »vorwissenschaftlichen« Gründen selbst mithelfen muß, ihrer Anwendung Schranken zu setzen, dürfte sich daher in Deutschland rascher durchsetzen als im angelsächsischen Raum. Dort erscheint genau diese Möglichkeit noch als lächerlich, ja, als antiaufklärerischer Mystizismus und als eine gefährliche deutsche Marotte.

Natürlich blasen unsere eigenen Wissenschaftsfunktionäre kräftig in das gleiche Horn. Ein aktuelles Beispiel hierzu soll uns abschließend noch beschäftigen. Doch unterhalb jener offiziellen Wissenschaft, dort, wo wirklich kreativ gedacht wird, gibt es trotz der Arbeitsüberlastung und der Hetze durch den Karrierezwang noch immer hie und da Besinnung auf das Wesentliche. Begabte Menschen können selbst unter diesen Bedingungen nicht völlig die geistige Unruhe verdrängen, die auch dort Fragen zu stellen zwingt, wo das in der Ausbildung erworbene Handwerkszeug nicht weiterhilft. So gibt es bei uns noch immer auch innerhalb der Wissenschaft ein gewisses Potential zur Vorbereitung des fälligen Schrittes der Aufklärung: der Auflösung der wissenschaftlich-technischen Fortschrittsideologie durch Einsicht in die systemtheoretischen Prinzipien der globalen Beschleunigungskrise. Daraus wird sich dann zwangsläufig die Emanzipation auch vom Aberglauben an die unbeschränkte Problemlösungsfähigkeit von Wissenschaft und Technik ergeben – und daraus wiederum, ebenso zwangsläufig, die Mitarbeit vieler der begabtesten Wissenschaftler an der nun bevorstehenden Organisation der »Grenzen des Wachstums«. Ein Ende der Wissenschaft infolge ihrer Selbstbeschränkung ist nicht zu befürchten, denn die Entwicklung der notwendigen Reduktionsstrategien zur verfassungsmäßigen Behinderung fast alles »Großen und Schnellen« wird selbstverständlich auch viel wissenschaftlichen Sachverstand erfordern.

2. Die Bedrohung der Umwelt und der ganzen Biosphäre wird in wenigen Ländern bereits von einem so großen Teil der Bevölkerung wahrgenommen wie bei uns. Die angeblich »sentimentale« Liebe der Deutschen zu ihrem Wald ist nicht eine Ursache hierfür, sondern selbst nur Ausdruck einer tieferen Verwurzelung unserer Kultur in ihren natürlichen Ursprüngen. Vielleicht sollte ich besser von »Kulturresten«

sprechen, denn viel ist nicht übrig. Allerdings scheint mir unsere Sprache (wie auch die slawischen) dank unserem relativ späten Abschied von der »Barbarei« noch etwas näher an ihren vorzivilisatorischen Ursprüngen zu sein als die romanischen und das Englische. Wenn ich meine eigene »Geistesgeschichte« betrachte und die meiner Kinder (die freilich fast ohne Fernsehen aufwuchsen oder noch wachsen), möchte ich vermuten, daß solche alten Wurzeln auf dem Weg über die kindliche Sprachentwicklung noch immer stark unser Lebensgefühl beeinflussen. Die »typischen Eigenschaften« verschiedener Völker dürften wohl weniger genetisch bedingt sein und auch kaum durch die Erzeugnisse ihrer jeweiligen »hohen Kultur«, sondern vielmehr durch solche vorbewußte Prägung in der Sprachentwicklung. Wissenschaftliche Untersuchungen hierzu dürfte es kaum geben, aber bei so komplexen Zusammenhängen ist ohnehin meist die Intuition näher am Wesentlichen. Und diese arbeitet selbst mit den uralten, in der Sprache aufbewahrten Bildern, so daß auch ein Versuch, die deutsche »Nostalgie« oder »Sentimentalität« möglichst vorurteilsfrei wahrzunehmen und zu beschreiben, auf deutsch und französisch sehr verschieden ausfallen müßte. Zwar kann sich der Deutsche seine Sprache und die in ihr tradierte Haltung zur Natur nicht als Verdienst anrechnen – und natürlich hat ja auch diese Sprache ihre deutlichen Schwächen im Vergleich zu anderen –, aber ebensowenig muß man sich ihrer schämen oder befürchten, daß man sich mit »deutschem Gemüt« oder »russischer Seele« vor »französischem esprit« oder »englischem common sense« lächerlich mache. Wir können ja heute alle miteinander reden, aufeinander eingehen und dabei reicher werden.

Wenn bei uns das »Umweltbewußtsein« weiter entwickelt ist, als bei vielen anderen Völkern, so liegt das aber nicht nur an den sprachlichen Wurzeln, die uns vielleicht ein bißchen Verwandtschaft zu den »Indianern« (als Vertretern aller »Naturvölker«) bewahrt haben. Es hat vor allem auch damit zu tun, daß in großen Teilen Deutschlands, wo die höchste

Bevölkerungsdichte mit der stärksten Industrialisierung zusammenfiel, die Natur für jedermann sichtbar zusammenzubrechen begann. Die entsprechenden Zentren in England und Schottland litten schon unter gesellschaftlichem Strukturwandel, bevor die Natur »entdeckt« wurde – und der Wind wehte ohnehin den meisten Schwefel nach Skandinavien, wo deshalb Wälder und Seen starben. Außerdem hatte in der tonangebenden Klasse fast jeder seinen Landsitz in einer Parklandschaft, und die »Unterklasse« fiel (oder blieb) so tief, daß die Menschen hier, wie in »unterentwickelten Ländern«, im Kampf um die eigene Existenz nicht auch noch an die Umwelt denken konnten.

Ein »Vorsprung des Umweltbewußtseins« in Mitteleuropa ist noch immer merklich, wenn auch politisch nicht sehr wirksam. Immerhin hat bei uns die Diskussion über eine »ökologische Steuerreform« in allen Parteien begonnen – nur wagt es noch kaum jemand, über die Änderungen in den demokratischen Grundstrukturen, die die notwendigen langfristigen Strategien von der Tagespolitik und vom vierjährigen Wahlzyklus abkoppeln würden, laut nachzudenken. Leise denken aber schon manche nach ... Auch für konkrete politische Arbeit an der Vorbereitung einer verfassungsmäßigen Setzung neuer Prioritäten scheint mir Deutschland etwas reifer zu sein als andere große Länder.

3. Ähnliches gilt für die »Organisation des Friedens«. Die vor allem selbstverschuldeten Katastrophen der deutschen Geschichte haben unauslöschliche Spuren im Bewußtsein hinterlassen. Zwar ist die heutige Diskussion über unsere Militärpolitik innerhalb jeder unserer Parteien inkonsistent bis zur Lächerlichkeit, aber die »richtigen Ideen« liegen doch so nahe, daß man im Laufe der nächsten Jahrzehnte fast zwangsläufig auf sie stoßen und sie – eben wegen unserer geschichtlichen und geographischen Situation – wahrscheinlich auch aufgreifen wird. Wenn verstanden ist, warum »das Große und Schnelle« den logischen Voraussetzungen erfolg-

reicher Selbstorganisation widerspricht, wird die Großmachtidee aus der Welt verschwinden. Die Kleinen werden diese Idee im Rahmen »Vereinter Kleiner Nationen« so wirkungsvoll verdrängen, daß auch die Großen sich von innen her wieder aufteilen. Der Zusammenschluß von Staaten wird ausgeschlossen sein, es sei denn, es wäre im Vereinigungsvertrag schon festgelegt, daß innerhalb der nächsten Generation mindestens zwei »Kinder« aus dieser »Ehe« hervorgehen. Die einzelnen Staaten werden keine eigenen Streitkräfte mehr unterhalten, wohl aber gemeinsam regionale bewaffnete Verbände, die dann Konflikte zwischen Nachbarn mit relativ wenig Aufwand verhindern können. Sie müssen natürlich schon eingreifen, wenn ein Staat sich zu bewaffnen beginnt. Die Regionen arbeiten bei etwaigen Konflikten auch weltweit in verfassungsmäßig festgelegter Weise zusammen, damit sich nicht innerhalb einer Region oder zwischen Regionen Dominanzverhältnisse entwickeln. Bewaffnete Auseinandersetzungen zwischen Ländern oder größeren Bündnissen werden auf diese Weise unwahrscheinlicher als heute zwischen Nachbarhäusern.

Daß dieses Szenarium heute völlig utopisch erscheint, spricht nicht dagegen, daß es in wenigen Jahrzehnten zu verwirklichen ist. Alle Entwicklungen haben ihre Zeit. Wie gesagt: Sokrates oder Jesus konnten nicht gegen die Sklaverei kämpfen – doch eines Tages war sie abgeschafft. Bis vor kurzem war die Organisation des Weltfriedens nicht praktikabel – wenn auch schon vor über 200 Jahren von Kant in groben Zügen geschildert und vor 100 Jahren mit der Frauenbewegung und der aufblühenden Pazifismustheorie in die politische Diskussion gebracht. In der globalen Beschleunigungskrise wird diese im Grunde simple und für alle sehr billige Idee sehr viel schneller – eben auf der Zeitskala der Krise, also innerhalb weniger Jahrzehnte – aufgegriffen und verwirklicht werden. Deutschland könnte hierbei zusammen mit vielen kleineren Ländern den großen Mächten vorangehen. Dank unserer Nachbarschaft zu den verlorengegangenen Geschwistern der europäischen Familie haben wir die Chance, zu verhindern, daß es vorher noch zu einem Zwischenspiel mit westeuropäischer Machtpolitik kommt, wie sie sich jetzt gerade manche erträumen.

Zur Vorbereitung solcher Politik gehört natürlich, daß die Völker aufhören, ihren Kindern in den Schulbüchern die Helden ihrer jeweiligen Vergangenheit als Vorbilder hinzustellen. Man darf nicht die eigenen Raubkriege verherrlichen und die der anderen verteufeln. Man muß Geschichte lehren als den Marsch in die Krise, deren Höhepunkt nun unmittelbar bevorsteht. Wir können sie nicht zurückdrehen – außer daß vielleicht die Welt oder eine Region einigen Kleinen, die ebenjetzt der Vernichtung nahe sind, Hilfe gegen die Nachbarn leistet, die sie geschluckt haben oder noch rasch schlucken wollen. Viel weiter zurück können die Verbrechen nicht aufgerechnet werden, denn die ganze Geschichte besteht in diesem Sinne aus Verbrechen. Nur konnte man früher praktisch nur durch Selbstaufgabe vermeiden, zum Verbrecher zu werden, während es demnächst im Gegenteil Selbstaufgabe bedeuten würde, eine Fortsetzung dieser Art von Geschichte zu versuchen. Auch in dieser Einsicht könnten vielleicht Deutsche schneller vorankommen als manche anderen. Die Verbrechen, die sie selbst unter ihrem »größten Feldherrn« verübten, sind unvergeßlich. Sie haben ganze Kulturen ausgerottet – und damit schließlich auch die Rache provoziert, die mehr als 10 Millionen Deutsche mit Vertreibung und dem Verlust ihrer eigenständigen Kulturzweige bestrafte. Eben aus der Trauer über die eigene Geschichte aber kann die Kraft erwachsen, auch anderen bei der Verarbeitung der schrecklichen Ungerechtigkeit ihrer Geschichte und bei der Abkehr von der Verherrlichung eigener Raubzüge beizustehen. Sowenig ich mit unseren Schulbüchern zufrieden bin und so bedrohlich bei uns wieder allerlei Drachenköpfe nachwachsen, scheint mir doch noch die Hoffnung gerechtfertigt, wir hätten etwas gelernt und könnten hier ein wenig weiter sein als einige unserer näheren und ferneren Nachbarn.

In der Diskussion über die politische Verfassung der Welt wird nicht nur die Abschaffung militärischer Macht der einzelnen Nationen eine Rolle spielen. Auch die Idee, daß die Nationen insgesamt überflüssig seien, wird zunehmend Anziehungskraft ausüben. Mir scheint aber, daß meine ziemlich allgemeine »systemtheoretische« Betrachtungsweise überzeugende Gründe dagegen liefert: »Multikulturelle Gesellschaft« an einer Begegnungsstelle setzt voraus, daß anderswo die räumlichen und zeitlichen Bedingungen für Kulturentwicklung erhalten bleiben – und das bedeutet eine nicht zu kleine, aber auch nicht zu große Menge von Menschen, die untereinander mehr Kontakt haben als mit den Ferneren und die diese Situation über viele Generationen beibehalten können. Trotz beträchtlichen Zappelns in meinem Hirn habe ich keine bessere Idee hierfür finden können, als die relativ kleiner »Völker« mit eigener Sprache in garantierten geographischen Grenzen und mit vernünftigen Regeln für zwei- oder mehrsprachige Teilgebiete in Randbereichen. Darüber hinaus muß der Austausch offenbar nach Menge und Geschwindigkeit beschränkt bleiben. Sonst entsteht nicht eine »multikulturelle Gesellschaft«, sondern eine akulturelle Welt. Die oft als Gegenbeispiel angeführte Kulturentstehung durch »Kreolisierung« stützt tatsächlich nur, was ich sage: Hier war ja nach einer meist sehr zerstörerischen Eroberung viele Generationen lang Zeit zur Erholung. Daß meine Sicht im Moment als sehr »altmodisch« erscheint, hat wohl vor allem damit zu tun, daß auch viele ausgesprochen »reaktionär« Denkende ihr zuneigen und daß die wirtschaftliche Entwicklung der Welt doch genau das Gegenteil zu erzwingen scheint.

4. Die Organisation der Arbeit und des Einkommens? Also die Befreiung der Marktwirtschaft vom Kapitalismus? Damit haben sich schon die beiden letzten Kapitel und auch die

anfänglichen Kinderfragen beschäftigt. Waren das nicht alles nur aphoristische Anmerkungen oder gar dumme Witze? Hat man da nicht gesehen, daß es hierüber nichts Vernünftiges zu sagen gibt? Ja, über die Naturgesetze, über den Ursprung der Welt und des Lebens, auch über Gott und Teufel kann man reden – aber doch bitte nicht über die Grundideen wirtschaftlicher Wertschöpfung! Das wäre zu unseriös! Das Grundgesetz aller Wirtschaft ist doch so selbstverständlich, daß es einfach kindisch wäre, daran rütteln zu wollen: Gebt dem Mammon, was des Mammons ist! Und das ist bekanntlich alles.

Warum sollte man gerade in Deutschland wieder beginnen, dagegen aufzustehen? Schließlich stammten schon Marx und Engels von hier, diese Asylanten, und eben erst haben wir die vielen Marx-Engels-Plätze umbenennen dürfen!

Genau auf dieses Zusammentreffen alten und neuen Scheiterns aber stützt sich meine Hoffnung, daß bei uns neues Denken aufbricht. Nirgends berühren und verflechten sich die Fehlstellen des wirtschaftlichen Denkens von Jahrhunderten so eng wie in der neuen deutschen Realität und in unseren Köpfen. Die inneren Widersprüche in den Ideen kapitalistischer Wertschöpfung werden dabei schnell ebenso deutlich wie in denen des verrotteten Sozialismus. Es wird natürlich in Deutschland keine Revolution im klassischen Sinne geben, aber schon eine ganz pragmatische Politik zur Verminderung der wirtschaftlichen und ökologischen Probleme wird die Entartungserscheinungen des Kapitalismus eindämmen und vielleicht sogar neue Entwicklungslinien starten. Die Erkenntnis, daß so viele Menschen aus guten Gründen nichts mehr zu tun finden – nämlich weil wir jahrhundertelang erfolgreich auf die Ersetzung des Menschen als Arbeiter hingearbeitet haben –, wird die Bewertung von Kapital und Arbeit radikal verändern. Solidarität wird plötzlich nicht mehr bedeuten, daß die Menschen, die Arbeit haben, hieraus die Renten-, Kranken-, Pflege- und

Arbeitslosenversicherungen finanzieren müßten. Diese Lasten werden aus Steuern getragen werden, die auch das Kapital treffen – und zwar überproportional zu dessen Größe. Und damit sind wir schon bei der Kernidee einer »ökologischen Steuerreform«: bei der »Besteuerung des Schädlichen«. Mit wachsender Einsicht ins Wesen der Krise führt dies schließlich zur Besteuerung des »Großen und Schnellen« und zur steuerlichen Behinderung des Eigentums an Lebensgrundlagen anderer. In ein bis zwei Generationen ist dann alles anders. Wäre das eine Revolution? Auf den Namen soll es nicht ankommen!

Wenn erst einmal die Idee Fuß faßt, daß man das Schädliche besteuern und das dauerhaft Nützliche von Steuern befreien oder sogar subventionieren sollte, dann werden bereits Wunder geschehen. Aus der Mehrwertsteuer wird eine »Wenigerwertsteuer« – und der Wert wird nicht am Preis gemessen, den jemand zahlen will, sondern an der Lebensverträglichkeit und an den Abfällen des Produkts und der Produktionsmethoden. »Ökodiktatur!« schallt es uns da entgegen – aber nein: Gewählte Politiker werden all das beschließen, weil sie und die Mehrheit ihrer Wähler es als richtig erkannt haben! Auf einmal werden wir statt der Arbeit die Energie und die Biozide besteuern. Statt immer größerer Maschinen auf immer größeren Äckern und immer breiteren Forststraßen werden in der Landwirtschaft und im Wald womöglich wieder Pferde zu sehen sein, die Heu und Hafer fressen. Die meisten Lebensmittel wandern vom Bauern nicht nach ganz Europa und in alle Welt, sondern in die nächste Stadt, ja sogar auf deren Marktplatz. Das Holz gelangt zum Teil in eine nahe Möbelfabrik und die Möbel größtenteils in die Häuser derselben Gegend. Und was ist mit dem Holz, das viel billiger angeboten wird, weil man irgendwo in der Welt weiterhin plündert? Das wird nicht mehr importiert! Wir haben das verboten. So gehen wir mit der Freiheit des Marktes um! Und so kommt es, daß die Menschen immer mehr von dem, was sie brauchen und gern haben, in ihrer näheren Umgebung finden. Allein durch die wahrheitsgemäße Bewertung des Verkehrs fällt die Idee eines Europas der Großkrämer in sich zusammen! Und natürlich ebenso die Vorstellung eines immer weiter wachsenden Weltmarkts, auf dem man mit allen anderen ums Überleben kämpfen müßte. Aber eine Rückkehr in die Steinzeit ist damit keineswegs verbunden. Die einzige Ähnlichkeit mag sein, daß die Menschen wieder ähnlich viel Zeit zum Plaudern haben wie damals, als sich bekanntlich der Reichtum unserer Sprachen zu entfalten begann.

Wie schnell sich fast alles zum Besseren, Schöneren, Freundlicheren ändert, wenn nicht mehr das Geld herrscht, das wir zum »Rosten« gebracht haben, wenn aber auch keine andere Herrschaft zugelassen wird! In der Schule, beispielsweise, regiert nicht mehr die Durchschnittsnote. Der Wert des Menschen muß wieder auf komplexere Weise in einem vieldimensionalen Raum erfaßt werden. Sogar für die »Dummen« ist da wieder ein Wert und ein entsprechender Platz! In den Schulen, ja sogar in der Lehrerbildung, blühen Freiheit und Vielfalt auf. Und wie geht es den Kindern zu Hause? Weil es nur noch so wenige Geschwister geben kann, haben alle Wohngebiete vielerlei Einrichtungen für gemeinsame Spiele und andere Aktivitäten, und in allen Wohnungen ist Platz, um öfters auch Freunde über Nacht dazuhaben und auch einmal ein paar Wochen Großfamilie zu spielen. Ja, auch die Alten sind dann oft zu Hause, und ihr Rat ist meist gar nicht so aus der Welt, denn die Welt ändert sich ja nicht mehr so schnell ...

Auch im öffentlichen Leben sieht dann alles anders aus. Die Demokratie wird von unten her im Kleinen organisiert werden, wofür sie ja auch erfunden wurde. Die Gemeinden und Kreise, die man zusammenlegte, trennen sich wieder. Es wird wieder viel mehr Bürgermeister, Gemeinderäte und Kreisräte geben, also Menschen, die das, was sie verantworten sollen, aus eigener Erfahrung kennen. Und ebendeshalb wird dann dennoch Bürokratie abgebaut, weil die Menschen, die Aufgaben in Politik und Verwaltung wahrnehmen, dies oft nur nebenbei und in einer bekannten Umgebung tun – statt im »Raumschiff Bonn« oder gar in Brüssel. Die sogenannte Verwaltungsvereinfachung durch Konzentration hat nämlich vor allem dazu geführt, daß Bürokraten sich überwiegend miteinander beschäftigen müssen und dabei gemeinsam immer schneller neue Probleme für die Menschen erzeugen, denen sie eigentlich dienen sollten. In der neuen Gesellschaft, nach der »Jahrtausendwende«, wird die Bürgerfreiheit nicht, wie heute, immer weiter eingeengt, sondern sie nimmt ständig zu – freilich nur dort, wo sie nicht andere unfrei macht oder die Natur beschädigt. Fragt noch jemand, wo dafür Freiräume sein könnten, wenn doch alles, was als schädlich erkannt ist, besteuert oder gar verboten ist? Können sich denn Menschen über etwas freuen, was nicht schadet? Wir leben doch nun einmal in einer »Dissensgesellschaft«, heißt es. Leben ist immer Kampf. Nur in Konkurrenz kann ermittelt werden, was besser oder schlechter ist. Das ist doch das Prinzip des evolutionären Fortschritts! Ja – aber die Frage ist: An welcher Front dürfen Menschen künftig noch konkurrieren? Wir haben es gesehen: z. B. um ihre handwerklichen, künstlerischen oder mathematischen Ideen, meinetwegen auch um ihre Edelsteine, und natürlich vor allem um Ansehen für ihr Denken und Handeln, für die Harmonie in ihrer Familie, für ihr gesellschaftliches Engagement, für die Schönheit ihres Hauses und Gartens – aber keinesfalls um ihre Lebensgrundlagen!

Warum sollten gerade hierzulande die Menschen zuerst von solchen Ideen ergriffen werden? Hören wir herum, was man von der Wirtschaft und von den Politikern erwartet, so finden wir überall die berühmte Verdrossenheit, ja, Zynismus: Der Mensch ist nun einmal ein Schwein, und die größten Schweine kommen stets nach oben. Was kann man da schon erwarten? Auch von sich selbst hält man nicht viel mehr: Selber ist man doch auch nur ein armes Schwein. Merkwürdig, die ständige Wiederkehr dieser Redensart.

»Da muß doch was dran sein«, fällt uns ein – wenn wir an die Wurzeln unserer Sprache denken! Und in der Tat: Das Bild stimmt! Welch wunderschönes, kluges Tier ist das Schwein in Freiheit! Selbst die alten, domestizierten Rassen lassen das noch ahnen. Die »armen Schweine« – das sind nur jene, deren Beitrag zum Bruttosozialprodukt jemand zu maximieren versucht. Also: Schluß mit der Massenschweinehaltung! Und wenn dazu etwa doch eine Revolution nötig wäre: Schweine aller Länder, vereinigt euch! Auf zur Selbstorganisation eurer Freiheit!

Den Widerstand, der einer Wende in den wirtschaftlichen Ideen entgegensteht, wird niemand unterschätzen. Die Minderheit von Eigentümern an den materiellen Lebensgrundlagen der Mehrheit kontrolliert ja weitgehend auch die Medien. Dort sind nicht arme Schweine am Werk! Solange die Mehrheit nicht begriffen hat, daß sie nun endlich dringend auf dem normalen demokratischen Wege dafür sorgen muß, ihre vier wichtigsten Gewalten – die Legislative, Exekutive, Judikative und Informative – voneinander und vor allem von der Macht des Eigentums unabhängig zu machen und zu erhalten, scheint wenig Hoffnung zu sein, daß sie auch nur davon erfährt, wie wichtig ebendies wäre. Da scheint sich die Katze in den Schwanz zu beißen. Und doch haben ja die »Systemtreuen« kein vollständiges Monopol! Man kann zum Beispiel Bücher schreiben, und einige lesen auch noch, ja sprechen sogar anschließend darüber. Deshalb möchte ich die letzten Seiten benutzen, hier gewissermaßen gleich auf die Kritiken zu erwidern, die ich in Zeitungen zu erwarten habe, sofern diese nicht das »Totschweigen« vorziehen. Ein hervorragendes aktuelles Beispiel für die Kritik an jeder Forderung nach neuen Leitideen liefert der jüngste Aufsatz eines früheren Präsidenten der Deutschen Forschungsgemeinschaft, des Biologen Hubert Markl, in der »Frankfurter Allgemeinen Zeitung« vom 30. April 1994: »Unser Standort im Strom – Forschung, Innovation und Wettbewerb: Die ewige Wiederkehr des Neuen«. Dort klingt manches, als reagierte Markl direkt auf meine hier vertretenen Thesen, über die wir uns freilich auch schon vor 15 Jahren auseinandergesetzt haben. Es lohnt sich, ihn hier zu zitieren, denn eine wortgewandtere Darstellung der verbreiteten »evolutionistischen« Mißverständnisse dürfte auf deutsch schwer zu finden sein.

Markl beginnt mit der Schilderung einiger Symptome der globalen Beschleunigungskrise (die er natürlich nicht so nennt) und fährt dann fort:

»Warum ist dieses Szenario falsch? Doch nicht, weil es in jeder Hinsicht aller Wahrscheinlichkeit entbehrt? Man muß doch nicht mit Ökowasser getauft und mit Greenpeace-Milch gestillt worden sein, um darin vieles wiederzuerkennen, was unsere Wirklichkeit leider nur allzu treffend kennzeichnet. Falsch daran ist jedoch vor allem eines: daß diese Unordnung der Dinge ihre Ursache in einem Irrweg des modernen Zivilisationsmenschen habe, so daß er sich nun selbst und mit ihm gleich die ganze Biosphäre in den Abgrund steuert.

Zwar trifft es durchaus zu, daß die vervielfältigten technischen Machtmittel auf der Grundlage immer zuverlässiger werdender wissenschaftlicher Erkenntnisse über die Natur und die Existenzbedingungen des Menschen, verbunden mit der ungeheuren, niemals vorher gekannten Massenhaftigkeit der menschlichen Population, die Dynamik des Wandels über alle menschlichen Erfahrungen hinaus dramatisch gesteigert haben, aber nichts daran ist ursächlich völlig anders als in vergangenen Zeiten.

Falsch ist nicht die Zustandsbeschreibung – man möchte fast sagen: die Standortbestimmung der modernen Menschheit –, falsch ist die irreleitende Illusion, es bedürfe nur einer sittlichen Einkehr zu alten Werten und einer Rückkehr zu einer vermeintlich solideren, geordneteren, wenn nicht gar ›natürlicheren‹ Lebens- und Wirtschaftsweise, sozusagen der Aufkündigung des Teufelspaktes mit der modernen, arbeitsteiligen, privatwirtschaftlich profitmaximierenden Industriezivilisation, um die Fehlentwicklung zu beenden und wieder in den sicheren Hafen einer Harmonieidylle der Kulturvergangenheit zurückkehren zu können, die man sich ebenso lebhaft wie unzutreffend ausmalt.

Tatsächlich sind es drei Ursachenbündel, die in der Vergangenheit bewirkten, daß es dem Menschen niemals gegönnt war, sozusagen im Frieden mit seinen Verhältnissen zu leben, die dies heute verhindern und die dies auch künftig unmöglich machen werden. Es sind die drei mächtigen Ursachenbündel des unaufhörlichen evolutiven Wandels unserer Welt.«

Unterbrechen wir hier! Ist jemand neugierig, wie es weitergeht? Das ist doch klar: Der »unaufhörliche evolutive Wandel unserer Welt« bedeutet, daß der Wettbewerb in der Wirtschaft und in der Forschung weitergehen muß wie bisher – nur natürlich schneller, damit wir nicht abgehängt werden! »Uns bleibt ein ständiger Wettbewerb um neue Problemlösungen, neue Verfahren, neue Produkte unter unabwendbaren Knappheitsbedingungen aufgezwungen – Knappheit an Mitteln, Knappheit an Ressourcen, Knappheit an Kenntnissen, Knappheit an Raum, Knappheit an Tragekapazität der Biosphäre für immer neue ›weiterwühlende‹ Menschen...« Und die Aufgabe der deutschen Forschung ist es, dafür zu sorgen, daß wir »vorne« sind, weil wir sonst »erbarmungslos zum Abstieg in Verarmung, Mittel- und Hilflosigkeit verdammt wären«. – Klingt gut, nicht wahr? Stimmt doch auch irgendwie, oder?

Da Hubert Markl viele kluge Köpfe unseres Landes erreicht hat, will ich hier erklären, wo seine eigenen »irreleitenden Illusionen« liegen: In allen seinen Betrachtungen über biologische und kulturelle Evolutionsprozesse vermeidet er geradezu krampfhaft die vorbiologische und vorsoziologische, nämlich systemtheoretische Erkenntnis, daß es so etwas wie eine kritische Innovationsgeschwindigkeit geben muß. Obwohl er die globale Beschleunigung wahrnimmt und erwähnt, verdrängt er alsbald das Problem der Zeitskalen wieder vollständig. Er zitiert das bei Evolutionsbiologen beliebte Bild aus Lewis Carrolls »Through the Lookingglass«, wo Alice von der Roten Königin erfährt, »in deren Land müsse man so schnell laufen, wie man kann, damit man wenigstens auf der Stelle bleibt«. Merkwürdig, daß ein Wissenschaftler dies zitieren kann, ohne sofort zu fragen, wodurch dieses perfekte Gleichgewicht zwischen den Läufern und ihrer Welt wohl zustande kommt. Kann nicht etwa auch der Fall eintreten, daß es trotz schnellstmöglichen Vorwärtslaufens rückwärts geht? Wird die Frage absichtlich übersehen, oder handelt es sich um eine Denkhemmung, die wir dann vielleicht auch unter den »Knappheitsphänomenen« einordnen müßten?

Wir wissen leider nur zu gut, wie oft wissenschaftliche Redlichkeit unter dem Einfluß tiefverwurzelter Vorurteile in ideologische Begeisterung übergeht. Man denke nur an jene späteren deutschen Nobelpreisträger, die zutiefst an die Weltverbesserung durch Wissenschaft glaubten, aber im Ersten Weltkrieg den Wettbewerb um wirksamere Giftgase eröffneten. Um verständlich zu machen, warum mir eine so böse Assoziation in den Sinn kommt, muß ich wohl noch näher auf Hubert Markls Argumentation eingehen. Seine »drei Ursachenbündel« sind die »Unaufhörlichkeit der biologischen Evolution«, die »Unaufhörlichkeit der Erkenntnis« und die »Unaufhörlichkeit der Katastrophen«. Ist es wahr, daß diese Ursachen dazu führen müssen, daß die menschliche Gesellschaft an ihren heutigen Leitideen festhält?

Was die biologische Evolution betrifft, so schildert Markl eindringlich das »beängstigende Wunderwerk genetischer Exploration neuer Ausbeutungsmöglichkeiten menschlicher Wirte durch ihre mikrobiellen Untermieter«, also die immer neuen Angriffe von Krankheitserregern oder entarteten Körperzellen auf die Gesundheit. Damit wird dann der Angriff auf die Behinderer der Gentechnik eingeleitet:

»Während sich die Zahl der auf der Erde lebenden Menschen in wenigen Jahrzehnten auf zehn Milliarden vergrößern wird, deren Existenz von Multimilliardenanzahlen relativ weniger Nutzpflanzen- und Nutztierarten abhängig ist, eröffnet sich für ungezählte Parasiten und Krankheitserreger ein wahres Schlaraffenland ihrer Evolution, in das sie die genetische Variabilität ihrer Eigenschaften mit geradezu naturgesetzlicher Zwangsläufigkeit hineinevoluieren läßt. Nicht unsere unnatürliche Lebensweise wird dies zur Folge haben, sondern die durch und durch natürliche Evolution uns gefährlicher Mikroorganismen, die dazu keiner künstlichen Anleitung oder Entfesselung bedürfen. Es ist geradezu makaber, daß die meisten auch gutunterrichteten Menschen diesen Tatsachen kaum Beachtung schenken, während sie sich über die Freisetzung genetisch veränderter Petunien, Rüben oder Kartoffeln in absurde Angstvorstellungen hineinphantasieren können.

Wenn zum Beispiel eine politische Partei gegen jede Art von Gentechnologie ist – wegen der angeblich vor allem mit der Freisetzung genetisch veränderter Organismen verbundenen Risiken –, so müßte sie eigentlich auch gleich die sexuelle Fortpflanzung verbieten, und zwar nicht nur bei Mikroben, Pilzen, Pflanzen und Tieren, sondern am besten auch gleich bei ihren Parteimitgliedern, da niemand vorhersagen kann, was der Natur im Wechselspiel von Mutation, Rekombination und Selektion an Neuem und möglicherweise Riskantem noch alles einfallen könnte; denn so schlecht können doch gerade umweltbewegte Politiker nicht über das Wirken der natürlichen Evolution unterrichtet sein, um anzunehmen, das Spiel der Natur mit den Erbanlagen brächte nur harmlose Varianten hervor. Brauchen wir dann etwa künftig eine Sexualtechnikfolgenabschätzung für Bakterien, Gräser und Grüne?«

Schon wieder eine Denkhemmung – und eine Hemmung der Redlichkeit: Der Widerstand gegen die rasche Entwicklung der Gentechnik liegt eben doch in dem entscheidenden

Unterschied zwischen der relativen Vielfalt und Gemächlichkeit der in der bisherigen Evolution möglichen Selektionsvorgänge und dem, was unsere »unnatürliche Lebensweise«, nämlich die »moderne, arbeitsteilige, privatwirtschaftlich profitmaximierende Industriezivilisation« in ihrer Raserei und mit ihren einfältigen Vorstellungen von »Verbesserungen« anstellen würde. Letzteres entspräche nämlich, um im Bild zu bleiben, nicht der sexuellen Fortpflanzung von Grünen, sondern der milliardenfachen Klonierung des Bundeskanzlers oder des Präsidenten der Deutschen Forschungsgemeinschaft.

Es ist auch unredlich, von der Bedrohung durch die natürliche Evolution von Mikroben zu sprechen, ohne zu erwähnen, daß die Menschheit sich mit diesen während Millionen von Jahren aufwärts entwickeln konnte. Natürlich sind dabei stets sehr viele an Krankheiten gestorben – aber hier paßt das Bild von der Roten Königin: Das Schritthalten des Immunsystems mit der mikrobiellen Evolution liegt eben gerade an deren gegenseitiger evolutionärer Anpassung in der ungeheuren Zahl unabhängiger Versuche. Das war echte Arbeitsteilung! Erst durch den schnelleren, erdumspannenden Verkehr und die damit zusammenhängende globale Vereinheitlichung des menschlichen Lebens und seiner Nutzpflanzen und Nutztiere haben wir den Mikroben die evolutionären Vorteile jenes »Schlaraffenlandes« beschert. Sie machen weiterhin ihre vielen Versuche und könnten womöglich mit einer einzigen erfolgreichen Schlacht den ganzen Krieg gewinnen. Ob wir dem mit globalen, profitmaximierenden, wissenschaftlichen Strategien entgehen können, ist leider zweifelhaft. Dagegen wissen wir mit Sicherheit, daß nach dem bisher üblichen Ausleseprinzip die Menschheit nicht unterging ...

Markls erstes »Ursachenbündel« liefert also neben der Einsicht, daß der Mensch sich von dem Traum oder Aberglauben verabschieden muß, er könne alle Krankheiten besiegen, eher Argumente für die Bewahrung vielfältiger menschlicher Lebensformen und verminderter Austauschgeschwindigkeit zwischen diesen. Daß uns dabei und bei der sicher weitergehenden biologischen und medizinischen Forschung ein Wettbewerb »unter unabwendbar bedrängenden Knappheitsbedingungen« aufgezwungen wäre, folgt aus diesem »ersten Ursachenbündel« überhaupt nicht. Folgt es vielleicht aus dem zweiten? Der Mensch will nun einmal immer mehr wissen und können: »Unser evolutiver Erfolg als natürliche Spezies beruht auf unserem Erkenntnisvermögen und Erfindungsreichtum...«, und: »Der Geist ist ein Wühler, hat Jacob Burckhardt festgestellt. Wie der unaufhörliche genetische Wandel der außermenschlichen Natur erzeugt der geistige Wandel der menschlichen Kultur Bedingungen, unter denen die Verhältnisse niemals zur Ruhe kommen können...«

In der Tat, so ist es – aber die Unruhe wird an andere Fronten umziehen. Selbstverständlich kommen immer wieder einmal gewisse »Verhältnisse« zur Ruhe – zum Beispiel schon seit langem der Bau der Materie, nicht viel weniger lange der genetische Code und in gewissem Sinne auch das Klima der Erde. Wenn der wühlende Geist die Logik der Wertschöpfung und der globalen Beschleunigungskrise verstanden hat, wird er sich sehr bald gesellschaftlich so organisieren, daß er weiterwühlen kann, ohne seine lebendigen Grundlagen zu vernichten! Hubert Markl ist ganz nahe am wesentlichen Punkt, wenn er die kulturelle Evolution betrachtet und sieht: »Gewiß, dieser Prozeß verlief in überschaubarer Langsamkeit, solange die Zahl der Menschen klein, ihre Kulturen voneinander isoliert, der Stand ihres Wissens und ihrer Fertigkeiten beschränkt waren. Zu einer global vernetzten Multimilliardenmenschheit verschmolzen, auf fast weltweit annähernd gleichartig entfaltetem Wissens- und Könnensstand, treibt die Entwicklung mit machtvollem Strom des Wandels voran, was vordem aus schmalen Rinnsalen an kleinen und kleinsten Fortschritten zusammenfloß.«

Noch ein winziger Gedankenschritt, und er wäre bei der Einsicht ins Wesen der globalen Beschleunigungskrise als einer Singularität im irdischen Schöpfungsprozeß – obwohl »nichts daran ursächlich völlig anders ist als in vergangenen Zeiten«, wie er anfangs über die menschliche Dynamik bemerkte. Aber nein, da ist sie wieder, die Denkhemmung! Er hört hier auf, sein zweites Bündel aufzuschnüren, damit er an seinem »Weiter so« festhalten kann.

Und nicht anders ist es bei seinem dritten Ursachenbündel: Nach den Naturkatastrophen, denen ja das Leben und die Menschheit bisher immerhin nicht zum Opfer fielen, kommt Markl auf die selbstverursachten: »Der Mensch selbst ist für sich selbst eine ständig drohende oder verlokkende Überraschung – und leider oft genug auch die größte Katastrophe...« – Wieder scheint er nicht zu merken, wie nahe er der Einsicht ins Wesen des kritischen Punktes im Wettlauf zwischen Problemlösung und Problemerzeugung ist! Die Denkhemmung scheint unüberwindlich – und das seit bald zwanzig Jahren Nachdenkens, Redens und Schreibens über ebendiese Problematik. Irgendwie scheint das »biologistische« Denken nahtlos in das »ökonomistische« überzugehen, ohne daß dabei die menschliche Freiheit bemerkt wird, etwas nach den Gesetzen der Logik als falsch Erkanntes zu unterlassen. Für Hubert Markl sind »die ›Fehler des Unterlassens‹ tragischer als die ›Fehler des Unternehmens‹«. Das Wort »Unterlassen« löst in ihm – wie in vielen hervorragenden Wissenschaftlern – offenbar den Reflex aus, den man von Kleinkindern kennt, denen man ein Spielzeug wegnehmen will.

Dabei wären, wenn Markl den Charakter der globalen Beschleunigungskrise verstanden hätte, fast alle seine Ausführungen richtig und nützlich – nur folgte dann eben etwas ganz anderes aus seinen Ur-Sachen. Seine »Begriffstriade von Forschung, Innovation und Wettbewerb« ist ja, wie er sagt, in der Tat eine »evolutionär wie historisch nachgewiesene Erfolgsstrategie« – nur kann sie dies eben in unserer

Situation nur bleiben, wenn als vordringlichste Innovation endlich die Beschränkung des Wettbewerbs an falschen Fronten zugelassen wird. Kann man nun verstehen, warum mir beim Lesen mancher wissenschaftspolitischen Propagandaschriften die Erfolge an der Gasfront in den Sinn kommen?

Wie also soll es nun uns armen Schweinen gelingen, gegen den Widerstand der Besitzenden und der etablierten Wissenschaft neue Leitideen der Gesellschaft zu verwirklichen? Und ausgerechnet hier bei uns beginnend? Soll sich etwa ein Führer finden, der eine »Bewegung« auslöst, indem er solche Ideen den Massen einpeitscht? Oder wird eine von Idealisten gegründete Partei dies in ihr Programm schreiben und nach jahrzehntelangem Werben schließlich die Fünf-Prozent-Hürde überspringen? Nein, das geschieht ganz anders, zunächst recht unauffällig neben all den anderen rasenden Veränderungen, die das Fortschreiten der globalen Beschleunigungskrise anzeigen. Aber von Jahr zu Jahr wächst die Zahl der Menschen, die verstehen, worum es geht – weil die Probleme und die Mißerfolge bei den sogenannten Problemlösungen sich häufen, weil die Kaiser durch ihre eigenen Verlautbarungen ihre Nacktheit offenbaren, und weil immer mehr darüber gesprochen wird. Es kommt zu einem exponentiellen Wachstum – schon jetzt wächst das Bewußtsein schneller als das Bruttosozialprodukt, nur ist es noch so viel weiter unten auf seiner Exponentialkurve –, und es wächst, bis die Mehrheit ergriffen ist. Dies wird wahrscheinlich in allen wichtigen Parteien eine Mehrheit sein, denn das Schrumpfen der Bedeutung von Parteien in der politischen Organisation der demokratischen Gesellschaft dürfte erst später einsetzen.

Wundert es noch jemanden? Ich behaupte allen Ernstes: Die Wende kommt wahrscheinlich »von allein«, und wichtige Anstöße werden wahrscheinlich aus unserem Lande kommen. Was sonst hätten wir auch erwarten sollen? Es handelt sich um den Selbstorganisationsprozeß der menschlichen Freiheit. Wir sind eines der freiesten Länder, obendrein mit den vorhin genannten Besonderheiten, die das Denken in erfolgversprechenden Richtungen begünstigen. Wir brauchen also vielleicht nicht einmal neue Parteien und Organisationen, um den Übergang zu attraktiveren Ideen vorzubereiten. Die Eliten, die sich dabei hervortun werden, wachsen in allen gesellschaftlichen Schichten heran und werden auf den ganz gewöhnlichen Wegen in die meisten bestehenden Parteien und Organisationen gelangen. Jeder, der an der Wende mitarbeitet, wird die Verantwortung spüren – und viele werden das Gefühl haben, es komme vor allem auf sie selbst an. Ist es also nicht ganz ähnlich wie immer, wenn etwas »von allein« geschieht? Wie beim Geschehen in allen Gestalten, die der Schöpfungsprozeß verwirklicht? Nur heißt das nun: in uns.